“研发工作精益管理丛书”序

随着大数据、云计算、移动互联网等技术的广泛应用，企业的经济活动发生了巨大的变化。各个组织之间虽彼此独立，却又相互依存、相互影响，开放、合作、共享已成为互联网时代企业的生存法则。

互联网思维方式的核心是开放式创新，这就要求企业的研发工作不应只局限于企业内部，更应让用户参与进来，在企业和用户的互动协作之中创造价值。在这个过程中，企业的研发工作需要引入精益管理的思维，用专业性、实务型的工具，帮助企业规范研发工作。企业只有在明晰岗位职责、按制度执行、按流程办事的情况下，才能**执行到位、执行专业、执行有效**，才能提高研发效率，更具竞争力。

“研发工作精益管理丛书”旨在帮助企业做好研发精益管理，使研发管理过程中各项工作的执行更规范、更有效率。本系列图书以研发精益管理为中心，在提供研发管理各岗位职责的同时，还为研发岗位任职者提供了各种可以借鉴的**制度范例、文书模板、执行流程**和**工具表单**，可以帮助管理者有效解决研发工作浮于表面、不出成果的问题。

本套丛书共包括《研发各岗位职责与考核精益管理》《研发管理制度与表单精益设计》《研发管理流程与节点精益设计》《研发管理关键点精益设计》《研发管理文书与方案精益设计》五本，其内容特色具体如下。

1. 岗位职责与考核精益化

本套丛书按组织设计和工作分析的原理，从部门、岗位两个层面，为企业的部门职能设计和岗位职责设计提供了**工具化、实务化、精益化**的解决方案，旨在帮助企业设计科学、高效的部门职能和岗位职能，提高相关岗位人员的工作效率及组织的经营效率。

2. 管理制度与表单标准化

本套丛书设计了研发管理过程中实用的标准化管理制度，并提供了与该制度紧密相关的表单，给出了精益化、可执行的范本，方便企业“拿来即用”，并确保了每一份制度的执行效果。

3. 管理流程与节点规范化

本套丛书设计了研发管理过程中的主要流程图，并对流程图中的关键节点进行了细化说明，明确了各个节点的权责分工、具体事项说明、输入输出文件等内容，使得业务执行过程规范化、高效化。

4. 管理文书与方案模板化

本套丛书对研发管理过程中所需的各类文书、方案进行了模板化的设计，为业务管理人员和执行人员提供了模板范例及参照范本，这些工具模板可直接套用或稍改即用。

5. 各项业务关键点清晰化

本套丛书从研发工作设计的各项业务分析入手，确定了各项业务的主要风险点、流程图；分析了各流程中的关键节点，进而确定了各项业务的关键点；接下来还对各项业务的关键点进行了一一剖析，并用图、表、流程的形式清晰地展现出来。读者阅读之后能够快速了解研发管理的各项业务，并顺利开展实际工作。

总之，“研发工作精益管理丛书”本着**岗位职责与考核管理精益化、制度与表单标准化、流程与节点规范化、文书与方案模板化、业务关键点清晰化**的设计理念，通过岗位职责与考核、制度与表单、流程与关键节点、文书与方案、业务关键点等实用模块，为读者提供了全方位的研发精益管理工作指导，是研发管理人员必不可少的工具书。

前　言

互联网发展势头迅猛，不断颠覆商业模式，同时衍生出一批全新的产品概念。因此，企业的研发工作应当与时俱进，确保研发出的产品更具竞争力。

企业要想做好研发管理，改善研发成果，除了要应用互联网技术，更应该采用专业、实用的工具，做好研发的精益管理工作。文书与方案是企业进行规范管理和精细管理必不可少的两大工具。本书按照研发管理工作涉及的具体职能事项，设计了在互联网时代研发管理过程中会用到的各类文书与方案，并辅以配套的表单。文书和方案相辅相成，在工作过程中相互促进，为企业构建起规范化、模板化、精益化的管理体系。

本书以研发部管理工作内容为基础，详述了研发调研管理、研发项目管理、软件研发管理、技术管理、产品设计管理、工艺技术管理、产品试制管理、研发费用管理、知识产权管理、研发人员管理共十项研发管理职能事项的精益管理，同时提供了与上述内容模块相关的文书与方案。本书主要有以下三大特点。

1. 构建规范化管理“文书＋方案”体系

本书设计了研发管理与执行过程中各项工作使用的文书与方案，构建了研发管理“文书＋方案”体系。这一方面便于读者系统地理解并掌握研发部的管理文书与方案；另一方面便于部门人员根据实际情况参照执行，从而使部门各项工作的执行达到事半功倍的效果。

2. 提供文书与方案设计思路和范例

本书开篇介绍了文书与方案的设计方法、思路和要求，然后针对研发管理十大事项逐一细化，详细地设计了这些事项所需的文书和方案的范例，为读者自行设计提供了**操作指南和参照范本**。这些范本对于不同的企业有较好的通用性，方便企业**“拿来即用”“稍改即用”**。

3. 文书与方案配套呈现，实用性强

本书不仅设计了研发管理过程中实用的文书与方案，还提供了与该文书和方案的执行紧密相关的工具表单，打造出一套高度系统性、高度规范化的研发管理实用工具，并配以模板化的展现形式，帮助研发管理人员能够更规范、更高效地开展工作。

综上，本书涵盖了企业研发管理规范化体系建设中的关键问题和细节，书中所设计的文书与方案具有系统性、实用性的特点，研发管理相关工作人员可以“拿来即用”或者“稍改即用”。

在本书编写的过程中，孙立宏、刘井学负责资料的收集和整理，贾月、邹霞负责图表编排，程淑丽参与编写了本书的第1章，姚小风、毕春月参与编写了本书的第2、3章，齐艳霞、郭宾雁参与编写了本书的第4、5章，严刘建参与编写了本书的第6章，毕汪峰参与编写了本书的第7、8章，王淑燕参与编写了本书的第9章，王德敏、李作学参与编写了本书的第10、11章，全书由齐艳霞统撰定稿。

研发工作精益管理丛书

教育部人文社会科学项目
“企业研发人员隐性知识的结构及测量研究”研究成果
（项目编号：11YJC630113）

研发管理
文书与方案精益设计

齐艳霞◎编著

人民邮电出版社
北　京

图书在版编目（CIP）数据

研发管理文书与方案精益设计 / 齐艳霞编著. -- 北京：人民邮电出版社，2016.11（2023.8重印）
（研发工作精益管理丛书）
ISBN 978-7-115-43784-6

Ⅰ. ①研… Ⅱ. ①齐… Ⅲ. ①企业管理—技术开发—管理体系 Ⅳ. ①F273.1

中国版本图书馆CIP数据核字(2016)第242387号

内容提要

互联网时代，企业要想赢得竞争的主动权、抓住用户，在其创新和研发工作中就必须引入快速迭代以及开放式创新等新理念；同时，更应该采用专业、实用的工具，做好研发精益管理，推动研发成果尽早落地。

本书采用"文书+方案"的结构模式，对研发调研管理、研发项目管理、软件研发管理、技术管理、产品设计管理、工艺技术管理、产品试制管理、研发费用管理、知识产权管理、研发人员管理共十大事项进行了规范，明确了上述工作事项的实用文书与方案，方便研发管理人员"拿来即用"或"稍改即用"，对研发管理工作具有极强的指导性。

本书适合企业管理人员尤其是研发管理人员阅读，也适合企业培训师、咨询师以及高校相关专业师生阅读。

◆ 编　　著　齐艳霞
责任编辑　庞卫军
执行编辑　程珍珍
责任印制　焦志炜
◆ 人民邮电出版社出版发行　　北京市丰台区成寿寺路11号
邮编 100164　电子邮件 315@ptpress.com.cn
网址 http://www.ptpress.com.cn
北京虎彩文化传播有限公司印刷
◆ 开本：787×1092　1/16
印张：16　　2016年11月第1版
字数：200千字　　2023年8月北京第13次印刷

定　价：49.00元

读者服务热线：（010）81055656　印装质量热线：（010）81055316
反盗版热线：（010）81055315
广告经营许可证：京东市监广登字20170147号

目　录

第1章 企业文书与方案

1.1 互联网时代研发工作的新特点

从蒸汽技术到电力技术再到现如今的互联网技术，技术对人类经济社会不断产生深远的影响。互联网改变了人们的工作生活习惯，不断颠覆各种商业模式。

研发工作互联网化是当今时代不可阻挡的趋势之一，研发人员应该学会主动拥抱互联网，而不是被动地等待。

1.1.1 融合势在必行

1. 与新技术融合

大数据、移动互联网、云计算、O2O、物联网等新技术名词被越来越多的人提及。研发人员要充分利用互联网时代下的信息基础设施，将研发工作与新技术融合，开拓研发思路、提升研发能力。

2. 与大数据融合

大数据是基于数据量化和互联，通过分析、挖掘和应用，以达到整个世界高度智能化的一种思维与方法。企业研发人员要学会利用数据挖掘技术进行客户细分，用数据解读客户的需求及购买偏好，根据客户需求设计针对性的产品，且让客户能以更低的价格获得产品和服务，从而提高企业的竞争力。

3. 与云计算融合

云计算是基于使用者需求而开发的一种计算技术。它可以在数秒内处理数以千万计甚至亿计的信息，并在此基础上提供超级强大的服务。

研发人员通过云平台可以连接大众智慧，共同开发产品，以群体智慧加速产品研究开发的过程，极大地缩短企业的研发周期；能够与用户直接接触，使企业更便捷地获取第一手用户需求资料，增大产品与市场的契合度，降低产品投放市场之后的失败率。

4. 与新媒体融合

新媒体是以数字信息技术为基础，以互动传播为特点，具有创新形态的媒体。新媒体的主要特征是交互性与即时性、海量性与共享性、个性化与社群化。研发人员的工作与新媒体融合，其结合点主要在于产品的营销渠道。交互式媒体的展现有益于企业与用户之间的深度互动，增加用户的参与感，并将用户参与的感受融入到研发的改进工作中。

1.1.2 用互联网思维指导工作

互联网思维是指在互联网、大数据、云计算等科技不断发展的背景下，对市场、对用户、对产品、对企业价值链乃至对整个商业生态都应该进行重新审视的一种思考方式，具体内容包括以下四个方面。

1. 痛点思维

研发人员在开展新品研发项目时，不仅仅要寻找需求，更要寻找消费者的需求痛点。找出痛点要经过长期观察和挖掘，不可能一蹴而就。寻找需求痛点的思路主要有两个，具体如图 1-1 所示。

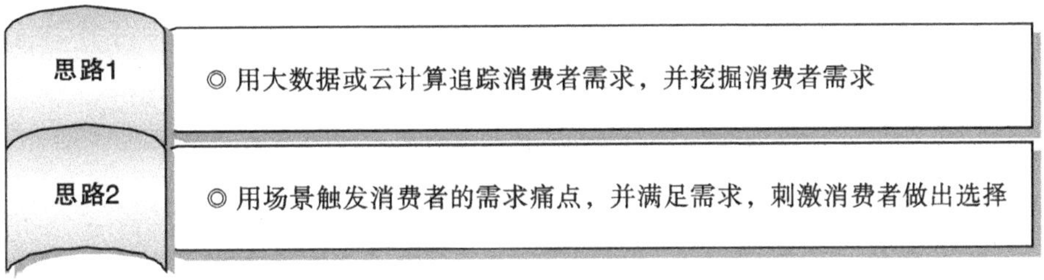

图 1-1　寻找消费者需求痛点的渠道

2. 平台思维

平台思维就是开放、共享、共赢的思维，其关键是要连接多方资源，以共赢的方式发挥各方所长，从而达到“1 +1 >2”的效果。

平台化思维不仅要着眼于组织内部，更要放眼于外部，考虑如何从其他平台上整合外部资源。对处于“互联网 +”时代的企业来说，要想发展壮大，就应该与资源平台相结合。

运用好平台思维需要注意以下两点，具体如图 1-2 所示。

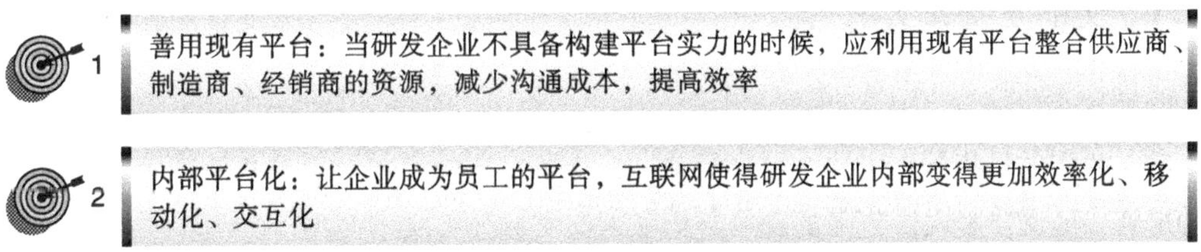

图 1-2　运用平台思维需注意的事项

3. 用户思维

“互联网 +”时代的市场，大部分已经由原来的厂商主导型转变为消费者主导型，在此背景下，研发人员更应当真正以用户为中心，深度理解用户，创造用户全过程的最佳体验。而以研发为核心的企业应当鼓励研发人员真正近距离接触用户，了解用户的使用习惯、需求点，在对研发工程师的考核中也可适当加入收集用户有效意见、用户体验次数及成效等类似的考核指标。

用户思维使设计师、研发工程师和用户的角色发生了微妙的变化：用户更像是产品的设计者和改造者；设计师和研发工程师则更多地扮演起了协调者、配合者和观察者的角色，他们更注重以多元的角度挖掘用户的意识和需求，并将用户的需求落实到产品的研发细节中。

4. 迭代思维

传统企业做产品，一般是设计好产品之后，进行不断完善，等到产品近乎完美之时将其投放市场，后续的修改完善基本就要等到推出下一代产品之时。然而，互联网思维讲究研发工作应“敏捷开发”、产品生产应“敏捷生产”，以期尽快地将产品投向市场，然后再通过用户的广泛参与，在持续迭代中完善产品。

企业只有快速地对消费者需求做出反应，设计开发出来的产品或服务才更容易贴近消费者，才能不被竞争对手赶超。

1.1.3 “互联网+”文书与方案设计

企业将研发管理活动中或员工的日常工作中所需的各类文书、方案进行模板化的设计，并将其上传到日常管理平台上，为研发业务管理和执行人员提供模板范例及参照范本，可直接套用或稍改即用，大大提高了企业研发管理工作的效率。

1.2 企业文书

1.2.1 文书与企业文书

1. 广义的文书

广义的文书是指行为主体在社会活动中，为了一定的目的而形成并使用的具有应用性和特定格式的文字材料。广义的文书分为私人文书和公务文书两类。

（1）私人文书

私人文书简称为“私文”，是指个人或家庭、家族在自己的活动中或私人相互之间的交往中形成和使用的私人书信、日记、自传、遗嘱、家谱、著作手稿以及房契、地契等。

（2）公务文书

公务文书简称为“公文”，是指行政机关、社会团体、企事业单位在行政管理活动或处理公务活动中产生的，按照严格的、法定的生效程序和规范的格式要求制定的具有传递信息和记录事务作用的载体。

根据公文使用需求、公文处理方式、载体等因素的不同，公文的分类也有所不同，具体内容详见表 1-1。

表 1-1　公文分类一览表

依据	分类	内容
形成和使用领域	通用公文	◇ 是各级各类机关、团体、企事业单位在公务活动中普遍使用的公文
	专用公文	◇ 指一定的专门业务机关、部门、组织在业务工作范围内，因特殊需要专门使用的行业、专业、部门公文，如外交文件、司法文件、军事公文、审计文件等
行文方向	上行文	◇ 下级向所属上级领导、指导部门（单位）报送的公文
	平行文	◇ 同级部门（单位）或不相隶属的部门（单位）之间往来的公文
	下行文	◇ 上级领导、指导部门（单位）向所属下级部门（单位）发送的公文
办理时限	特急件	◇ 指内容重要且特别紧急，需要优先迅速处理的公文
	急件	◇ 需要很快送到或处理的公文
	平件	◇ 指无特殊时间要求，需按工作常规依次传递处理的公文
文书来源及使用范围	收文	◇ 本组织收到的其他组织制发的公文
	发文	◇ 本组织制发的公文
	内部文件	◇ 在组织内部进行分工、安排工作的文书，反映组织内部的活动，如计划、总结、会议记录等
物质载体	纸质文书	◇ 用纸张印制、书写的文件
	感光介质文件	◇ 以感光胶片、相纸等感光材料为物质载体的文件，如照片文件、影片文件、缩微胶片文件、显微胶片文件等
	磁介质文件	◇ 以磁带、磁盘、磁鼓等磁性材料为物质载体的文件，如录音文件、录像文件、计算机磁带文件和磁盘文件以及磁光盘文件等
	电子文件	◇ 借助于电子计算机生成、传输和处理的文件
功能性质	法规性公文	◇ 分为宪法、法律和规章（如条例、办法、章程等）
	指挥性公文	◇ 是上级对下级发布的指令，要求强制执行的公文，如指示、命令、决议
	部署性公文	◇ 主要是上级对下级布置工作、安排事务、处理问题而发布的具有领导性、指导性、落实性的公文，如决定、通知、意见
	知照性公文	◇ 主要面向社会公众发布，用于告知情况、沟通信息、通知事项，并表明自己的立场或态度，以作为凭证的一种告谕性公文，如公告、通知、公报、会议纪要

（续表）

依据	分类	内容
功能性质	报请性公文	◇ 是上行公文，主要向上级报告情况、请求事项，包括报告和请示两种
	批答性公文	◇ 是社会组织同意、批准、答复下级或者其他组织请求、询问等的公文，主要有批复、复函
	奖惩性公文	◇ 是指表扬先进、批评错误，要求有关组织和人员学习先进、发扬成绩，或在工作中吸取教训的公文，奖惩性公文主要包括决定和通报
秘密等级	密级文书	◇ 指内容涉及最重要的国家或有关组织秘密，泄露会使国家或有关组织的安全和利益遭受特别严重损害的公文
	机密级文书	◇ 指内容涉及重要的国家或有关组织的秘密，泄露会使国家或有关组织的安全和利益遭受严重损害的公文
	秘密级文书	◇ 指内容涉及一般的国家或有关组织的秘密，泄露会使国家或有关组织的安全和利益遭受损害的公文
	内部文书	◇ 指内容不涉及国家或有关组织秘密，但不宜对社会公开，只限在机关单位或组织内部运转的公文
	限国内公开的文书	◇ 指内容不涉及国家或有关组织的秘密，但不对国外公布只在国内公开发布的公文
	对外公开的文书	◇ 指内容不涉及国家或有关组织的秘密，可直接对国内外公开发布的公文

2. 企业文书

通过上述对广义文书和公务文书的介绍可以看出，企业文书是一种在特殊范围内形成并使用的公务文书。企业文书是指在企业生产经营活动中或企业员工在日常工作中形成的文书，包括本企业的通知、通告、通报、报告、建议、会议纪要等。

企业常见的文书包括四大类，具体详见表1-2。

表1-2　企业文书分类说明

文书分类	具体内容
计划类	◇ 企业工作计划、生产计划书、招商说明书、销售计划书、增产节约计划书、技术改造计划书、企业财务计划书、利润分配计划书 、企业（公司）业务推广书

（续表）

文书分类	具体内容
合同或协议类	◇ 广告合同、委托合同、承揽合同、借款合同、运输合同、买卖合同、个人劳动合同、集体劳动合同、合伙经营合同、合作开发合同、联盟连锁合同、建设工程合同、企业承包经营合同、企业租赁经营合同、注册商标使用许可合同、专利实施许可合同、专利权转让合同、股东协议书、合作意向书、项目建议书
呈请报告类	◇ 专利申请书、企业投标申请书、企业税务登记申请书、商标注册申请书、转让注册商标申请书、企业报告、审计报告、验资报告、财务分析报告、企业诊断报告、市场预测报告、市场调查报告、市场决策报告、厂长（经理）述职报告、企业事故调查分析报告、企业管理咨询报告、投资价值分析报告、企业财务预决算报告、企业法人年检报告书、企业法人登记申请报告、企业变更登记申请报告、企业注销登记申请报告、项目可行性研究报告、企业总结、企业招标书、企业投标书、企业汇报提纲、企业介绍书
信函类	◇ 订购函、询价函、报价函、还价函、接受函、催款函、确认订购函、交易磋商函、包装磋商函、装运通知函、投诉处理函、索取样品书、希望建立贸易关系函

1.2.2　企业文书写作

企业文书的格式及内容因文书的类型、写作目的、写作要求等的不同而有很大的差别。下面介绍一些企业常见文书的写作。

1. 计划类文书写作

计划就是对即将开展的工作所做的设想和安排，如提出任务、指标、完成时间要求和实施方法等。计划类文书既是明确工作目标、推进工作展开的有效指导，又是对工作进度和质量进行考核的依据之一，因此一份计划书应内容完整、用语准确。

计划类文书的内容结构如图 1-3 所示。

- 计划类文书的内容结构
  - 标题
    - ◇ 单位名称：单位名称应采用正式、规范的称号
    - ◇ 计划时限：时限要具体写明，以便于实施和控制过程
    - ◇ 计划内容：在计划标题部分标明本计划所针对的问题
    - ◇ 计划名称：提炼计划的主要内容、准确精练地给计划命名
  - 正文
    - ◇ 计划内容：通过分析、阐述现在，表明计划制订的根据
    - ◇ 计划目标、任务和要求：内容应具体明确，并落实责任
    - ◇ 方法、步骤和措施：提出计划实施的指导性意见和方向

图 1-3　计划类文书的内容结构

2. 合同或协议类文书写作

在协商一致的基础上，合同或协议双方可在合同或协议签订之初对合同或协议条款进行约定，但应确保约定的条款不违反相关法律法规的规定。合同或协议类文书的内容结构详见表 1-3。

表 1-3　合同或协议类文书的书写要求

结构	具体内容与书写要求
标题	◇ 一般按协议事项的性质写出名称
称谓	◇ 要写明签订合同或协议的双方（或多方）单位名称和代表人姓名 ◇ 为了行文方便，习惯上规定一方为甲方，另一方为乙方，如有第三方，可简称为丙方 ◇ 在合同或协议中不能用我方、你方、他方作为代称
正文	◇ 开头：主要写明双方签订合同或协议的依据、目的等 ◇ 合同或协议的主要条款，如标的、数量、价款和报酬、履行期限、履行方式、违约责任、解决争议的方法等，一般分条列项具体说明
结尾	◇ 署名 ◇ 签订协议的日期 ◇ 附项，即附加有关材料予以注明 ◇ 最后要写清双方的地址、电话、开户行、账号等

3. 呈请报告类文书写作

常见的呈请报告类文书包括通知、通告、通报、报告、意见和会议纪要等。呈请报告类公文的构成及格式要求详见表1-4。

表1-4 呈请报告类文书各部分构成及撰写要求

<table>
<tr><th colspan="2">构成</th><th>撰写要求</th></tr>
<tr><td rowspan="4">眉首</td><td>密级</td><td>◇ 涉密文书，应标明密级和保密期限</td></tr>
<tr><td>紧急程度</td><td>◇ 紧急文书，应根据紧急程度注明“特急”或“急件”</td></tr>
<tr><td>发文字号</td><td>◇ 应包括企业代字、年份、序号。企业年份、序号用阿拉伯数码表示；年份应标全称，用六角括号“〔〕”括入；序号不编虚位（即1不编为001），不加“第”字</td></tr>
<tr><td>签发人</td><td>◇ 上报的文书需标识签发人姓名，平行排列于发文字号右侧</td></tr>
<tr><td rowspan="6">主体</td><td>标题</td><td>◇ 标题的位置在文书第一行的中间
◇ 正确使用企业全称或规范化简称
◇ 标题应当准确简要地概括文书的主要内容并标明文书种类</td></tr>
<tr><td>主送部门</td><td>◇ 指文书的主要受理部门，应当使用全称或者规范化简称、统称</td></tr>
<tr><td>文书正文</td><td>◇ 位于主送部门名称下一行，每自然段开头空两格，回行顶格，数字、年份不回行</td></tr>
<tr><td>附件</td><td>◇ 文书如有附件，应当注明附件顺序和名称，并与文书主体一起装订、发送</td></tr>
<tr><td>成文日期</td><td>◇ 成文日期以负责人签发的日期为准。统一用小写汉字标明完整的年、月、日
◇ 需要说明的其他事项，应当加括号标注于成文日期之下</td></tr>
<tr><td>文书成效标识</td><td>◇ 文书应加盖印章（会议纪要和以电报形式发出的除外）
◇ 用印应当“上不压正文，下压成文日期”</td></tr>
<tr><td rowspan="3">版记</td><td>主题词</td><td>◇ 主题词应位于标识（印章）之下，起首顶格，标注“主题词”字样
◇ 主题词的标注应在分析全文的基础上正确选定能够揭示文件主题的词，一般按文书所涉及的范围、内容和文种顺序，从规定的主题词表中选用3～5个词组</td></tr>
<tr><td>抄送</td><td>◇ 抄送是指发给除主送部门外的其他需要知晓文书内容的部门或不相隶属的部门
◇ 抄送部门名称位于主题词之下
◇ 如有多个抄送部门，应按照先外后内、先大后小的顺序排列</td></tr>
<tr><td>印发部门和日期</td><td>◇ 位于抄送部门之下，印发日期以文书付印的日期为准，用阿拉伯数码表示</td></tr>
</table>

4. 信函类文书写作

信函是企业日常工作中常用到的文书之一，包括介绍信、感谢信、慰问信、表扬信和祝贺信等。信函类文书一般由标题、称谓、正文和落款四大部分组成，具体详见表1-5。

表1-5 信函各部分撰写要求

构成		撰写要求
标题		◇ 位于信函第一行并居中
称谓		◇ 对方的称呼，应在编号下边的第一行顶格书写 ◇ 若写给个人，应在企业名称后加上职务，以示尊重
正文	开头语	◇ 一般有两种写法：一种是直述主题，写出发函的目的；另一种是向对方介绍自己或表示对方的信函已收到
	主体	◇ 根据发函缘由认真、简洁地陈述事项 ◇ 根据信函内容的多少分段或分条写，以保证条理清晰、层次分明
	结尾	◇ 陈述完主体事项后，提出与信函主题有关的要求、期盼和祝福等
落款		◇ 即发函单位的全称，如“××公司”，若有负责人签字，要标明职位 ◇ 用专用发函纸写信函时，只需写发函日期即可

1.2.3 企业文书管理

1. 企业文书管理的任务

企业文书管理的任务是指根据企业工作的需要和客观实际，编制高质量的企业文书，并科学地组织和准确地处理企业文书，以确保安全且有秩序地运转文书、完整妥善地保管文书，且高效地发挥文书的作用，有效地推进企业管理工作，为企业各级领导的工作服务。

2. 企业文书管理的基本原则

在整个企业文书管理过程中，我们应坚持三项基本原则，具体如图1-4所示。

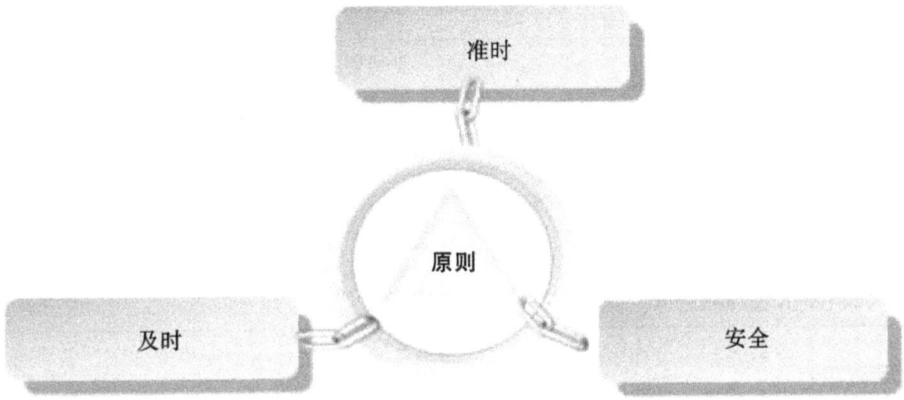

图 1-4　企业文书管理的三项基本原则

3. 企业文书管理的内容

企业文书管理是按照一定程序处理文书的全部活动，主要内容有收文管理、发文管理、文书保存等，具体内容如图 1-5 所示。

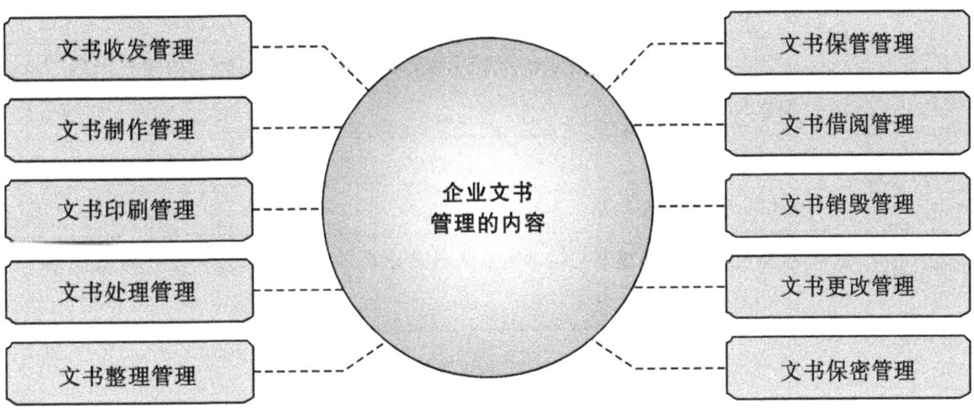

图 1-5　企业文书管理的内容

1.2.4　研发文书目录

研发文书是企业研发经营管理人员、研发职能人员在日常工作中产生的企业文书，以便对企业研发领域的具体职能事项进行规范化、科学化管理，提高管理效率。企业可配套制定的研发文书具体参照表 1-6 所示。

表 1-6 研发文书目录

职能事项	文书目录
研发调研管理	◇ 研发项目调研计划书、研发项目调研报告书、竞争对手调研报告书等
研发项目管理	◇ 研发项目计划书、研发立项可行性报告、研发项目立项申请书、研发项目调整报告书、研发产品设计说明书等
软件研发管理	◇ 软件研发计划书、软件测试报告书、软件设计说明书、用户操作手册、软件研发总结报告等
技术管理	◇ 技术开发合作合同、技术文件调阅申请书、技术项目变更通知书、技术验收鉴定申请书、技术引进可行性分析报告等
产品设计管理	◇ 产品设计任务书、设计更改申请书、产品设计评审报告、产品质量标准设计说明书、产品设计质量控制规划书等
生产工艺管理	◇ 工装设计任务书、产品工艺审查报告、产品工艺验证计划、产品工艺技术标准、生产工艺变更通知等
产品试制管理	◇ 样品评审邀请书、样品鉴定计划书、型式试验报告书、样品内部测试报告、样品使用测试报告等
研发费用管理	◇ 研发费用预算报告、研发经费申请书、研发费用下拨通知、研发费用使用总结报告等
知识产权管理	◇ 专利申报申请书、知识产权工作计划书、专利代理合同范本、技术研发人员保密协议、专利授权书等
研发人员管理	◇ 研发人员录用通知书、技术研发人员劳动合同、技术研发人员外派协议书、技术研发人员培训协议书等

1.3 企业方案

1.3.1 企业方案分类

在企业日常经营管理过程中，方案是对工作的具体计划或者对某一问题的具体规划，一般是从工作要求、工作内容、方式方法及工作步骤等方面对工作做出全面、具体而又明确的安排。企业方案的划分标准如下。

1. 从方案的策划过程划分

根据方案策划的过程及形态不同，可将方案划分为提案、可行性方案和执行方案三种，具体如图1-6所示。

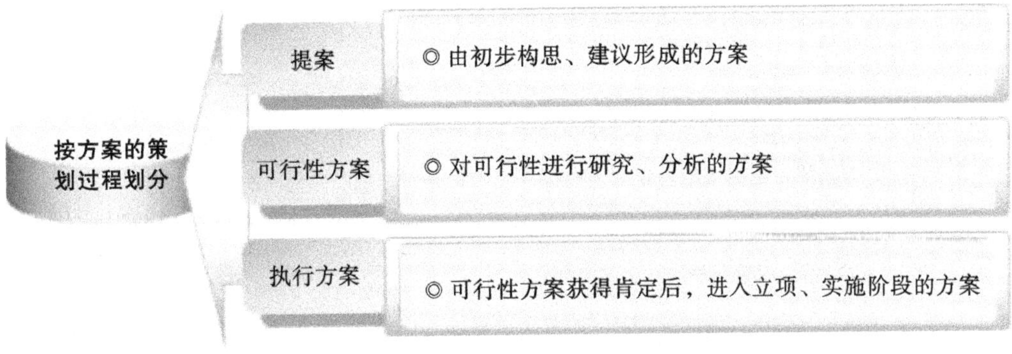

图1-6 提案、可行性方案和执行方案

2. 从方案的重要性程度划分

从方案重要性程度来看，可将方案划分为战略方案和作业方案，具体内容如图1-7所示。

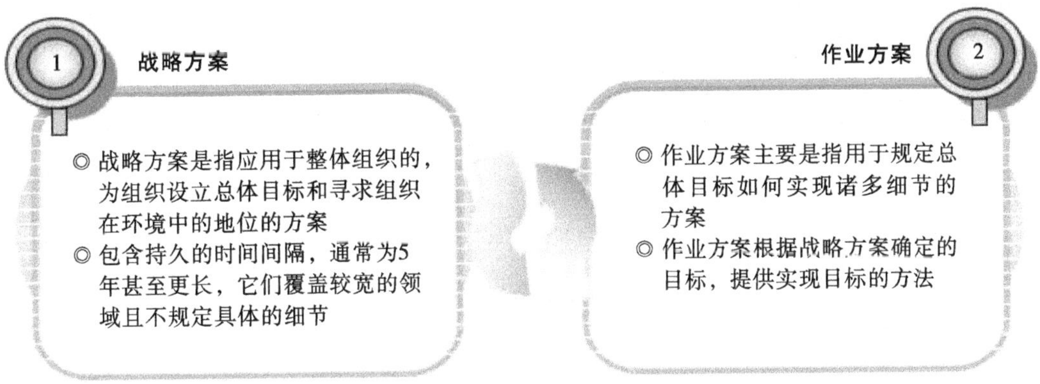

图1-7 战略方案与作业方案

1.3.2 企业方案写作

企业方案一般包括目标、政策、程序、规则、任务分配、要采取的步骤、要使用的资源以及为完成既定行动方针所需要的其他因素。在企业中，企业方案的内容多是由下级或具体责任人为落实和实施某项具体工作而形成的文件，然后报上级或主管领导批准实施。

为确保企业方案能更适用于企业生产经营活动，更具有科学性及规范性，企业方案策划人员应掌握企业方案写作的步骤及设计要素。

1. 企业方案撰写步骤

企业方案的撰写工作大致可分为七步，具体如图1-8所示。

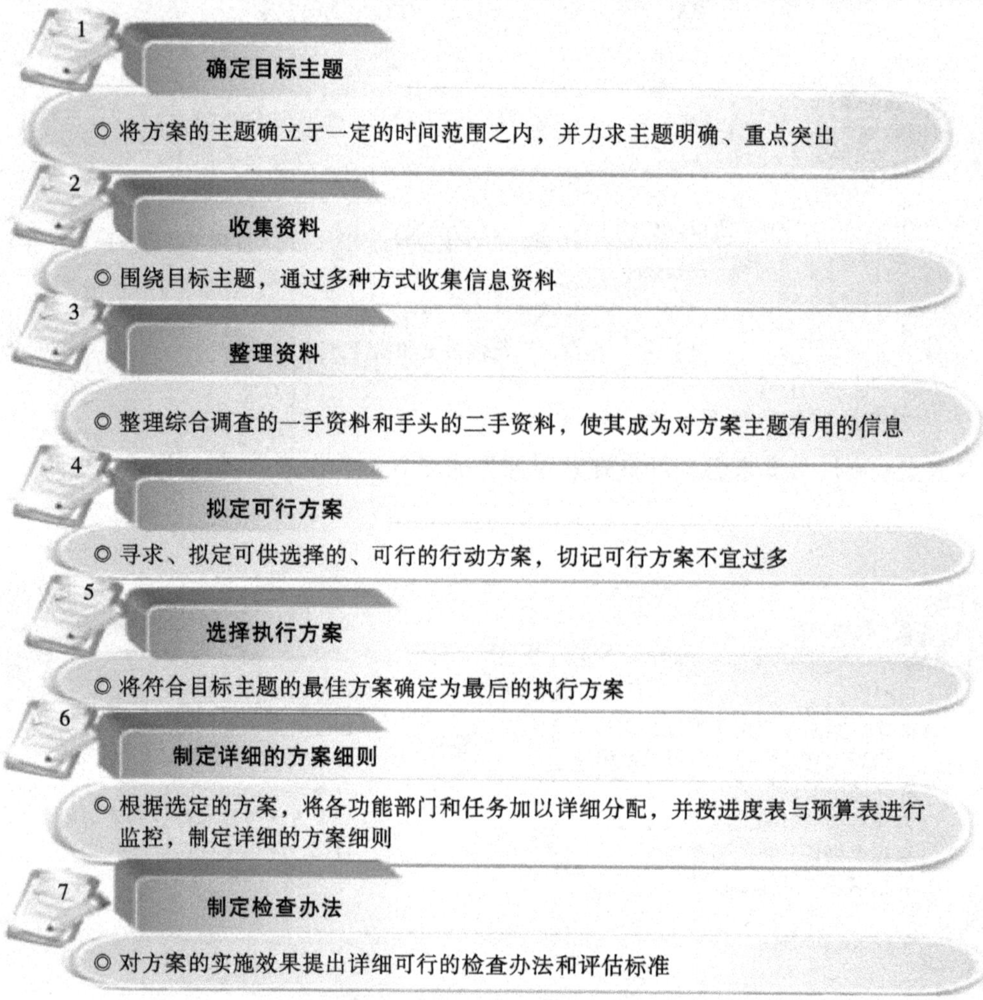

图1-8 企业方案撰写步骤

2. 企业方案设计要素

企业方案的设计要素主要包括方案标题、方案目的、方案正文、方案落款四部分内容。

（1）企业方案标题设计。企业方案标题设计应注意的内容具体详见表1-7。

表 1-7　企业方案标题设计注意事项

注意事项		详细说明
标题结构	制定主体	◇ 发布方案的部门可省略
	工作内容	◇ 计划、项目或者工具的内容概要
	文种	◇ 该方案的类型，如规划方案、实施方案等
标题设计方法	二要素法	◇ 即“内容＋方案”，如“生产计划变更方案”
	三要素法	◇ 即“部门/人员＋内容＋方案”，如“车间员工绩效考核方案”
	四要素法	◇ 即“实施时间＋部门/人员＋内容＋方案”，如“2016 年 12 月生产部安全生产培训方案”

（2）企业方案目的设计。企业方案目的是指实施本方案能够给企业或相关部门带来的好处。目的设计要求简明扼要，叙述时常用“为……”“为了……”开头，然后说明目的的设计依据，常用“根据……，结合本公司的实际情况，特制定本方案”的形式。

设计企业方案的目的，一般可采用两种形式，具体如图 1-9 所示。

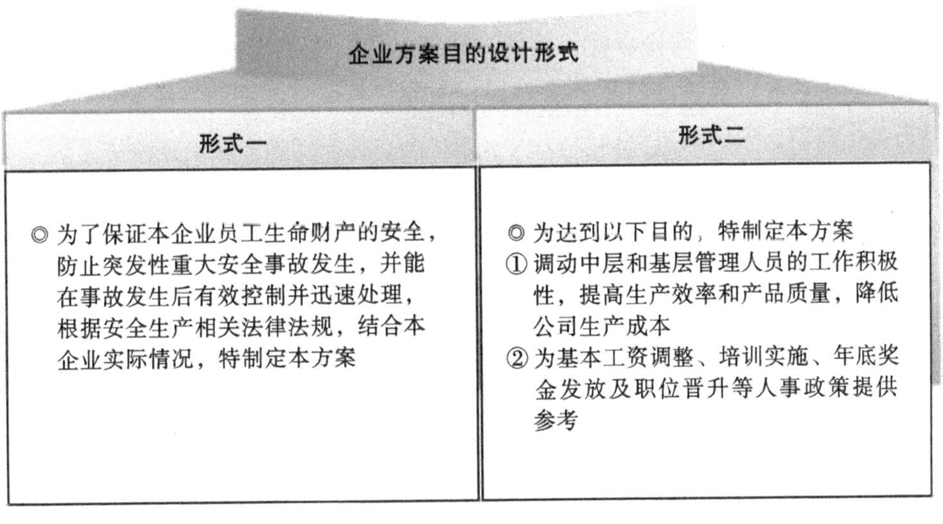

图 1-9　设计企业方案目的的两种形式

（3）企业方案正文设计的具体内容如图 1-10 所示。

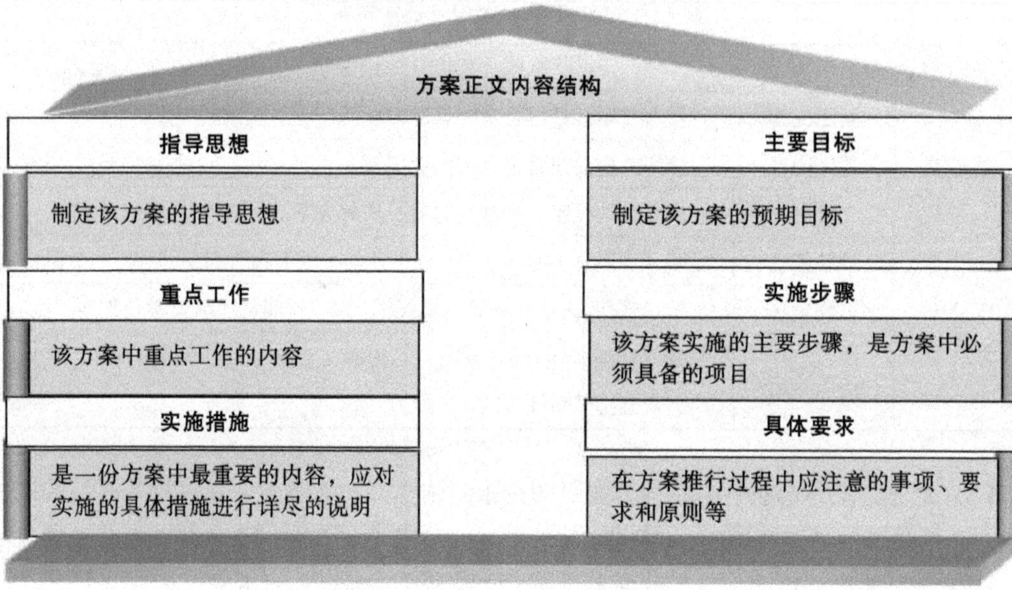

图1-10 企业方案正文内容设计

在设计方案正文内容时，我们需要注意以下两大事项。

① 方案的每部分内容均应设计得具体、详细，特别是“实施步骤”一项，对各个阶段的时间、实施内容、负责部门及要求等都要做非常具体、详细而又明确的部署和安排，这样便于各个部门、人员的贯彻执行。

② 由于方案的复杂程度不同，在写作过程中，可以根据实际情况对正文中的内容进行适当增删。

（4）方案落款设计。一般企业方案的结尾处要标明方案的制定部门和制定日期，有时也需要写明方案的编制人员、审核人员和批准人员，以及相应的日期。

1.3.3 企业方案管理

企业方案的管理工作主要包括两个方面：一是企业方案落实管理；二是企业方案改进管理。

1. 企业方案落实管理

为确保企业的各项方案都能及时、全面、准确地落实，企业应做好以下五项工作。

（1）制定方案后，企业相关人员要做好方案的上传下达工作，确保企业每一位相关成员都熟悉、明确企业方案的内容及要求。

（2）企业各级领导应加强对企业方案的重视程度，同时应监督方案的执行情况，确保方案的贯彻实施。

(3) 企业各部门应把握重点、分工负责、协调配合，以稳步推进方案的各项要求。

(4) 企业可制定配套的方案实施细则，确保重要方案的贯彻实施。

(5) 企业相关部门应及时做好方案实施情况的记录、总结、汇报工作，以便上级领导对方案的执行情况进行监督、改进。

2. 企业方案改进管理

企业应定期或不定期地总结方案本身或者在执行过程中呈现出的不足之处，通过各种方式方法调整、改进企业方案，不断提升企业的管理水平。

1.3.4　研发方案目录

要想使研发管理规范化、标准化，必须建立一定的方案目录体系，具体详见表 1-8。

表 1-8　研发方案目录

职能事项	方案目录	职能事项	方案目录
研发调研管理	研发项目调研方案	研发项目管理	研发项目立项方案
	研发调研实施方案		研发项目进度控制方案
	竞争对手调研方案		研发项目计划编制方案
软件研发管理	软件研发方案	技术管理	技术开发管理方案
	软件测试管理方案		技术改造管理方案
	软件研发风险管理方案		技术引进管理方案
产品设计管理	新产品设计控制方案		技术资料整理方案
	设计图纸审查管理方案	工艺技术管理	生产工艺管理方案
	产品设计质量评估方案		工艺文件管理方案
	产品设计更改评审方案		工艺装备管理方案
产品试制管理	样件试制管理方案		工艺纪律检查考核方案
	样件质量管制方案	研发费用管理	研发经费使用控制方案
	批量试制管理方案		技术引进费用管理方案
	产品投产管理方案		研发费用核算管理方案
研发人员管理	研发人员考核方案		产品研发成本控制方案
	研发项目考核方案		研发设计制图费用控制方案
	研发人员入职培训方案	知识产权管理	知识产权日常管理方案
	研发人员外派培训方案		知识产权应急方案
	研发人员绩效激励方案		

1.4 文书与方案模板

为使企业文书与方案更加规范化、标准化，企业可设计、制定相应的模板，从而大大提高文书与方案编写的效率及美观性。下面提供一些模板，以供读者参考。

1.4.1 文书模板

1. 模板一

本模板适用于内容较多的文书，可在表格内任意添加内容使该表格的页数增多，具有很强的操作性，具体示例详见表1-9。

表1-9 文书模板一示例

<table>
<tr><td rowspan="2">文书名称</td><td rowspan="2" colspan="3">××计划书</td><td>编　　号</td><td></td></tr>
<tr><td>受控状态</td><td></td></tr>
<tr><td colspan="6">一、

二、
（一）
1.
2.
3.
……</td></tr>
<tr><td>编制人员</td><td></td><td>审核人员</td><td></td><td>审批人员</td><td></td></tr>
<tr><td>编制时间</td><td></td><td>审核时间</td><td></td><td>审批时间</td><td></td></tr>
</table>

2. 模板二

本模板适用于内容较少的文书，具体示例如图1-11所示。

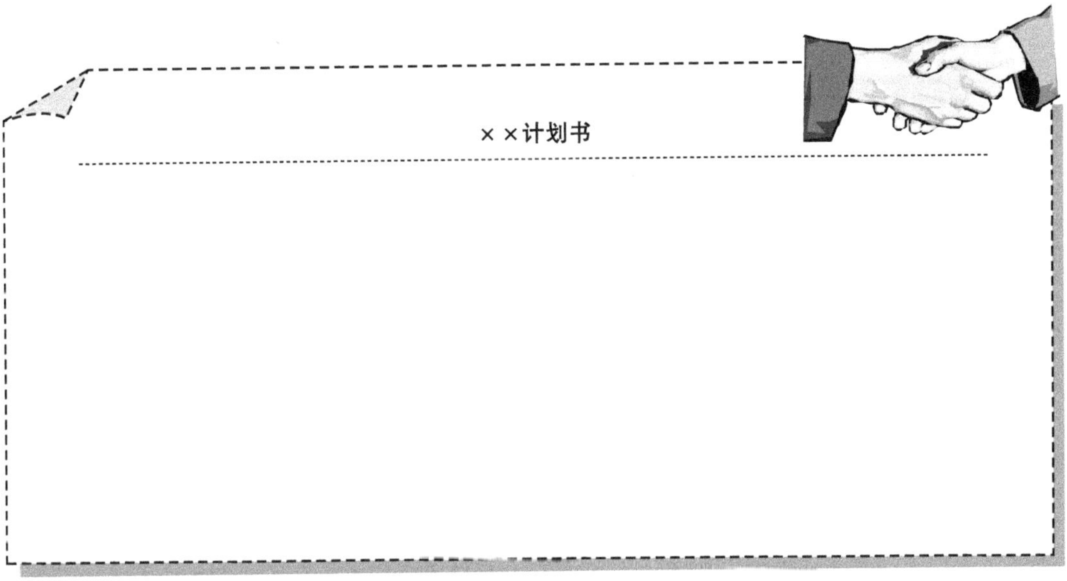

图 1-11　文书模板二示例

1.4.2　方案模板

1. 模板一

本模板适用于内容较多的方案，可在表格内任意添加内容，使该表格的页数增多，具有很强的操作性，具体示例详见表 1-10。

表 1-10　方案模板一示例

<table>
<tr><td rowspan="2">方案名称</td><td colspan="3" rowspan="2">××方案</td><td>编　　号</td><td></td></tr>
<tr><td>受控状态</td><td></td></tr>
<tr><td colspan="6">一、
二、
（一）
1.
2.
（二）
1.
2.
……</td></tr>
<tr><td>编制人员</td><td></td><td>审核人员</td><td></td><td>审批人员</td><td></td></tr>
<tr><td>编制时间</td><td></td><td>审核时间</td><td></td><td>审批时间</td><td></td></tr>
</table>

2. 模板二

本模板适用于内容较少的方案，具体示例如图 1-12 所示。

××方案

一、

二、

（一）

1.

2.

（二）

三、

……

图 1-12　方案模板二示例

第2章 研发调研管理文书与方案

2.1 研发调研管理文书

2.1.1 研发项目调研计划书

研发项目调研计划书

一、调研目的

为使公司产品研发项目符合市场需求，并区别于竞争对手，特开展研发项目调研。

二、调研时间安排

此次调研计划自____年__月__日起至____年__月__日。

三、调研负责人

此次调研由研发部李××负责，其所在项目组共计____人共同完成调研任务。

四、调研经费

此次调研项目预计经费总额为____万元，前期投入为____万元，后续投入____万元。

五、调研范围

1. 市场同类产品调研。
2. 竞争对手产品调研。
3. 市场技术调研。
4. 研发项目需求调研。
5. 同类项目研发费用调研。

六、调研方法及要求

针对此次调研，公司要求使用现场观察法、资料收集法及问卷调研相结合的方法进行，力求取得第一手调研资料，并按规定格式完成相关调研报告的编写。

2.1.2　研发项目调研报告书

<table>
<tr><td rowspan="2">文书名称</td><td rowspan="2">研发项目调研报告书</td><td>编　　号</td><td></td></tr>
<tr><td>受控状态</td><td></td></tr>
<tr><td colspan="4">

一、调研背景

由于市场竞争激烈及宣传手段的大同小异，传统的××饮料行业已经进入微利时代，在这种情况下，真正获得消费者的需求成为决定因素。

二、调研目的

公司准备在××饮料方面开发新产品，这就需要对市场上的现有产品和目标消费群体进行调研，以确定新产品的品味、价格、包装及营销策略等。

三、调研范围

1. 南方市场主要以上海、南京、广东及海南为主；北方市场主要以北京、沈阳、吉林及哈尔滨为主。

2. 此次调研的对象集中在各大城市商超购物场所的消费者、初高中在校学生、餐饮店营业员、商业中心流动人员，及各主要经销商，共计____人。

四、调研时间

调研自____年__月__日至____年__月__日，历时____天。

五、调研方法

本次调研主要采取大数据调查的方式，在每个城市选择三家大型商超合作，将其最近一年内所售卖的××饮料数据导出，然后进行数据的分析。

六、调研结果分析

1. 消费者对饮料类型的喜好程度详见下表。

消费者对饮料类型喜好程度统计表

</td></tr>
</table>

饮料类型						
城市	碳酸饮料	果汁饮料	茶饮料	××饮料	运动饮料	其他
上海	____%	____%	____%	____%	____%	____%
南京	____%	____%	____%	____%	____%	____%
广东	____%	____%	____%	____%	____%	____%
海南	____%	____%	____%	____%	____%	____%
北京	____%	____%	____%	____%	____%	____%

（续）

（续表）

饮料类型						
城市	碳酸饮料	果汁饮料	茶饮料	××饮料	运动饮料	其他
沈阳	____%	____%	____%	____%	____%	____%
吉林	____%	____%	____%	____%	____%	____%
哈尔滨	____%	____%	____%	____%	____%	____%
合计	____%	____%	____%	____%	____%	____%

由上表可以看出，消费者在选择饮料时，____饮料仍是首选，其余依次为____饮料、____饮料、____饮料、____饮料及其他。

2. ××饮料各品牌的市场占有率。

××饮料中具体各品牌的市场占有率详见下表。

××饮料各品牌的市场占有率统计表

类型	A 品牌	B 品牌	C 品牌	D 品牌	其他
所占比例	____%	____%	____%	____%	____%
备注	表中各数据的百分比为各品牌的××饮料与××饮料总数的比				

3. 不同区域消费者对××饮料的价格敏感程度。

在进行新品研发之前应该了解本品牌的其他产品在不同地区的市场占有率（详见下表），从而在执行新品投放策略时更有针对性。

××品牌的产品在各地区的市场占有率统计表

地区	北京	上海	广州	南京	其他
所占比例	____%	____%	____%	____%	____%

4. 不同区域消费者对××饮料的价格敏感程度。

将数据进行统计，可以得出在不同地区，消费者对××饮料的价格敏感程度。将商超的降价时长与降价时的产品售出比率进行对比，具体数据详见下表。

（续）

不同区域对××品牌的××饮料价格敏感度说明表

地区	A品牌			B品牌		
	降价时长比率	降价商品销量比率	降价时长比率/降价商品销量比率	降价时长比率	降价商品销量比率	降价时长比率/降价商品销量比率
上海						
南京						
广东						
海南						
北京						
沈阳						
吉林						
哈尔滨						

降价时长比率是指有价格折扣的时间占整年时长的比率。降价商品销量比率是指降价时所售卖出的产品与整年度所售卖出的产品的比率。若降价商品销量比率与降价时长比率的比值越大，则消费者对价格的敏感程度越高，从上表中不仅可以得出不同地区对产品价格的敏感程度，也可比较不同品牌的价格敏感程度。

5. 消费者选择饮料口味调研。

对饮料口味的数据分类，主要有两种：一种是按酸甜度分类；一种是按不同果味进行分类，具体详见下表。

消费者的饮料口味偏好（酸甜度）调研说明表

酸甜度	酸	偏酸	甜	偏甜
所占比例	____%	____%	____%	____%

消费者的饮料口味偏好（果味）调研说明表

果味偏好	苹果味	猕猴桃味	橙子味	芒果味
所占比例	____%	____%	____%	____%

由以上两个表格可以看出，消费者总体喜欢偏甜品味的饮料，占总人数的____%；消费者对____果味较为偏爱，达到____%。

（续）

6. 外包装对消费者选择饮料的影响调研。

消费者对饮料包装的选择，首选是塑料瓶，具体比例详见下表。

消费者选择饮料外包装调研结论说明表

包装类型	利乐包	易拉罐	塑料瓶	玻璃瓶
所占比例	____%	____%	____%	____%

7. ××饮料一般出货时间分析。

根据对数据的分析发现，××饮料的售卖高峰期主要集中在7～9月，且周末及节假日的出货比例较高，人均客单价较高。

七、调研总结

此次大数据调研共涉及8个地区，在每个地区选取了具有代表性的三家商超，通过对这24家商超售卖的饮料数据进行分析，我们总结出以下问题。

1. 此次调研中，发现消费者在饮料类型选择方面，首选的是____类型饮料，占到____%；其次为____类型饮料，购买比率达____%；而××饮料排行第____。

2. 此次调研中，在选择××饮料时，首选为____品牌，占到____%；其次为____品牌，购买比率达____%。

3. 不同区域的消费者对××饮料的价格接受度不同。在北京、上海和广东，饮料的销售量受降价促销的影响较小，而在吉林、哈尔滨该饮料的销售量则受降价的影响较大。

4. ××品牌的饮料在不同城市的市场占有率分别为上海____%、南京____%、广东____%、海南____%、北京____%、沈阳____%、吉林____%、哈尔滨____%，因此可知××品牌的饮料市场主要集中在____。

5. ××饮料的出货时间一般集中在周末或者节假日，而且客单价较高。这说明其主要受众为白领或青年人。

6. 在购买××饮料的消费者中，比较偏爱____口味，其次为____口味。

7. 消费者比较喜欢的塑料瓶包装排名第一，较为高档的易拉罐排名第二，其余为玻璃瓶和利乐包。

饮料市场已经进入了微利时代，而竞争却越来越激烈，只要能够真正满足消费者需求，并制定行之有效的营销政策，我们的产品才能占领市场，并立于不败之地。

编制人员		审核人员		审批人员	
编制时间		审核时间		审批时间	

2.1.3 竞争对手调研报告书

<table>
<tr><td rowspan="2">文书名称</td><td rowspan="2">竞争对手调研报告书</td><td>编　号</td><td></td></tr>
<tr><td>受控状态</td><td></td></tr>
<tr><td colspan="4">

一、调研目的

公司计划开发智能手机方面的新产品。为了明确竞争对手现阶段技术及运作方向，分析影响市场的各种因素，从而为决策层提供制定决策的依据，特进行此次调研。

二、调研内容

1. 调研竞争对手信用等级，判断其经营声誉。

2. 调研竞争对手产品档次，明确其产品及市场定位情况。

3. 调研竞争对手目标市场，判断其与公司的目标市场是否有冲突。

4. 估算竞争对手市场开拓能力，明确其发展潜力。

5. 调查竞争对手的广告宣传情况，分析其战略意图和推广策略。

6. 调查竞争对手的售后服务情况，分析其产品质量的优缺点。

三、调研对象

本次调研主要集中在东北和华北地区，主要调研公司的三大竞争对手，即××电子公司、××有限公司和××手机公司。

四、调研说明

（一）××电子公司

通过对××电子公司的调研，我们对其总结如下。

1. 通过对____家经销商及手机卖场的走访，该公司有较好的经营声誉，信用等级为 A 级。

2. 该公司代表产品为××—123、××—456、××—789 三种型号，价位均在 5 000 元以上，在手机市场中属于高档产品，主要消费群体为高收入人群。

3. 该公司在东北市场中的投放力度比较大。

4. 该公司市场开拓比较稳健，说明其有很强的发展潜力。

5. 该公司在全国性媒体的广告投放数量相当可观，在中央×套 60 秒的产品形象广告每天多次播出；赞助某综艺节目，借助节目增加曝光率；与好几家视频播放器公司合作，在热门电视剧播放之前插播广告；不仅如此，其线下店面基本都有该公司代表产品的巨型海报，其形象宣传十分到位。由此可以看出，该公司在销售终端的拦截方面下了不少的功夫。

6. 在售后服务方面，通过调研，该公司产品的返修率仅为____%，这在整个业界属于低水平，而手机屏幕的分辨率高达 2208×1242，很少有品牌可达到此标准。

</td></tr>
</table>

（续）

（二）××有限公司

通过对××有限公司的调查，我们对其总结如下。

1. 该公司信用等级良好，为A级。

2. 该公司的主打产品为××M5和××M3两种，价格均不到2 000元；在产品档次上，属于低档产品，主要消费群体为学生等无收入及低收入群体。

3. 该公司将华北、东北及华南市场作为主要销售区域。

4. 该公司在市场开拓方面略显急躁，这与该公司的市场定位有一定的关系。

5. 该公司的广告宣传密度较小，主要的宣传方式为网络媒体，如微信公众号、微博、粉丝群等，同时还有少量的电视剧广告植入，并配合少量的电视宣传，及青少年所喜爱的××节目，广告宣传侧重年轻和活力。其推广策略并无明显的与众不同之处。

6. 该公司的手机产品质量一般，尤其是××—258，其电商旗舰店的返修率达到××%，屏幕较易摔碎，不过其摄像头及手机播放器较其他品牌来说评价较好。

（三）××手机公司

该公司为近几年内成长起来的企业，善于运用营销新思维。其调查说明如下。

1. 该公司的信誉在手机行业有良好的口碑，信用等级为A+。

2. 在产品的定位上，该公司选择的定位是中低端高性价比手机。其代表产品为××—2，采用1.5GHz双核CPU，2G的RAM，以及自主研发的操作系统，其售价3 000元左右。

3. 产品的研发采用了“发烧”用户参与的模式，这既是一个炒作和预热的过程，又增强了粉丝的参与感，使产品一上市就好评不断，并且其产品的研发迭代速度之快也是业界少有的。

4. 该手机的销售渠道主要集中在官网，无实体店经营，省去了租金、员工工资，节约了成本。

5. 通过饥饿营销，有效抓住用户的心理弱点，同时减少了库存量，有效提高了营销效率。

五、调研总结

××电子公司的手机主要以高端为主，产品质量过硬，广告上也下了不少的功夫，其产品主要指向高端成功人士；××有限公司以大众产品为主，目标销售人群是以学生为代表的中低收入阶层，其广告力度一般，无特别之处；××手机公司的最大优势在于善于运用创新思维，产品也主打高性价比。

编制人员		审核人员		审批人员	
编制时间		审核时间		审批时间	

2.2　研发调研管理方案

2.2.1　研发项目调研方案

<table>
<tr><td rowspan="2">方案名称</td><td rowspan="2">研发项目调研方案</td><td>编　　号</td><td></td></tr>
<tr><td>受控状态</td><td></td></tr>
<tr><td colspan="4">

一、调研目的

1. 为××产品研发提供依据。

2. 了解消费者对××品牌的认识和接受程度，以确定产品的研发方向。

3. 分析消费者对护肤产品的期望，并分析公司自身的优劣势，及所面临的机会和威胁。

二、调研对象

1. 北京市市民。

2. 在××化妆品店的消费者。

3. 社区居民。

三、调研内容

1. 消费者

调查分析消费者的购物特征、探索消费者的购买心理、购买动机及购买行为特点等。

2. 竞争者

调查同行业竞争对手的生产地址、目标市场、产品价格、种类等基本现状。

3. 公司自身

了解该公司产品在消费者心中的形象、消费者对本公司的评价，以及公司需在哪些地方改进或者提高。

四、调研项目

1. 消费者对护肤品的要求。

2. ××护肤品的美誉度。

五、调研方法

1. 本次调研主要采用问卷调研方法。

2. 调研人员在各个小区和××化妆品店门口对有消费能力的消费者进行调研，并赠送一份小礼品给参与调研的消费者。

3. 调研范围：北京市。

4. 样本量：××份。

六、调研问卷设计

此次调研可使用如下问卷。

</td></tr>
</table>

（续）

××新产品研发调研问卷

您好，我是××化妆品市场调研员，为了进一步了解护肤品市场的需求，我公司特别设计了一份调研问卷，真诚邀请您的配合，来完成下面的问卷调查。

1. 您的性别？

□ 男　□ 女

2. 您的年龄？

□ 25 岁以下　□ 25～40 岁　□ 40～60 岁　□ 60 岁以上

3. 您的职业？

□ 公务员　□ 学生　□ 白领　□ 商人

□其他，请注明________________

4. 您的月收入？

□ 2 000 元以下　□ 2 000～3 000 元　□ 3 000～5 000 元　□ 5 000～8 000 元　□ 8 000 元以上

5. 您的皮肤类型？

□ 油性　□ 中性　□ 干性　□ 混合　□ 敏感性

6. 您平时是根据什么购买护肤品的？

□ 品牌　□ 品质　□ 价格　□ 效果

□ 其他，请注明________________

7. 您使用的护肤品有？（可多选）

□ 洗面奶　□ 爽肤水　□ 乳液/面霜　□ 眼霜

□ 其他，请注明________________

8. 请问您一般使用以下哪类护肤品？

□ 美白类　□ 抗皱类　□ 祛斑类　□ 滋润类

□ 祛痘类　□ 防晒类　□ 去死皮类　□ 收缩毛孔去黑头类

□ 其他，请注明________________

9. 您选择××化妆品的原因是什么？

□ 宣传好　□ 产品质量好　□ 朋友推荐　□ 价格合理

10. 您对××化妆品的哪些方面比较满意？

□ 知名度高　□ 产品品质好　□ 价格合理　□ 其他________

11. 您希望××化妆品增加哪些新功能？

□ 美白滋润　□ 抗衰老　□ 去皱　□ 其他

12. 您认为××品牌在国内市场中的地位如何？

□ 主导　□ 二线品牌　□ 非主流品牌　□ 没听说过

（续）

（续表）

13. 您能接受××化妆品的价格范围是多少？

□ 100 元以下　　□ 100～200 元　　□ 200～300 元　　□ 300 元以上

14. 您认为目前××化妆品应注意提升哪些方面？

□ 产品功效　　□ 销售人员素质　　□ 品牌反响度　　□ 其他

15. 列出您正在使用或比较喜欢的化妆品品牌？

____

16. 您认为哪些品牌的化妆品较好？

____

17. 您对××化妆品有何建议？

____

感谢您参与此次调查！

七、经费预算

此次调研经费预算详见下表。

调研经费预算表

序号	费用项目	金额
1	策划费	____元
2	调研人员培训费	____元
3	礼品费用	____元
4	问卷调研费	____元
5	统计费用	____元
6	报告费用	____元
合计		____元

八、调研组织与人员安排

为了较好地完成本次调研工作，根据公司调查方案，我们确定了相关调研人员，其配置说明如下。

1. 调研督导：____名。
2. 调研人员：____名。
3. 复核员：____名。

（续）

九、调研程度及时间安排

为了规范和保证调研工作的顺利实施，调研工作可按以下计划执行，全过程历时____天，具体安排如下。

（一）准备阶段

1. 调研方案、问卷的设计。

时间：自____年__月__日至____年__月__日，历时____个工作日。

负责人：李××。

2. 调研方案、问卷的修改和确认。

时间：自____年__月__日至____年__月__日，历时____工作日。

负责人：张××。

（二）实施阶段

1. 项目准备阶段（人员培训等）。

时间：自____年__月__日至____年__月__日，历时____个工作日。

负责人：张××。

2. 实地访问阶段。

时间：自____年__月__日至____年__月__日，历时____个工作日。

负责人：王××。

（三）结果处理阶段

1. 数据汇总预处理阶段。

时间：自____年__月__日至____年__月__日，历时____个工作日。

负责人：赵××。

2. 数据统计分析阶段。

时间：自____年__月__日至____年__月__日，历时____个工作日。

负责人：孙××。

3. 调研报告撰写阶段。

时间：自____年__月__日至____年__月__日，历时____个工作日。

负责人：田××。

4. 论证阶段。

时间：自____年__月__日至____年__月__日，历时____个工作日。

负责人：陈××。

编制人员		审核人员		审批人员	
编制时间		审核时间		审批时间	

2.2.2　研发调研实施方案

方案名称	研发调研实施方案	编　　号	
		受控状态	

一、调研目的

为了规范调研实施工作，确保公司研发的产品能够满足市场需求，明确产品开发方向，特制定本方案。

二、组织安排

1. 公司组建研发项目调研专家委员会，全面负责研发项目调研活动，下设研发项目调研办公室，由研发部具体负责组织工作。

2. 研发项目专家委员会由公司副总确定，成员不少于 3 人，公司建议由技术总监、生产总监及营销总监担任，由技术总监任专家委员会主任，负责全面工作。

3. 研发项目调研办公室成员由调研专家委员会确定，成员由研发部、技术部、生产部及市场部相关工作人员构成。

三、调研内容

研发调研包括但不限于下图所示的内容。

研发调研内容说明

四、调研方式

研发项目调研人员可深入市场走访，开展问卷调查，或通过专家座谈等方式对项目进行调研，并将相关调研情况汇总后报调研专家委员会。

（续）

五、研发调研程序

（一）研发立项

公司就研发活动进行专题立项，作为公司研发规划项目，并设研发经费，若在研发过程中发现有重大价值，项目可申请追加经费。

（二）申请与立项

公司研发部及相关部门员工可提出书面立项申请，申请人需撰写立项报告，报告内容包括但不限于以下五点。

1. 研发项目基本信息，包括项目名称、项目起止时间、项目主要负责人、项目人员安排情况、主要完成部门等基本信息。

2. 项目立项的目的。

3. 项目研发的核心技术及创新点。

4. 项目持续时间及阶段。

5. 项目预期研究成果（如专利情况）。

（三）立项批准

研发调研专家委员会对申请人条件和立项报告进行审查，确定立项人选和项目。

（四）调研活动实施

1. 研发项目调研的实施一般分为三个阶段，分别为准备阶段、实施阶段和调研结果的处理阶段。

2. 准备阶段的工作内容有调研方案和调研问卷设计及修改；实施阶段的评标工作内容有调研培训及实地访问；调研结果处理的主要工作内容有数据汇总预处理及调研数据的统计分析。

3. 研发项目调研材料办公室应明确各阶段的负责人与起止时间，以保证按计划完成调研项目。

（五）调研报告撰写

立项人最终要形成研发项目调研报告，要求调研报告内容不少于1.5万字，并对报告的真实性、完整性、准确性负责。

（六）结项

调研专家委员会对立项人的调研报告进行鉴定，给予同意结项、继续调研修改、不予结项三个等级的结论。准予结项者，公司兑现研发项目调研经费，最终不能结项者，公司专项研发经费不予兑现。

六、附件

1. ××项目立项申请表（略）。

2. ××项目结项申请表（略）。

编制人员		审核人员		审批人员	
编制时间		审核时间		审批时间	

2.2.3　竞争对手调研方案

方案名称	竞争对手调研方案（大纲）	编　　号	
		受控状态	

一、调研目的

为了规范本企业对竞争对手的调研，特制定本方案。本企业的竞争对手调研活动及内容均遵循本方案执行。

二、调研组织管理

竞争对手调研活动由公司市场调研主管负全责，直接指挥市场调研专员展开市场调研工作，其他部门和个人不得介入。

三、竞争对手分析

（一）主要竞争对手

根据同业市场各类公司发展水平及本公司所处发展阶段，确定以下五家公司作为本公司今后三年内的主要竞争对手，具体经营状况详见下表。

主要竞争对手一览表

行业排名	企业名称	主要品牌	主要产品类型	主要负责人	销售额
1	××有限公司	××	××内存	章××	____万元
2	××制造公司	××	××主板	王××	____万元
3	××生产公司	××	××适配器	宋××	____万元
4	××有限公司	××	××软件	孙××	____万元

（二）一般竞争对手

市场调研专员必须密切关注市场行情，发现同类市场企业有以下情况之一者，将其列入本公司一般竞争对手名单。

1. 当年销售总额增长超过 100% 的。
2. 行业排名在 30 名以内，年度上升超过 5 位的。
3. 行业排名在 30～50 名，年度上升超过 10 位的。
4. 行业排名在 50～100 名，年度上升超过 20 位的。
5. 当年广告投入在万元以上的。

四、年度调研内容

本企业竞争对手调研的内容主要包括以下六大方面，在实际的调研过程中，我们可根据实际需要调研以下全部或部分内容。

（续）

（一）竞争对手概况

公司基本注册情况、公司背景、股东情况、子公司或关联公司情况、固定资产和投资总额、机械和设备状况、库存情况、短期发展目标、长远规划目标、目前面临的问题及解决思路等。

（二）竞争对手产品及生产情况

1. 产品范围、结构、用途、优缺点。

2. 产品的质量认证情况。

3. 产品的价格、产量（月/年）。

4. 产品近三年有何变化（改进）。

5. 生产线及生产能力。

6. 技术引进及采用新技术情况。

7. 新产品研发情况。

8. 主要原材料供应商情况。

9. 主要原材料价格变动承受能力。

10. 产品包装和运输。

（三）竞争对手的详细财务状况

1. 公司基本财务制度。

2. 公司财务部门组织构架。

3. 财务部门在公司中的地位。

4. 财务部门主要负责人情况。

5. 公司最近三年的财务状况分析，包括比率分析、趋势分析、同行业比较。

6. 公司成本控制体系分析，包括成本控制体系介绍、成本控制的方法、成本控制的执行情况。

7. 公司投融资体系分析，主要包括如下内容。

（1）未来三年内的投资计划。

（2）投资的决策体系。

（3）可能的融资渠道（增资扩股、发行股票、发行债券、银行借款等）。

（4）融资的成本。

（四）竞争对手市场营销的详细情况

1. 企业销售组织的人力资源情况、管理模式。

2. 企业的主要销售区域及市场表现，主要包括如下内容。

（1）产品的主要销售区域及该区域的市场表现。

（2）主要产品上年或本年某段时期的销售量（年/月）。

（3）产品上年或本年某段时期的出口情况。

（4）上年或本年某段时期的实际费用支出。

（续）

（5）上年或本年某段时期的实际盈利情况。

3. 销售渠道及价格分析。

4. 主要经销商（代理商）分析，具体包括如下内容。

（1）主要经销商（代理商）的名称、地址、电话、联系人等。

（2）主要经销商（代理商）份额分析。

（3）主要经销商（代理商）销售状况。

5. 营销策略，主要包括如下内容。

（1）上年或本年某段时期的年度营销策略。

（2）上年或本年某段时期的产品价格政策（变价策略）。

（3）上年或本年某段时期的货款结算政策。

（4）上年或本年某段时期的激励政策。

（5）上年或本年某段时期的销售保障及销售支持。

6. 促销策略，主要包括如下内容。

（1）上年或本年某段时期的促销政策。

（2）近期的促销政策。

7. 产品广告策略及投放情况，主要包括如下内容。

（1）产品广告策略。

（2）产品的广告投放计划和费用。

（3）广告投放媒体的结构分布。

（4）广告投放地域的结构分布。

8. 产品的售后服务，主要包括如下内容。

（1）售后服务组织情况。

（2）售后服务的主要措施。

9. 与政府部门及行业协会的关系。

（五）对竞争对手的人力资源（薪酬）状况深入调查

1. 人员规模及构成。

2. 公司员工实得工资（给予额）及构成情况。

（1）公司各类人员基本工资构成。

（2）基本工资标准。

（3）各岗位员工的工资及差别。

3. 各种补贴和奖金：包括补贴和奖金的种类、发放标准等。

（六）公司竞争力的评述

1. 公司市场形象评述。

（续）

2. 公司产品竞争力评述。
3. 公司财务状况评述。
4. 公司营销策略评述。
5. 公司人力资源评述。
6. 公司竞争力综述。

五、月度跟踪调查内容

市场调研主管要组织市场调研人员（每月）针对竞争对手的以下内容进行调研活动。

1. 股东变动情况。
2. 主要负责人的变动情况。
3. 营销政策的重大调整情况。
4. 重大促销政策。
5. 价格变动情况。
6. 广告策略的推广和调整情况。
7. 新产品的开发和推广情况。
8. 本月主要产品的产量。
9. 本月主要产品的销量。
10. 本月末主要产品的库存。
11. 主要城市的销售动态（本月最活跃的城市）。
12. 主要媒体对该公司（产品）的评价。
13. 其他重大突发事件（随时向客户反馈）。

六、调研路径

1. 行业分析报告或专业信息服务公司的调研分析报告。
2. 展览会、展销会及行业会议等。
3. 直接到竞争对手店铺或经销商处收集竞争对手的市场推广活动资料。

七、调研总结

市场调研主管必须适时对调研信息进行统计、分析，并及时提交月度、季度、年度调研报告，以便于企业随时了解竞争对手动向，为企业的营销活动提供意见与建议。

编制人员		审核人员		审批人员	
编制时间		审核时间		审批时间	

第3章 研发项目管理文书与方案

3.1 研发项目管理文书

3.1.1 研发项目计划书

文书名称	研发项目计划书（编写指引）	编　　号	
		受控状态	

一、研发项目提出的背景和必要性

该部分主要介绍研发项目所处的进度、知识产权情况、对公司的意义和作用等内容。

二、国内外市场分析

该部分主要分析国内外市场发展现状、主要竞争对手和市场前景等。

三、研发项目的技术情况说明

该部分主要阐述该研发项目的目标、开发任务、主要技术、项目的主要科技攻关内容和国家关于该项目或同类项目的技术标准及环保要求等。

四、现有的研发项目实施基础

该部分重点阐述公司的股权结构、资产和负债情况、业内信用和投融资能力、主要业务、主要产品、生产规模、设备条件和技术水平、创新能力以及后续的开发能力等。

五、研发项目的组织结构和人员安排

该部分主要介绍项目研发机构或研发小组的组织结构、研发项目负责人、主要领导及关键技术人员的安排等。

六、研发项目实施进度计划

该部分主要说明项目实施时间、进度安排、主要任务、考核指标和项目各阶段的验收标准等。

七、研发项目的资金需求及来源

该部分重点阐述公司近期财务状况及盈利预测、项目资金需求预算和来源、资金使用计划、筹集渠道和投资回报及相关保证措施等。

八、研发项目的经济和社会效益分析

该部分重点说明该项目的经济效益，如预测该项目在期限内的销售收入、财务内部收益率、投资回收期限、投资利润率、财务净现值等，以及社会效益，如预期社会反响、对行业或当地居民的生活状况所产生的影响和对公司形象所产生的影响等。

九、研发项目的风险分析

该部分主要阐述项目在实施过程中所面临的各种风险，如技术风险、政策风险、市场风险、经营风险等。

（一）政策风险

该部分简要介绍关于该项目的国家政策、法律法规的相关规定，并分析对该项目的影响。

（续）

<table>
<tr><td colspan="6">（二）技术风险
该部分主要介绍该项目面临的技术风险，如技术不成熟及技术市场化、产业化和经营规模化方面的风险，相关技术、研发及管理人员的技术水平和忠诚度的风险，对某一特定的知识产权、非专利技术依赖程度、技术安全状况、项目开发、试验方面的风险和技术被淘汰的风险等。
（三）市场风险
该部分主要阐明该项目的生命周期、受商业周期的影响、市场化程度、市场垄断、市场壁垒的情况，该项目主要市场所在地区政治、经济是否稳定和对单一市场的依赖程度等。
（四）经营风险
该部分主要说明同类最新产品、最新技术和替代品出现的风险、融资能力的局限性、公司高层的决策能力等。
十、其他需要说明的事项
该部分主要标明项目研发过程中所涉及的各种表格等。</td></tr>
<tr><td>编制人员</td><td></td><td>审核人员</td><td></td><td>审批人员</td><td></td></tr>
<tr><td>编制时间</td><td></td><td>审核时间</td><td></td><td>审批时间</td><td></td></tr>
</table>

3.1.2 研发立项可行性报告

研发立项可行性报告主要对研发项目进行可行性研究。下面是研发立项可行性报告的编写指引，读者可根据其指引提示编写研发立项可行性报告。

<table>
<tr><td rowspan="2">文书名称</td><td rowspan="2">研发立项可行性报告（编写指引）</td><td>编　　号</td><td></td></tr>
<tr><td>受控状态</td><td></td></tr>
<tr><td colspan="4">一、研发项目背景
（一）目的
该部分应说明编写本可行性报告的目的，指出预期的读者或评审、开发实施人员。
（二）背景说明
该部分应说明研发项目的名称，项目任务的提出者、研发者、客户及实现该项目的硬件、软件系统同其他系统或其他机构的关系。
（三）定义
该部分应列出本报告中用到的专门术语的定义和外文首字母组词的原词组。</td></tr>
</table>

（续）

二、研发项目可行性研究的前提

（一）研发要求

该部分应说明对研发的基本要求，包括产品的功能、性能、输出/输入、处理流程和数据流程、安全保密要求、同本系统相连接的其他系统、完成期限等。

（二）研发目标

该部分应说明所建议该产品的主要研发目标，如人力与设备费用减少、处理速度的提高、控制精度或生产能力的提高、管理信息服务的改进、自动决策系统的改进、人员利用率的改进等。

（三）条件、假定和限制

该部分应说明对本研发项目所给出的条件、假设和所受到的限制，如系统运行寿命、经费来源限制、法律和政策的限制、软硬件运行环境和研发环境的条件与限制、可利用的信息和资源、系统投入使用的最晚时间等。

（四）进行可行性研究的方法

该部分应说明本研发项目的可行性研究是如何进行的，并简要说明所使用的基本方法和策略，如调查、加权、确定模型、建立基准点或仿真等。

（五）评价尺度

该部分应说明对系统进行评价尺度，如费用的多少、各项功能的优先次序、研发时间的长短及使用中的难易程度。

三、现有软件系统的分析

分析现有系统的目的是为了进一步阐明建议中的研发新系统或修改现有系统的必要性。

（一）处理流程和数据流程

该部分应说明现有系统的基本处理流程和数据流程。此流程可用图表即流程图的形式表示，并加以叙述。其目的是说明现有软件系统流程已不适用于当前的业务需求，如流程烦琐复杂、节点过多、权责难以明晰等。

（二）工作负荷

该部分应列出现有系统所承担的工作及工作量，目的是说明当前的业务量已超出或即将超出现有系统的工作负荷，且现有系统已无法满足公司业务发展的需要。

（三）费用开支

该部分应列出由于运行现有系统所引起的费用开支，如人力、设备、空间、支持性服务、材料等项的开支，用以说明如继续使用或更新使用现有系统将会产生更高的成本费用。

（四）人员

该部分应列出为了现有系统的运行和维护所需要的人员的专业技术类别与数量，用以说明现有系统对于人员的需求量或技术要求过高，所需专业已不符合当前人才发展的趋势或人员培养的周期和成本过高等。

（续）

（五）设备

该部分应列出现有系统所使用的各种设备，用以说明现有系统对设备的需求过高或无法满足，如系统难以更新、操作系统不兼容、硬件设备老化等。

（六）局限性

该部分应整体说明现有系统的局限性，并说明对现有系统的改进性维护已不能从根源上解决问题。

四、新研发项目分析

该部分应客观分析所选择的研发项目的优越性、作用及不足。

（一）对研发项目的说明

该部分应概括说明所研发项目，并说明其如何满足要求，以及所使用的基本方法和理论根据。

（二）处理流程和数据流程说明

该部分应给出研发项目的处理流程和数据流程。

（三）改进之处分析

根据研发项目目标，逐项说明研发项目相对于现有系统有所改进之处，具体项目可根据对现有软件系统的分析进行对应说明。

（四）影响分析

该部分应说明在建立研发软件时预期带来的影响，包括对设备的影响、对软件系统运行过程的影响、对客户方的影响、对涉及人员的技术与能力水平的要求影响、对地点和设施的影响、对经费开支的影响。

（五）局限性分析

该部分应客观说明研发项目尚存在的局限性以及这些问题未能消除的原因。

（六）技术条件方面的可行性分析

1. 在当前技术条件下，该软件的功能目标能否达到。

2. 利用现有的技术，该软件的功能能否实现。

3. 对研发人员的数量和质量的要求，并说明这些要求能否得到满足。

4. 在规定的期限内，本软件的研发能否如期完成。

五、可选择的其他软件研发项目说明

该部分应简要说明其他曾经考虑过的可选择的研发方案，并说明当选方案相比备选方案的优势。

六、投资及效益分析

（一）支出预测

该部分应说明软件研发项目方案所需的费用，主要有以下几项。

1. 基本建设投资支出预测，包括采购、研发和安装各项所需设施及设备的费用，如房屋和设施、各类设备、操作系统及应用软件、数据库管理软件等。

（续）

2. 其他一次性支出，包括研究数据库的建立，检查、技术管理、培训费、差旅费、研发安装等所需要的一次性费用支出。

3. 非一次性支出，主要是软件研发项目运行和维护的费用，包括设备租金和维护费用、软件组件和维护费用、数据通信方面的租金和维护费用、人员工资、公用设施开支、保密安全开支、其他经常性支出等。

（二）收益预测

该部分应说明软件研发项目方案能够带来的收益，表现为开支费用的减少或避免、差错减少、灵活性增加和管理计划方面的改进等。

1. 一次性收益，说明能够用金额表示的一次性收益，可按数据处理、用户管理和支持等项目分类叙述，如价值的提升。

2. 非一次性收益，在整个软件生命周期内按月、年计算可用金额衡量的收益，包括开支的减少和避免。

3. 不可定量的收益，逐项列出无法直接用金额衡量的收益，如服务的改进、风险的减少、信息掌握情况的改进、组织机构外界形象的改善等。

（三）投资回报率预测

该部分应计算出整个软件生命周期的收益投资比值情况。

（四）投资回收周期预测

该部分应计算求出收益的累计数开始超过支出的累计数的时间。

（五）敏感性分析

敏感性分析即关键性因素分析，如生命周期长度、工作负荷量等条件发生变化时，对开支和收益的影响范围的估计。

七、社会因素方面的可行性

社会因素方面的可行性分析包括以下两方面内容。

（一）法律方面的可行性

法律方面的可行性问题包括合同责任、是否涉及专利权及版权的侵犯。

（二）使用方面的可行性

1. 从客户规章制度等方面来看，是否能够使用该软件系统。

2. 从客户素质来看，是否能满足使用该软件系统的要求等。

八、研发项目立项可行性分析总结结论

该部分应总结分析过程，得出结论，并编制研发项目立项可行性分析报告。

九、相关附件

该部分应列出参考资料，如经核准的项目计划任务书或合同、上级机关的批文、本报告中引用的文件、资料（包括所需用到的软件研发标准）等。

编制人员		审核人员		审批人员	
编制时间		审核时间		审批时间	

3.1.3　项目可行性分析报告

<table>
<tr><td rowspan="2">文书名称</td><td rowspan="2">项目可行性分析报告</td><td>编　　号</td><td></td></tr>
<tr><td>受控状态</td><td></td></tr>
<tr><td colspan="4">

一、概况

1. 研发项目名称：××设备研发。

2. 研发责任人：××公司研发部××工艺研发小组。

3. 起止时间：____年__月__日至____年__月__日。

二、研发课题的目的和意义

（一）资源开发及综合利用

1. ××设备中的塔架制造所需设备与水工金属结构闸门、启闭机制造设备需求基本相同，投资该设备的研发可以实现与公司原有设备资源、人力资源上的共享和综合利用，节约资源，为降低制造成本提供有力的保障。

2. ××设备制造所需焊接设备、测量设备要求较高，与水电站引水压力钢管等机电安装工程类似，现有的金属结构制造厂所需配置基本相同，可以充分发挥我公司的装备、技术优势。

（二）环境效益

1. 北方地区多为火力发电，××设备研制成功后可提升能源利用率达____%以上，既降低了生产成本又减少了能源消耗。

2. ××设备的生产用水量非常低，基本不涉及化工、冶炼等高污染、高能耗问题。

3. 可能造成的污染是机械制造业的一个普遍存在的防腐问题，在本课题中，拟采用封闭喷淋式防腐设施进行除尘和除味，使金属防腐的环保问题得到彻底解决，为机械制造业在防腐的环境污染上做出重要贡献。

（三）经济效益

1. ××设备在降低能耗的同时，还能提高____%～____%的产能。

2. ××设备可将________、________、________三道生产工序合并完成，在节约了时间、人力成本的同时也减轻了管理负担。

（四）对技术进步的影响

通过对该课题的研究，为今后××设备制造、安装、调试、检修及试运行编写切实可行的施工作业指导书，通过对该课题的研究，总结积累经验，为今后的设计、制造提供科学的理论依据。

（五）对我公司的意义

1. 无形资产的意义

（1）该成果的通用性强，可总结出一套优良的××设备制造的工艺方法和管理模式，对以后的工程质量管理起到示范作用，对我公司在今后类似项目上的投标、施工起到很好的作用。

</td></tr>
</table>

（续）

（2）此项目可能产生良好的社会影响，对树立我公司承建工程品牌形象、提升我公司在××设备制造方面的知名度起到不可低估的作用。

2. 对我公司的经济意义

（1）预估在未来____年内，××产品在市场上仍将处于供不应求的情况，而××设备的研制成功将会大大提升我公司的产能，有利于在这段黄金时期内抢占市场份额，确立市场地位。

（2）据调查，行业内多家公司已将××设备的研发与引进列入其未来的经营规划之中，我公司若能尽早将××设备研制成功，将意味着我公司在国内率先获得该设备的知识产权，其对公司的经济意义不可估量。

（六）社会影响

××设备制造是一个新型的产业，其核心技术一直控制在经济发达国家的手中，我公司大力发展该项目，率先进入这个领域，进行这方面的建设和发展，将对今后的发展起到不可低估的社会效益，能够对××制造行业起到一定的促进作用，产生良好的社会影响力。

三、国内外研究水平综述

××设备的研究在我国才刚刚开始，还没有一套完整的规范标准，其核心技术仍然依靠从国外引进。同时，国家还没有建立健全从设计、制造、加工到安装的专业队伍，因此国家将从产业政策上给予鼓励和扶持。

四、研究课题的理论和实践依据

（一）课题研究内容的原理简述（略）

（二）主要依据

1. 规划与生产流程（略）。

2. 部分典型的技术要求示意图（略）。

3. 根据招标文件主要依据的技术规范（略）。

五、课题研究内容和实施规范

（一）生产流程总图的设计规划（略）

（二）课题工艺内容（略）

（三）研究方案与步骤

1. 技术准备：标准图纸的翻译、特殊附件及材料准备。

2. 在产品的生产过程中，严格制作工艺过程控制。

3. 采用先进的检测手段，保证所测数据真实可靠。

4. 在不断重复的生产中，对上述工艺进行总结、改进和完善。

5. 在本工程完工时，认真总结，做好《风电塔筒法兰焊接工法》的编制。

6. 进行申报、评审、验收工作。

（续）

六、本课题的关键技术和难点

因为我公司第一次涉足××设备的制造，没有制造经验，且无制造设施及设备，所以生产场地的选择、总图的规划与设计、场内运输图的设计成为难点。

七、预期目标和成果形式

（一）预期达到的目标

通过本课题的研究，总结出××设备制造的施工工艺。

（二）研究成果的形式

该研究成果将以书面形式和演示文稿的形式提交，有很大的可转移性。

八、合作单位

本设备的制造、安装由我公司制造安装车间独自完成，成果归我公司所独有。

九、课题承担小组条件

（一）人员条件

本公司为××设备研发项目配备了各类技术人员共____名，其中技师和高级技师____名，并确定由设备研发主管赵××作为研发课题负责人。

（二）基础设施条件

为了本项目的顺利实施，我公司在××产业园建造了总建筑面积约____平方米的厂房一座，现厂房已经投入生产。

十、课题进度安排

课题进度安排的具体内容详见下表。

课题进度安排表

阶段	期间	内容
一	____年__月__日至____年__月__日	立项申请、技术准备
二	____年__月__日至____年__月__日	生产产品，不断总结工艺并改进完善，工法编制
三	____年__月__日至____年__月__日	工程情况总结
四	____年__月__日至____年__月__日	课题总结、鉴定、结题、验收

（续）

十一、课题经费预算

课题经费预算的具体内容详见下表。

课题经费预算表

预算支出科目	金额（万元）	备注
新产品设计费	2.0	
工艺规程制定费	3.0	
原材料及半成品试验	3.5	分解表（略）
技术图书资料费	3.7	
中间试验费	6.6	分解表（略）
研究人员工资	5.0	
其他有关费用	13.2	分解表（略）
不可预见费	3.0	
合计	40.0	

编制人员		审核人员		审批人员	
编制时间		审核时间		审批时间	

3.1.4 研发项目立项申请书

研发项目立项申请书

尊敬的各位领导：

根据公司研发计划的安排，我小组已如期完成 × ×产品研发前的各项论证及计划安排工作，研发人员业已到位。现特向项目委员会提出研发项目立项申请，望能及时审批。

具体的立项申请内容见附表。

× ×产品研发小组

附表：研发项目立项申请表

研发项目立项申请表

编号：　　　　　　　　　　　　　　　　日期：

<table>
<tr><td colspan="2">项目名称</td><td colspan="2"></td><td>项目负责人</td><td></td></tr>
<tr><td colspan="2">项目研发人员</td><td colspan="4"></td></tr>
<tr><td colspan="2">项目论证纪要</td><td colspan="4">申报人：
日期：____年__月__日</td></tr>
<tr><td colspan="6">阶段计划</td></tr>
<tr><td>阶段</td><td colspan="2">计划期间</td><td colspan="2">阶段成果或形式</td><td>负责人</td></tr>
<tr><td></td><td colspan="2"></td><td colspan="2"></td><td></td></tr>
<tr><td></td><td colspan="2"></td><td colspan="2"></td><td></td></tr>
<tr><td rowspan="3">费用预算</td><td colspan="2">费用项目</td><td colspan="2">预算金额（元）</td><td>浮动区间</td></tr>
<tr><td colspan="2"></td><td colspan="2"></td><td></td></tr>
<tr><td colspan="2">总计</td><td colspan="2"></td><td></td></tr>
<tr><td colspan="2">项目委员会意见</td><td colspan="4"></td></tr>
<tr><td colspan="2">项目委员会会签</td><td colspan="4"></td></tr>
</table>

3.2 研发项目管理方案

3.2.1 研发项目立项申请方案

<table>
<tr><td rowspan="2">方案名称</td><td rowspan="2">研发项目立项申请方案</td><td>编　号</td><td></td></tr>
<tr><td>受控状态</td><td></td></tr>
</table>

一、目的

为了规范研发项目的调研分析等立项程序，使新开发的产品能够符合公司发展的战略要求，且产品研发能遵循科学管理程序进行，特制定本方案。

二、适用范围

本方案适用于研发项目中调研分析、立项、项目计划、项目跟进等各项工作的程序规范和管理。

三、职责范围

1. 总经理办公室负责从研发部、技术部、生产部、营销部、人力资源部、财务部等各相关部门抽调人员，与外聘专家组成研发决策委员会，负责研发项目的审批、人员配备、财务预算、进度考核和奖惩等工作。

2. 主管副总负责全面主持研发决策委员会的运营工作。

四、研发项目调研分析

（一）项目需求调查

1. 新产品开发前期，研发部需要协同市场部对市场的重要客户进行调查，既可以利用订货会等与客户面对面接触，也可通过即时通信软件与客户进行不定期沟通，征询客户意见，收集市场信息，分析现状，并以书面调查汇报的形式反馈给研发部。

2. 研发部协同市场部调研同行业市场占有率较高的产品，分析竞争对手同类产品的质量、价格和使用情况。

（二）项目需求论证

进行充分的技术和市场调查后，项目提出部门需对研发项目进行以下五个方面的论证。

1. 产品的社会需要。

2. 产品市场占有率。

3. 市场现有技术和本公司技术现状。

4. 发展趋势。

5. 新产品资源效益。

（三）出具项目调研报告

论证分析工作完成后，应编制项目可行性分析报告，并从以下四个方面对项目进行论证。

（续）

1. 技术可行性分析，由研发部出具。

2. 市场可行性分析，由市场部出具。

3. 人员可行性分析，由人力资源部出具。

4. 财务可行性分析，由财务部出具。

五、项目立项申请

项目提出部门需根据可行性分析报告拟订研发项目立项申请书，呈研发决策委员会审批。研发项目立项申请书主要包括如下图所示的内容。

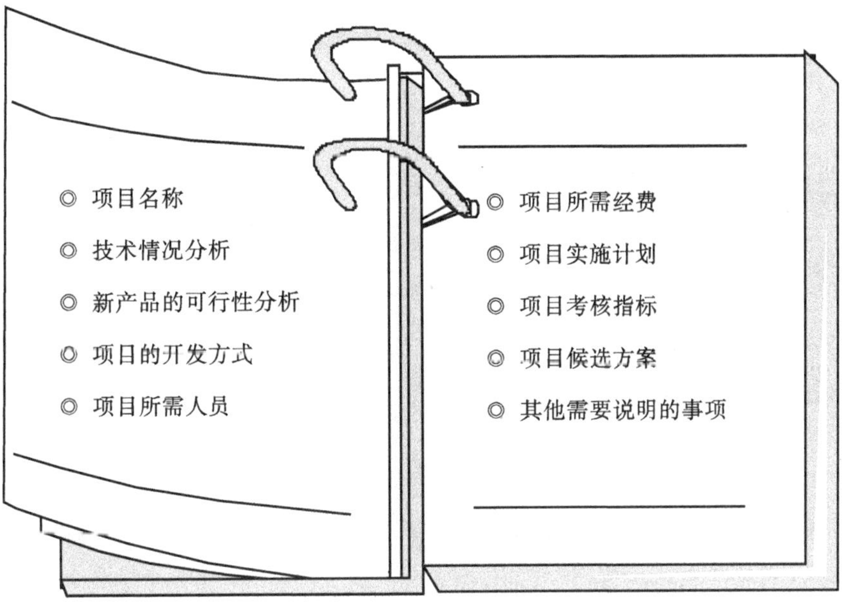

研发项目立项申请书内容

六、项目立项审批

所有研发项目需经过立项审批后才可进行，未经立项审批的研发项目，公司一概不予认可。研发项目可分为 A、B、C 三类，不同的项目采用不同的立项审批流程。

（一）研发项目分类说明

研发项目分类说明详见下表。

（续）

研发项目分类标准表

类别	具体研发项目的内容
A类研发项目	◇ 新产品研制、仿制、改制的项目 ◇ 从外部引进的新产品和关键新技术的项目 ◇ 由决策委员会审批的项目
B类研发项目	◇ 对新引进产品或新技术进行评估以及产品和技术方面的试验验证 ◇ 公司从未采用过的新工艺投入生产的试验和改造 ◇ 对公司长期存在的产品生产技术、工艺、质量进行攻关 ◇ 项目金额在5万元以上需主管副总批准执行的其他项目
C类研发项目	◇ 发明专利申请、国家强制要求执行的项目 ◇ 其他可由研发部经理批准执行的或者金额在5万元以下的项目

（二）不同类型项目的审批程序

1. A类项目

（1）A类项目立项申请书经研发部经理审批通过后，交由研发决策委员会审批。

（2）研发决策委员会在接到申请书后，应及时召开会议，根据研发项目审批标准进行表决，决定研发项目立项申请是否通过。

2. B类项目

B类项目立项申请书交至主管副总处后，应在____个工作日内做出决定，决定项目立项是否通过。

3. C类项目

C类项目立项申请书由研发部经理直接批准通过。

七、后续工作

1. 通过立项审批的项目转入项目规划流程，由项目部负责具体实施。

2. 所有申请立项的项目（无论通过与否）均需由研发部自行存档之后，交送总经理办公室备案。

编制人员		审核人员		审批人员	
编制时间		审核时间		审批时间	

3.2.2　研发项目进度控制方案

<table>
<tr><td rowspan="2">方案名称</td><td rowspan="2">研发项目进度控制方案</td><td>编　　号</td><td></td></tr>
<tr><td>受控状态</td><td></td></tr>
<tr><td colspan="4">

一、目的

为确保公司各研发项目按目标计划顺利完成，规范研发进度的管理，及时对研发进度进行纠偏，达到有效控制进度、如期完成研发的目的，特制定本方案。

二、适用范围

本管理方案适用于公司所有研发项目的进度控制。

三、研发部职责

（一）技术管理职责

1. 处理研发过程中的相关专业技术问题。

2. 组织对重大研发方案的审定，协助处理研发过程中出现的技术性问题。

（二）进度检查管理职责

1. 根据研发项目计划书编写项目研发总体进度控制计划、阶段性研发进度控制计划、研发项目分包计划及资金使用计划等。

2. 定期检查各研发项目的进度、质量及文件资料管理等工作，提出整改意见和建议。

3. 组织召开进度管理例会，分析项目进度计划进展情况，及时调整各项计划。

四、研发项目进度控制措施

本公司研发项目进度控制措施大体分为项目进度计划编制、进度计划的管控与协调三部分。

（一）项目进度计划编制

1. 编制项目总体研发控制进度计划

（1）研究项目发展计划及其他相关资料，根据研发项目计划要求，分析细化实现项目研发所需的各项工作以及需经历的各个阶段。

（2）按照研发阶段顺序，将研发项目进行分解，确定进行各步骤研发所需进行的各项工作，初步估算研发工作量。

（3）根据项目计划和有关工期规定，合理确定各项工作的持续时间，科学安排各项工作之间的连接关系，绘制网络计划图。

（4）检查总工期是否满足发展计划要求，进行必要的优化调整。

（5）项目总体研发进度控制计划编制完成后，研发部组织对计划进行会审，技术部、财务部对有关图纸、分包及资金使用等进度提出意见，会审通过后报公司总经办审批。

2. 编制阶段性研发控制计划

（1）熟悉设计图纸、项目合同，参照项目总体施工进度控制计划，研究原始资料。

</td></tr>
</table>

（续）

<table>
<tr><td colspan="6">（2）确定项目研发流程，划分研发阶段，分解细化至分项步骤。
（3）计算研发工作量，确定各项工作持续时间。
（4）合理确定各项工作之间的逻辑关系，绘制网络图，并根据项目研发计划的时间要求进行优化。
（二）进度计划的管控
1. 项目实施阶段的进度控制是整个工程项目计划实现的关键，研发部必须做好各个分项研发进度计划与总研发进度计划的衔接，并跟踪检查研发进度计划的执行情况。在总的研发时间不变的前提下，必要时可对阶段性的研发进度计划进行调整。
2. 项目研发进度的动态管理是进度控制的关键措施，研发人员应按时提供每月或每周研发工作的实际进度，作为近期进度控制的依据；研发部用其与计划进度进行对比，分析偏差原因，制定纠正措施。
（三）进度计划的协调
1. 当研发过程中的某一环节发生重大变化时，研发部组织召开研发进度协调会，在不影响研发项目关键目标的前提下，协调各有关计划，对影响关键目标的，应上报公司领导层。
2. 进度计划调整应于____天内完成，并由研发部下发至具体研发单位。</td></tr>
<tr><td>编制人员</td><td></td><td>审核人员</td><td></td><td>审批人员</td><td></td></tr>
<tr><td>编制时间</td><td></td><td>审核时间</td><td></td><td>审批时间</td><td></td></tr>
</table>

3.2.3 研发项目计划编制方案

<table>
<tr><td rowspan="2">方案名称</td><td rowspan="2">研发项目计划编制方案</td><td>编　　号</td><td></td></tr>
<tr><td>受控状态</td><td></td></tr>
<tr><td colspan="4">一、目的
为了使研发项目计划编写人员能够清晰、准确地做好项目计划的编制工作，并有助于项目管理人员明确项目目的、项目内容、项目要素及时间安排等事项，特制定本方案。
二、适用范围
本方案适用于软件研发项目的计划编制。
三、编写职责
1. 项目经理负责组织项目团队成员进行项目信息的收集及分析，并指导项目计划的编写工作。
2. 项目主管负责项目计划的具体编写及修订工作。</td></tr>
</table>

（续）

四、项目前期准备

1. 当研发项目立项申请书获批后，被任命的项目经理立即着手组建项目团队，并要求所有项目成员在项目启动时参加项目启动会议。

2. 项目成员可以随着项目的进展在不同时间加入项目团队，也可以随着分配的工作完成而退出项目团队，但必须参加项目启动会议。

3. 项目经理负责组织前期加入的项目团队成员准备项目工作所需要的规范、工具、环境。

五、项目信息收集

1. 项目经理组织项目团队成员通过分析接收的项目调研报告、相关文档，通过论坛社区与用户沟通等途径，在规定的时间内尽可能全面收集项目信息。

2. 项目信息的收集过程应该始终注意客户思维，让客户充分参与，以了解客户的真实想法，在此过程中，还应注意效率、有效信息的筛选等。

3. 项目信息的主要内容包括与项目有关的各类报告、数据、计划、安排技术文件及会议记录的资料。

六、确定项目计划的要素

根据项目管理知识体系（Project Management Body of Knowledge，PMBOK），研发项目计划应当包括如下表所示的八项要素。

项目计划要素说明表

序号	项目计划要素	说明
1	项目范围说明	◇ 阐述实施该项目的原因或意义，形成项目的基本框架，使项目所有者或项目管理者能够系统地、逻辑地分析项目关键问题及项目形成中的相互作用要素 ◇ 形成项目成果核对清单，作为项目评估的依据，在项目结束后或项目最终报告完成以前对项目进行评估 ◇ 作为项目整个生命周期监控和考核项目实施情况及项目其他相关计划的基础
2	项目进度计划	◇ 说明项目中各项工作的开展顺序、开始时间、完成时间及相互依赖衔接关系的计划
3	项目质量计划	◇ 针对具体待定的项目，要求质量监控人员遵守相关制度、规范、程序、标准
4	项目资源计划	◇ 决定在项目中的每一项工作用什么样的资源（人、材料、设备、信息、资金等），在各个阶段使用多少资源

（续）

（续表）

序号	项目计划要素	说明
5	项目沟通计划	◇ 制定项目过程中项目干系人之间信息交流的内容、人员范围、沟通方式、沟通时间或频率等沟通要求的约定
6	风险对策计划	◇ 为了降低项目风险的危害而分析风险、制定风险应对策略方案，包括识别风险、量化风险、编制风险应对策略方案等
7	项目采购计划	◇ 识别哪些项目需求可通过从本企业外部采购产品或设备来得到满足
8	变更控制、配备管理计划	◇ 主要是规定变更的步骤、程序。配置管理计划就是确定项目的配置项和基线，控制配置项的变更，维护基线的完整性，向项目干系人提供配置项的准确状态和当前配置数据

七、编写研发项目计划

项目经理负责组织编写“软件项目计划书”。“软件项目计划书”是项目策划活动核心输出文档，它包括计划书主体和以附件形式存在的其他相关计划，具体的编写过程分为以下六个步骤。

（一）确定项目的应交付成果

此方案中项目的应交付成果不仅是指项目的最终产品，也包括项目的中间产品。通常情况下软件研发项目的项目产品包括如下图所示的 14 项内容。

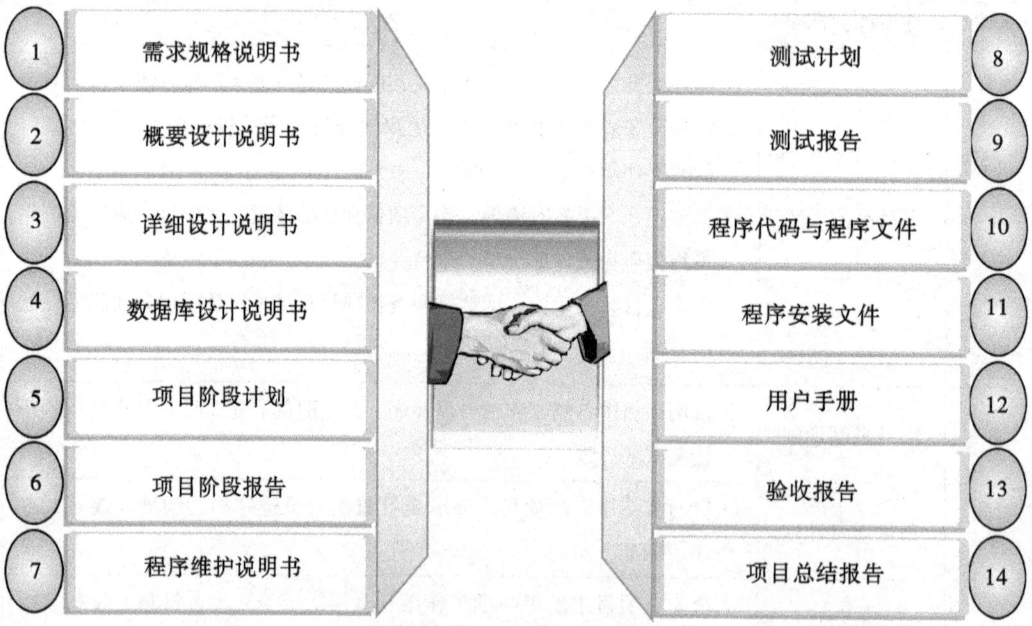

研发项目交付成果示意图

（续）

（二）任务分解

从项目目标开始，从上到下，层层分解，确定实现项目目标必须要做的各项工作，并画出完整的工作分解结构图。

（三）制定项目工作流程

在资源独立的假设前提下确定各个任务之间的相互依赖关系，以确定各个任务开始和结束时间的先后顺序，并制定项目各工作任务之间动态的工作流程。

（四）明确职责

确定每个项目团队成员的角色构成、职责、相互关系、沟通方式。

（五）制订项目计划

根据以上结果编制项目总体进度计划。总体进度计划应当体现任务名称、责任人、开始时间、结束时间、应提交的可检查工作成果。

（六）项目费用预算

考虑项目的费用预算、可能的风险分析及其对策、需要公司内部或客户或其他方面协调或支持的事宜。

八、研发项目计划评审

项目计划书评审、批准是为了使相关人员达成共识、减少不必要的错误，使项目计划更合理、更有效，具体评审流程如下。

1. 研发项目计划书完成后，项目经理组织项目团队内部的项目团队负责人、测试负责人、系统分析负责人、设计负责人、质量监督员等对项目计划书进行评审。

2. 项目经理将已经达成一致的研发项目计划书提交项目高层分管领导或其授权人员进行审批，审批完成时间不能超过预先约定的时间，因此，在提交审批项目后应该注意利用短信、微信、QQ等方式对领导进行提醒。对于意义重大的项目，由过程控制部门如质量管理部和项目分管领导同时对计划书进行审批。

3. 批准后的研发项目计划书作为项目活动开展的依据和本企业进行项目控制与检查的依据，并在必要时根据项目进展情况实施计划变更。

编制人员		审核人员		审批人员	
编制时间		审核时间		审批时间	

第4章

软件研发管理文书与方案

4.1 软件研发管理文书

4.1.1 软件研发计划书

文书名称	软件研发计划书	编　号	
		受控状态	

一、目的

为了保证研发团队按时、保质、保量地完成任务目标，便于团队成员更好地了解研发项目，使研发工作开展的各个过程合理有序，特制定本计划书。本计划书以书面的方式安排研发工作周期内的各事项，作为研发工作周期内的所有项目活动的行动基础、研发团队开展各项研发工作的依据。

二、研发概述

1. 软件名称：××图书管理系统。
2. 委托单位：××文化传播公司。
3. 软件用户（单位）：××图书馆。
4. 研发任务提出者：市场部业务主管王××。
5. 研发主要承担部门：研发部。
6. 计划时间范围：计划××图书管理系统的研发自____年__月__日开始至____年__月__日验收，总历时__个工作日。
7. 软件研发工作需提交的文档有以下两种。

（1）外部：软件介绍、用户操作手册。

（2）内部：软件测试报告、研发总结报告。

8. 研发软件应提供的服务包括以下项目。

（1）书籍资料查询。

（2）图书存放位置查询。

（3）图书借阅登记。

（4）图书借阅结账管理。

三、研发团队

本项目由研发部组织成立软件研发小组，主要人员包括如下。

1. 软件研发小组组长：陈××。
2. 研发工程师：李××、黄××、范××。
3. 集成工程师：刘××。
4. 测试工程师：范××、马××。

（续）

四、研发实施进度及任务安排

1. 计划自____年__月__日至____年__月__日，开展××程序单元的设计工作。

××程序单元的设计工作由研发小组组长陈××带领研发工程师李××、黄××进行，集成工程师刘××负责对开发平台提供技术保障。

2. 计划自____年__月__日至____年__月__日，开展××模块的设计工作。

××模块的设计工作由研发小组组长陈××带领研发工程师范××进行，集成工程师刘××负责对开发平台提供技术保障。

3. 计划自____年__月__日至____年__月__日，开展软件测试及完善工作。

软件的测试工作由研发小组组长陈××带领范××、马××进行，研发工程师对测试的漏洞进行修补与完善。

4. 计划自____年__月__日至____年__月__日，开展软件研发验收工作。

验收工作由研发小组组长陈××向研发部提出验收申请，我公司研发部经理周××协同××文化传播公司实施验收。

5. 研发进度控制。

计划在__月__日、__月__日，由研发部经理组织××文化传播公司相关人员进行研发阶段性验收工作，以确保研发工作的及时性。

五、项目成果

（一）理论成果

1. 书籍资料查询项目，查询终端能够及时反馈客户查询的书籍介绍、书籍目录及出版单位与定价。

2. 图书存放位置查询项目，查询终端能够及时对客户查询的书籍存放区域、排架进行说明。

3. 图书借阅登记项目，结账终端能够对借阅人身份证件进行借阅登记。

4. 图书借阅结账管理项目，结账终端能够计算图书借阅产生的相关费用。

5. 服务器能够对图书馆全部书籍相关资料进行登记、编号。

（二）技术指标

1. 终端服务信息准确，结账数据精准到小数点后 2 位。

2. 软件系统对书籍记录准确，无漏洞。

（三）经济成果

本次研发项目，除××文化传播公司支付我公司研发费用外，由于××图书管理系统核心技术由我研发部掌握，研发小组可在其基础上，继续开发普通版本的图书管理系统，并投入市场。

六、经费预算

研发经费预案总额：____万元，其中前期投入____万元，后期投入____万元，详细安排如下。

1. 计算测试及分析费用：____万元。

（续）

2. 研发仪器及材料费用：____万元。 3. 研发人员补助费用：____万元。 4. 协作及管理费用：____万元。					
编制人员		**审核人员**		**审批人员**	
编制时间		**审核时间**		**审批时间**	

4.1.2 软件测试报告书

文书名称	**软件测试报告书**	**编　　号**	
		受控状态	

一、基本信息

（一）软件名称

××余票查询工具。

（二）研发时间范围

自____年__月__日开始至____年__月__日结束。

（三）参与研发人员

参与研发的人员有贾××、李××、王××。

（四）测试目的

本次测试的目的是检验软件对余票的数量查询是否及时，操作是否简易方便。

（五）测试参考文档

1. "××余票查询工具项目工作计划书"。
2. "××余票查询工具测试计划"。

二、测试环境

（一）硬件环境

Intel Core i3CPU、2.27GHz、2.0GB 内存、500G 硬盘。

（二）软件环境

Windows 7 系统或 Windows 10 系统。

（三）选择测试人员

1. 相关工作人员进行软件的试用。
2. 在相关网络论坛上，建立软件试用讨论区，并同试用人员探讨软件的测试情况。

（续）

三、测试内容与测试情况

（一）软件测试概况

对“××余票查询工具”软件的操作功能性、使用可靠性、兼容性等方面进行了全面的测试。

（二）操作性测试

在 Windows 7 系统环境下打开软件，测试内容及结果详见下表。

软件操作性测试

功能	基本要求	测试情况	测试是否通过
易安装功能	用户在下载软件压缩包后，经解压，无须安装软件即可使用，需要用户干预的地方尽量少	功能实现	是
打开软件	用户双击软件图标后，软件自动打开，并显示在所在文档中	功能实现	是
出发地及目的地选择	用户在输入出发地或目的地第一个字拼音的首字母时，出现下拉菜单，菜单显示国内所有与选择地点有相同首字母的城市供用户选择	功能实现	是
关闭软件	用户单击右上角的“关闭”按钮后，软件关闭，完全退出界面，无后台运行	功能实现	是

（三）使用可靠性测试

在 Windows 7 系统环境下打开软件，测试内容及结果详见下表。

软件的使用可靠性测试

功能	基本要求	测试情况	测试是否通过
是否显示余票数量	用户在选择出发地与目的地并确定日期之后，单击“开始查询”按钮，显示车次、班次或轮次、运行时间及票价和余票的具体数量	功能实现	是
余票数量的查询及时性	用户在进行余票查询时，显示的余票数量与同一时刻的票务官网显示余票数量相符	功能实现	是
是否显示公交路线	用户在选择公交查询及要查询的城市及出发地点与目标地点之后，单击“开始查询”按钮，显示两地之间的公交路线、票价、站牌数量及路程大概所需时间	功能实现	是

（续）

（四）兼容性测试

目前我国家庭用户主要使用电脑系统为 Windows 7 及 Windows 10 系统，下面是本款软件在两种系统的运行兼容性测试结果。

软件的兼容性测试

功能	基本要求	测试情况	测试是否通过
Windows 7 系统运行正常性	用户在 Windows 7 系统环境下使用“××余票查询工具”，软件正常启动运行，正常显示查询数据	功能实现	是
Windows 10 系统运行正常性	用户在 Windows 10 系统环境下使用“××余票查询工具”，软件正常启动运行，正常显示查询数据	功能实现	是

四、测试结论

“××余票查询工具”由开发与测试人员对系统的操作功能性、使用可靠性、兼容性等方面进行了全面、规范的测试。

测试结果表明“××余票查询工具”基本达到业务需求文档中的要求，并具有以下特点。

1. 功能全面，满足了客户对出行工具余票的查询要求，并且可拓展性好。
2. 数量反馈及时，能够及时对各票务官网的余票数量进行查询并反馈至用户。
3. 操作简单，界面简洁明了。
4. 系统兼容性好。
5. 测试最终结论：通过。

编制人员		审核人员		审批人员	
编制时间		审核时间		审批时间	

4.1.3 软件设计说明书

文书名称	××信息管理软件设计说明书	编　号	
		受控状态	

一、软件设计目的

本软件是为了方便工作人员对××信息进行管理而研发设计的。

（续）

二、软件功能

（一）信息录入

本软件提供友好的录入界面、便利的录入方法，以及较强的自动纠错机制。

（二）信息浏览

本软件给出多种排序标准，使用人员可按不同标准进行浏览。

（三）信息查询

1. 基本查询：根据输出的字段查找匹配记录。

2. 分类查询：根据预设的条件，查询匹配记录。

（四）信息更新

信息更新包括信息的添加、删除与修改。

（五）信息处理

本软件按照系统设定的参数或工作人员自己设定的条件对信息进行批量处理。

（六）报表生成及打印

本软件将分类查询的信息生成报表，在连接打印机后可执行打印功能。

（七）身份确认

1. 进入系统时，对用户身份进行检查，只允许系统操作员登录系统，并提供注销功能，注销后，需重新注册操作员信息，方便管理权的转让。

2. 用户登录密码采用加密算法，一定程度上保护了系统的安全性，用户可随时更换自己的密码，或注销后重新注册新的用户名和密码。

（八）帮助

本软件为用户的使用提供帮助或建议。

三、软件功能模块结构图（略）

四、外部接口设计

（一）用户界面

本软件用户界面采用目前非常流行的 GUI，如窗口、菜单、对话框、状态栏等。

（二）运行平台

该系统可兼容 Windows 2000 以上的系统操作版本。

（二）硬件要求

本软件只需 Intel Pentium 级处理器，大于 16MB 内存即可。

五、数据结构设计（略）

六、模块描述

下表对该信息管理系统的各模块及其算法进行了说明。

（续）

模块设计及其算法说明			
模块编号	模块名称	算法说明	备注
M1	身份验证模块	该模块的主要算法为密码加密算法	验证用户身份
M2	密码管理模块	无复杂算法	修改密码，注销信息
M3	信息录入模块	该模块的复杂算法体现在对树型图中节点数目发生相应变化时的处理	
M4	信息浏览模块	该模块的主要算法即为按钮浏览的处理问题	
M5.1	信息默认查询模块	无复杂算法	
M5.2	信息分类查询模块	无复杂算法	生成报表
M6	信息的删除模块	无复杂算法	
M7	信息的修改模块	无复杂算法	
M8	申请信息的录入及评分模块	无复杂算法	
M9．1	申请信息的浏览模块	无复杂算法	
M9．2	申请信息的查找模块	无复杂算法	
M9．3	申请信息的删除模块	无复杂算法	
M10	更新基本信息模块	主要算法为次模块算法	

编制人员		审核人员		审批人员	
编制时间		审核时间		审批时间	

4.1.4 用户操作手册范例

文书名称	用户操作手册范例	编　　号	
		受控状态	

一、引言

（一）编写目的

本操作手册供 ABC 软件操作人员参考使用，分别向客户机端使用人员说明本系统的具体操作方法。

（续）

（二）项目背景

本项目由 ABC 软件开发小组负责研制开发。

（三）术语定义

本手册中所使用的专业术语定义和缩写词的原意（略）。

（四）参考资料

本操作手册的参考资料包括如下内容。

1. ABC 软件研发项目的计划任务书、合同或批文。

2. ABC 软件研发项目的开发计划。

3. ABC 软件需求规格说明书。

4. ABC 软件设计说明书。

5. ABC 软件测试计划及测试记录等。

二、软件概述

（一）软件设计目的

本系统分为服务器端和客户机端两个部分，用户为客户机端。客户机和服务器通过网络进行通信。用户网络把信息传输到服务器，服务器程序通过对数据库的查询来为用户安排登录查询等信息服务，并把查询结果传输到客户机。

（二）功能

1. 系统实现了______及______功能，并在分布式系统的基础上采用了一些实时处理，以达到快速响应的目的。

2. 客户机端除了简单的______功能之外，本系统还可进行______和______的功能。

3. 服务器端还实现了用户信息的自动管理和数据库查询、维护功能。

（三）性能

1. 数据精确度：____。

2. 本系统的相应时间为____ s，平均请求处理时间为____ s，数据传输时间为____ s。

3. 本系统兼容性较强，可在 Windows 2000 及以上的平台下操作。

4. 操作灵活性强，初学者也能轻松上手。

三、运行环境

本软件正常运行所需的软硬件环境详见下表。

软件运行环境说明表

运行环境	项目	标准
硬件环境	CPU	Intel 1．80GHz（含）以上
	CPU 二级缓存	2MB（含）以上

（续）

（续表）

运行环境	项目	标准
硬件环境	内存	1G（含）以上并支持扩展
	硬盘	80G（含）以上
	显卡	主板集成（必备）或独立显卡
	网络连接	互联网（Internet）或局域网（Local Area Network，LAN）
	网卡	100M（或千兆）以太网卡
软件环境	操作系统	Microsoft Windows 2000（及以上）
	支持软件	—
	数据库管理系统	SQL Server、My SQL、Oracle 系统

四、使用说明

（一）安装及初始化说明

1. 由于本软件使用了安装自动生成工具，使安装变得非常简单，只需在光驱中运行安装光盘，然后在光盘目录中找到并双击 ABC. exe 文件即可根据提示安装服务器端程序或客户机端程序。

2. 在安装的过程中，系统将自动初始化，为第一次运行做准备。

（二）输入说明

输入数据和参量的准备要求如下。

1. 数据输入的功能简介。

（1）系统输入数据的范围广泛，包括××、××、××等。

（2）系统数据输入媒体包括扫描枪、键盘、光驱、U 口等。

（3）出于安全、保密考虑，本系统对访问的数据进行了加密，只有××级以上的系统管理员可以查看。

（4）为了提升数据质量，本系统对输入数据进行自动检验，当输入数据超出合理范围，或者数据类型有明显错误时，系统会给出错误提示，并自动建立出错状况的记录。

（5）当数据保存超过一定的期限，系统会在得到系统管理员确认后，确定输入数据是保留还是废弃，是否要分配给其他的接受者等。

2. 输入格式要求。

（1）系统对初始输入数据和参量的格式要求，包括语法规则、数据长度、格式基准、标号、顺序、标点、词汇表、省略和重复等方面的要求（具体要求略）。

（2）输入开始或结束后，系统会弹窗给出提示。

3. 输入举例（略）。

（续）

（三）输出说明

1. 数据输出功能简介。

（1）本系统的输出数据主要用于日常显示、报告出具、数据分析、数据查询等情况。

（2）使用者可以设置各类数据的使用频度，确定每周、定期或备查，如每周的、定期的或备查阅的。

（3）输出的媒介包括打印、CRI 显示、磁带、卡片、磁盘、扩音器等。

2. 输出格式。

本系统的输出包括以下三个部分。

（1）首部，如输出数据的标识符、输出日期和输出编号。

（2）主体，输出信息的主体，包括分栏标题。

（3）尾部，包括累计总数、结束标记。

3. 输出举例（略）。

本操作手册为每种输出类型提供示例，对示例中的每一项进行说明。

（四）文卷查询

当软件需进行数据库查询时，必须按照规定开展有关的初始化、准备及处理所需要的详细规定（具体规定略）。

（五）出错处理和恢复

1. 当软件发生错误时，用户可自行承担简单的修改纠正工作，也可以打公司售后服务电话进行咨询。

2. 为了确保再启动和恢复的能力，用户必须遵循操作手册中列明的处理过程。

五、程序文件和数据文件

该软件的程序文件和数据文件见附赠的光盘。

编制人员		审核人员		审批人员	
编制时间		审核时间		审批时间	

4.1.5　软件研发总结报告

<table>
<tr><td rowspan="2">文书名称</td><td rowspan="2">软件研发总结报告</td><td>编　　号</td><td></td></tr>
<tr><td>受控状态</td><td></td></tr>
<tr><td colspan="4">一、编写目的
因××公司研发的软件故障管理系统的开发工作已经初步完成，为了总结本次研发工作的成果，为以后的软件研发工作积累经验及教训，特编制本报告。</td></tr>
</table>

（续）

二、软件研发背景

随着社会的发展与进步，计算机的应用已深入到了社会的各个领域，软件的作用和影响也越来越广泛，随之而来的，软件出错的范围和可能性也越来越大，如何有效地进行软件错误的跟踪、控制和管理，已成为提高软件质量、保证系统正常运行的一个重要课题，在此需求背景下，应客户要求，我研发小组展开了软件故障管理系统的研发工作。

三、研发总投入

本软件研发工作从____年__月__日开始至____年__月__日结束，总计耗时____个工作日，投入人力、物力、资金等总值约____元。

（一）人力投入

本项目由软件研发主管赵××担任项目负责人，抽调相关技术人员组成软件研发小组，小组成员包括钱××、孙××、李××、周××、吴××、郑××、王××共七名成员。

（二）物力投入

本次研发工作共投入使用计算机____台，共工作____个小时。

（三）资金投入

本次研发工作共使用资金____元，主要包括以下项目。

1. 调研费用：____元。

2. 支付工资：____元。

3. 购买软件：____元。

4. 其他费用：____元。

四、项目进度情况

本次研发共分____个步骤进行，具体的进度完成及计划调整情况详见下表。

项目进度记录表

序号	工作内容	成果提交	计划完成时间	实际完成时间	负责人	计划调整说明
1						
2						
3						

五、软件验收测试

1. 测试人员（略）。

2. 测试结果：合格。

（续）

六、研发工作评价

（一）对研发工作效率进行评价

因为研发人员对客户的需求理解并不到位，在软件研发过程中出现多次反复，导致项目完成的时间整体延迟达____天之久。

（二）对软件功能进行评价

经过研发小组各位同事的共同努力协作，软件故障管理系统已经很好地完成了客户的业务流需求。经过对客户使用过程的观察，此项目开发得还是比较成功的，尽管还存在着一些问题，但这些问题都是可以通过系统升级或维护来弥补的。因此，总的来说，此系统的功能开发还是一个比较成功的案例。

（三）对技术方法的总结

1. 使用代码生成器。本次研发首次使用了代码生成器，此工具在很大程度上提高了编码效率，加快了项目的开发进程，从而节省了一些时间。

2. 使用数据库建模工具。在本次软件研发工作中，软件研发小组使用××工具来建立系统数据库模型，以方便程序员很好地理解业务流和掌握系统架构者的架构思想，以更好地满足客户的功能需求。

3. 使用第三方控件。此系统中使用了××作为第三方控件。此控件在很大程度上满足了客户对软件界面的需求，从而也给软件的操作带来了方便。

4. 使用自定义控件。此系统中使用了××自定义控件，此自定义控件可以很好地统一系统中的所有信息显示表格样式。

5. 系统开发框架。此系统的框架是简单三层结构，此框架在开发一些中小软件时是通用的。我们在次框架的基础上开发出了自己的框架，把一些通用的功能开发到框架中，这样，在以后的系统开发中，针对系统中一些通用的功能就不需要再开发，从而也可以很好地提高开发效率，有效减少维护费用。

6. 系统安全加密。此系统中针对客户提出的系统安全问题，我们采用了××加密硬件密钥来验证客户端登录客户的合法性。此硬件密钥可以绑定到一个系统使用用户，也可以让多个用户使用一个加密密钥来验证登录系统的合法性。这样一来，即使用户的密码不慎丢失，或者被不法人员取得，也能保证用户的相关信息不丢失，从而提高了系统的安全性。

七、项目效益评价

（一）经济效益评价

1. 项目资产及债务状况评价。

2. 项目财务效益情况评价。

3. 项目财务效益指标评价。

4. 项目经济效益变化评价。

（二）项目经营管理评价

1. 项目管理机构设置情况评价。

2. 项目领导班子情况评价。

（续）

<table>
<tr><td colspan="6">3. 项目管理体制及规章制度情况评价。
4. 项目经营管理情况评价。
5. 项目研发人员培训情况评价。
（三）项目的社会效益评价
1. 项目对客户产生的影响评价。
2. 对软件市场及软件研发技术的影响评价。
3. 对当地政府财政收入和税收的影响评价。
4. 对竞争对手的影响评价。
5. 业内对本次研发活动的评价。
八、相关建议
根据本次软件研发工作体现出来的问题，特提出如下建议。
1. 在今后工作中做好与客户的沟通、协调工作，避免因理解偏差而导致任务延期的情况。
2. 加强对研发过程的监控，避免因监管不力而出现质量问题。
3. 加强学习、培训。随着业务的拓展、工作难度的加大以及整个软件市场的不断升级换代，以后将会越来越多地接触到各种新的编程、解码、建模等工具，研发部应及时更新相关信息，并组织研发人员学习、掌握新知识和新工具。
九、后续维护工作
根据双方签订的软件研发合同，我公司将在不少于____年的时间内应客户要求对该系统进行维护及升级，以确保其稳定运行并能满足日益加重的工作负荷。</td></tr>
<tr><td>编制人员</td><td></td><td>审核人员</td><td></td><td>审批人员</td><td></td></tr>
<tr><td>编制时间</td><td></td><td>审核时间</td><td></td><td>审批时间</td><td></td></tr>
</table>

4.2 软件研发管理方案

4.2.1 软件研发方案

<table>
<tr><td rowspan="2">方案名称</td><td rowspan="2">软件研发方案</td><td>编　　号</td><td></td></tr>
<tr><td>受控状态</td><td></td></tr>
<tr><td colspan="4">一、软件研发目的
为了满足______业务的需求，根据公司____年度研发计划，特编制××软件的研发管理方案。</td></tr>
</table>

（续）

二、软件研发原则

基于上述目的，在研发软件时，相关人员应遵循以下原则。

（一）合法性原则

本软件的研发设计符合国家《________》及《________》等相关条款的规定。

（二）安全性原则

系统运行应具有较高的稳定性，可以确保数据收集的安全、可靠与保密。

1. 本系统仅在公司局域网内运行，杜绝了木马程序通过公网入侵的可能。

2. 系统的所有程序文件不允许从外部链接地址访问，必须登录后，方可出现相应的管理界面，且只有部门经理及以上级别才有登录权限。

（三）先进性原则

系统的开发工具、设计方法、运行模式等充分利用当今计算机信息的先进技术及现有的人力、物力，最大限度地保护现有的投资。

（四）灵活性原则

设计软件时，相关人员应充分考虑到业务不断变化的需要，对用户权限和栏目等参数进行自定义设置，并可随时调整。

（五）扩展性原则

软件设计应充分考虑××业务和××系统计算机发展的需要，便于系统的扩充，并提供与其他业务系统的应用连接和数据接口。

（六）友好性原则

软件应使用参数化设计，达到界面友好、操作简便、自动化程度较高的效果。

三、系统设计框架

1. 鉴于系统在今后的使用、维护和升级上的方便，在程序架构上，拟采用____模式的基于局域网的应用程序架构。服务器采用稳定、高效的____操作系统作为平台，使用____作为后台数据库，使用____语言描述网站业务逻辑，开发工具使用____、____简体中文版、____及____等。

2. 系统网络拓扑图（略）。

四、业务处理方案设计

（一）业务处理结构

本系统从业务处理逻辑上分为两层业务机构。下层节点为____及____用户，是业务的发生数据源；上层节点是____用户，是数据收集和分析的关键。

（二）业务处理流程

1. 系统流程说明（略）。

2. 系统流程说明图（略）。

（续）

五、系统功能设计

1. 根据业务需求，系统主要包含用户答题及上传、各类数据的统计分析、生成相关图（曲线图、圆饼图、柱形图）和表、系统维护等模块。

2. 系统安装和后期维护升级等全部操作在服务器上完成，客户端不用安装专门的软件，在 Windows 操作系统下单击快捷窗口即可完成所有的业务处理。

3. 系统功能详细说明（略）。

六、系统研发实施计划

整个项目开发周期为____个月，从____月____日开始到____月____日结束，____月____日开始模拟测试，____月____日前投入正式运行，具体时间安排详见下表。

系统研发时间安排

时间	需完成内容	负责人
__月__日至__月__日	提交业务需求终稿	赵××
__月__日至__月__日	完成系统总体方案设计	钱××
__月__日至__月__日	完成系统概要设计与详细设计	孙××
__月__日至__月__日	完成菜单设计、页面与单元功能模块设计	李××
__月__日至__月__日	完成程序编码与模块内部测试	周××
__月__日至__月__日	试卷录入、系统联调、模拟测试	吴××
__月__日至__月__日	系统优化完善、技术文档的整理与用户手册的编写	郑××
__月__日至__月__日	用户基本信息的输入	王××
__月__日至__月__日	安装程序制作、安装手册编写，部分用户培训	冯××
__月__日至__月__日	试运行	陈××
__月__日至__月__日	开始正式运行	楚××

七、研发实施的组织保障

为了确保项目开发工作顺利进行，公司应成立相应的组织，加强对项目开发工作的管理和控制。

1. 成立项目开发领导小组，由研发总监魏××担任组长，负责组织、协调并解决在项目开发过程中出现的重大问题。

2. 成立项目开发实施小组，由研发经理蒋××担任组长，负责项目开发的具体实施，解决开发过程中出现的技术和业务问题。

编制人员		审核人员		审批人员	
编制时间		审核时间		审批时间	

4.2.2 软件测试管理方案

方案名称	软件测试管理方案	编　　号	
		受控状态	

一、目的

为了及时发现系统可能存在的错误，检查系统是否稳定，确认软件是否能够有效执行操作指令，特制定本方案。

二、适用范围

本方案适用于对软件测试工作进行管理及相应的进度控制。

三、测试内容进度控制

软件的具体测试项目及测试工作的计划、实际时间安排详见下表。

测试进度说明表

测试项目	计划起始时间	计划完成时间	负责人	备注
压力测试	____年__月__日	____年__月__日	赵××	
正确性测试	____年__月__日	____年__月__日	钱××	
容错性测试	____年__月__日	____年__月__日	孙××	
安全性测试	____年__月__日	____年__月__日	李××	
接口测试	____年__月__日	____年__月__日	周××	
数据库测试	____年__月__日	____年__月__日	吴××	
操作性测试	____年__月__日	____年__月__日	郑××	
比较测试	____年__月__日	____年__月__日	王××	

四、软件测试条件

软件测试条件主要包括软件测试时所需的各种条件，如测试人员、测试环境及测试工具等。

（一）测试人员

研发质量主管冯××作为本次软件测试小组组长，组员共__人，具体信息如下。

1. 软件工程师：____人。

2. 外聘专家：____人。

3. 技术员：____人。

（二）测试环境

软件测试系统环境需求说明详见下表。

（续）

软件测试系统环境需求说明

系统环境	客户端	
硬件环境	CPU	Intel 1.80 GHz（含）以上
	CPU 二级缓存	2MB（含）以上
	内存	1G（含）以上并支持扩展
	硬盘	80G（含）以上
	显卡	主板集成（必备）或独立显卡
	网络连接	互联网（Internet）或局域网（Local Area Network, LAN）
	网卡	100M（或千兆）以太网卡
软件环境	操作系统	Microsoft Windows 2000（及以上）

（三）测试工具

本次测试主要以人工测试为主，辅之以系统测试。进行软件测试时，测试人员所需的测试工具如下。

1. 性能测试：Rational 系列。
2. 单元测试：CUnit（C/C++/C#）、JUnit（JAVA）。
3. 功能测试：WinRunner。
4. 压力测试：LoadRunner。

五、测试模型

测试模型主要是针对该软件的开发模式进行选型，本次测试采用 V 模型，具体如下所示。

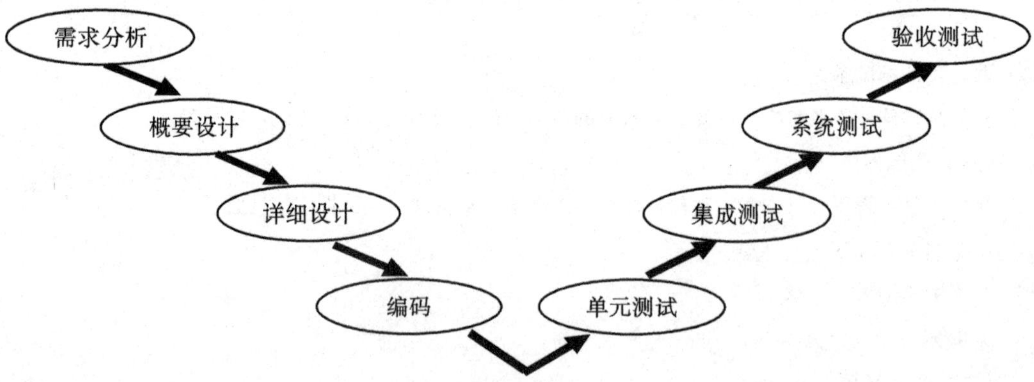

V 型测试模型

（续）

（一）模型简介

1. V 模型是软件开发瀑布模型的延伸，主要反映测试活动与分析和设计的关系，既包含了低层测试，又包含了高层测试。V 模型中的过程从左到右，描述了基本的开发过程和测试行为。V 模型的价值在于它非常明确地标明了测试过程中存在的不同级别，并且清楚地描述了这些测试阶段和开发过程期间各阶段的对应关系。

2. 在 V 模型中，单元测试是基于代码的测试，最初由开发人员执行，以验证其可执行程序代码的各个部分是否已达到了预期的功能要求。

3. 在 V 模型中，集成测试验证了两个或多个单元之间的集成是否正确，并有针对性地对详细设计中所定义的各单元之间的接口进行检查。

4. 在所有单元测试和集成测试完成后，系统测试开始以客户环境模拟系统的运行，以验证系统是否达到了在概要设计中所定义的功能和性能。

5. 当所有测试工作完成后，由业务专家或用户进行验收测试，以确保产品能真正符合用户业务上的需要。

（二）模型局限性

V 模型中把测试作为编码之后的最后一个活动，使得需求分析等前期产生的错误直到后期的验收测试才能发现。

六、测试流程

软件测试的流程如下。

（一）功能测试

依据相关文件及各功能模块详细设计文档，测试人员对测试软件的系统功能进行逐项测试。

（二）界面测试

依据相关文件及各功能模块详细设计文档，测试人员对测试软件的界面进行逐项测试。

（三）操作系统兼容性测试

在测试软件进行全面测试过程中，依据相关文件及各功能模块详细设计文档，测试人员需要对该软件在各种操作系统下进行兼容性测试，以满足各操作系统稳定运行的标准。

（四）安装、卸载测试

安装、卸载测试应在对系统进行全面测试的中后期进行，主要对已打包的系统程序进行不少于____次的安装、卸载测试（以安装成功和卸载成功为标准）。

编制人员		审核人员		审批人员	
编制时间		审核时间		审批时间	

4.2.3 软件研发风险管理方案

<table>
<tr><td rowspan="2">方案名称</td><td rowspan="2">软件研发风险管理方案</td><td>编　号</td><td></td></tr>
<tr><td>受控状态</td><td></td></tr>
<tr><td colspan="4">

一、目的

为了更好地管理软件研发风险，尽可能地规避甚至消除各种可能的风险，以保证软件研发工作的成功，特制定本方案。

二、适用范围

本方案适用于本公司年度软件研发过程中可能出现的风险管理工作。

三、职责范围

1. 研发部经理负责总体指挥软件研发的风险管理工作。

2. 研发风险主管负责组建研发风险管理小组，以及软件研发过程中可能出现的各种风险的识别、评估、监控及应对处理工作。

四、风险识别

软件项目由于其本身的创造性，注定了其风险的复杂性，为了完善风险管理工作，及时发现和控制软件研发风险，研发风险管理小组应重点注意以下可能出现的风险。

（一）需求风险

需求风险是指软件适用方需求不确定性的风险，主要有以下两种情况。

1. 软件使用者对系统将要实现的目标是模糊的、笼统的，而对于具体的需求不能准确描述。

2. 软件使用者在发展过程中不断进行业务流程调整，甚至是陷于需求膨胀的状态，使最初设计的软件难以满足使用者的需求。

（二）管理风险

管理风险是指在软件研发过程中，因为管理不善或人员变动所导致的风险，主要有以下四种情况。

1. 团队协作风险。

2. 缺乏领导支持风险。

3. 进度失控风险。

4. 人员流动风险。

（三）技术风险

软件技术飞速发展，而数据分析项目不仅涉及数据交换、数据仓库等技术，还需要依靠大量的数学分析模型，这就要求设计人员具有较好的软件技术、数学背景知识，同时还要对所分析的行业情况非常了解。因此，研发团队的整体技术和业务素质将会影响到项目实施的成败。

五、风险评估

（一）风险评估原则

1. 风险回避原则。该原则要求风险管理人员对风险活动应采取禁止或完全回避态度，此原则是最基本的风险评估原则。

</td></tr>
</table>

（续）

2. 风险权衡原则。该原则是指研发风险管理人员及研发项目经理确定可接受风险的限度。

3. 风险处理成本最小原则。该原则是指当研发风险的处理成本足够小或低于成本/效益比时，该研发风险可以被接受。

（二）风险评估目标确定

1. 确定研发风险的关键因素。

2. 确定研发风险的优先等级。

3. 确定影响研发风险评估的情况。

4. 综合评定研发的整体风险水平。

5. 确定研发风险管理的有效途径。

（三）风险评估流程

1. 定件评估是指风险管理人员应掌握风险定性评估工作的输入、处理和输出各环节内容，具体评估要点如下。

（1）软件研发风险定性评估内容应包括风险概率评估、风险影响评估以及风险等级评估三个方面的内容。

（2）风险概率及风险影响评估工作仅适用于描述具体的风险事件，不适用于描述研发项目的整体风险。

（3）风险等级可分为高、中、低三级，其评定应综合考虑风险值、风险影响度和风险概率。

（4）研发风险管理人员应及时将风险定性分析结果上报研发风险管理小组，并结合分析结果做好进一步研发风险定性分析工作。

2. 定量评估是指风险管理人员量化分析每一风险的概率及其对研发目标造成的后果，具体评估要点如下。

（1）风险管理人员应充分利用定性评估阶段形成的成果进行分析。

（2）在风险定量评估过程中，评估人员应对数据的准确性、真实性进行考察。

（3）风险定量分析的成果应对重大威胁、重大机遇等时间进行详细的描述和报告。

六、风险监控

1. 对各种可能的风险进行评估后，风险管理人员应在风险到来之前制定完善的风险控制方案并实施。

2. 一个风险项目的控制工作必须由专人负责，不得一人兼任或多人分担。

七、风险应对

风险评估的目的在于建立处理风险的策略，而风险应对的最好方式是将风险控制在项目启动阶段，将损失降到最小。基于以上对数据分析项目风险的识别与分析，我们可以采用以下措施来规避或减小风险。

（续）

<table>
<tr><td colspan="6">

（一）建立畅通的沟通渠道和沟通策略

1. 在需求调研阶段，要多和应用部门沟通，倾听用户意见，发掘用户真正的需求，最好能够将目标系统的模型向应用部门演示，并得到反馈意见，直到双方都达成共识，形成双方认可的验收方案和验收标准。

2. 为减少沟通障碍，除了公司的 OA 办公系统，企业也可以通过微信、QQ 等即时通信软件与用户进行沟通，提高双方的工作效率，加快项目立项进程。

3. 在软件研发阶段做好变更控制和配置管理，尽量降低需求不确定性风险。

（二）配备高素质的项目管理人员

1. 最好由具有丰富的项目管理经验，或是拥有系统的项目管理知识的人员来担任项目经理，通过制订有效的项目管理计划，并认真执行落实，提高项目的可控性。

2. 将风险管理作为日常的正式活动列入项目工作计划，成为项目管理人员的一项重要工作。

（三）建立一支协作高效的项目团队

软件研发小组中不仅要有开发商、技术部门的参与，更要有应用部门的参与，形成一个合作的项目工作团队，共同理解企业的战略规划和业务发展。为便于项目管理，项目负责人可在项目管理平台上创建项目团队，并将项目人员纳入团队。所有项目成员都可实时了解项目进展，并从全局的角度出发，有效控制自己的工作进度。

项目团队应该加强沟通，及时反馈工作中的问题及想法，共同为项目质量把关。

（四）制订科学的风险管理计划

从风险管理的角度对项目规划或计划进行审核，建立“风险清单”，对每个可能存在风险的表现、范围、时间做出尽量准确的判断，并对风险进行监控，提前做好应对准备。

（五）选择合适的开发技术

在满足业务需求的前提下，尽可能采用熟悉的技术来减轻项目在成本或进度方面的影响，也可以事先进行培训来减轻对项目的影响，以避免因技术瓶颈导致项目失败。

（六）加快研发进度

软件市场的更迭速度较快，客户及市场需求往往会随着时间的推移、业务发展的变化而有所变化，因此，我们更应该领会互联网思维中的迭代思维，强调敏捷开发，缩短软件第一版本的上线周期，尽快给用户提供快速原型启发需求，并且通过用户的广泛参与及试用反馈意见，在持续迭代中不断完善，并全力为用户提供有价值的软件。

</td></tr>
<tr><td>编制人员</td><td></td><td>审核人员</td><td></td><td>审批人员</td><td></td></tr>
<tr><td>编制时间</td><td></td><td>审核时间</td><td></td><td>审批时间</td><td></td></tr>
</table>

第5章 技术管理文书与方案

5.1 技术管理文书

5.1.1 技术开发合作合同

<table>
<tr><td rowspan="2">文书名称</td><td rowspan="2">技术开发合作合同（模板）</td><td>编　号</td><td></td></tr>
<tr><td>受控状态</td><td></td></tr>
<tr><td colspan="4">
项目名称：____________________
委托方（甲方）：____________________
开发方（乙方）：____________________
依据《中华人民共和国技术合同法》的规定，合同双方就__________项目的技术开发事宜，在协商一致的基础上，达成以下协议。双方申明，双方都已理解并认可了本合同的所有内容，同意承担各自应承担的权利和义务，忠实地履行本合同。
一、合同的内容、形式和要求
1. 项目名称：____________________
2. 开发形式：____________________
3. 开发目的：____________________
4. 开发要求：____________________
5. 适用范围及收益：____________________
6. 成果数量及提交方式：____________________
二、应达到的技术指标和参数
此部分主要包括开发项目应达到的技术经济指标、主要参数等内容。
三、研究开发计划
此部分主要包括当事人各方实施开发项目的阶段进度，各个阶段要解决的技术问题、达到的目标和完成的期限等内容。
四、甲方的权利和义务
1. 根据本合同项目的实际需要和乙方的要求提供协助及有关的材料和图片等。甲方保证所提供的资料完整、真实、合法。
2. 本合同标的技术的使用应当符合国家法律规定和社会公共利益。
3. 按照合同约定支付研究开发经费和报酬。
4. 按照合同约定提供技术资料、原始数据并完成协作事项。
5. 接受研究开发成果。
</td></tr>
</table>

（续）

五、乙方的权利和义务

1. 按照甲方提供的材料按时完成本合同规定的技术开发工作。

2. 可以根据甲方的要求帮助甲方举办培训和技术咨询，具体的操作方式及费用双方另行签署协议确认。

3. 合理使用研究开发经费。

4. 按期完成研究开发工作，交付研究开发成果，提供有关的技术资料和必要的技术指导，帮助委托方掌握研究开发成果。

六、研究开发经费、报酬及其支付或结算方式

1. 研究开发经费是指完成本项研究开发工作所需的成本；报酬是指本项目开发成果的使用费和研究开发人员的科研补贴。

2. 本项目研究开发经费及报酬：____元，其中：甲方提供____元，乙方提供____元。

3. 经费和报酬支付方式及时限（采用以下____种方式）。

（1）一次总付：____元，时间：____年__月__日。

（2）分期支付：____元，时间：____年__月__日。

（3）按利润____%提成，期限：____年__月__日。

（4）按销售额____%提成，期限：____年__月__日。

（5）其他方式：____________________。

七、履行的期限、地点和方式

本合同自____年__月__日至____年__月__日在________（地点）履行。

本合同的履行方式：____。

八、保密规定

双方当事人应当保守在履行本合同过程中获知的对方商业秘密，包括各类技术资料和信息的保密。

九、技术成果验收的标准和方式

研究开发所完成的技术成果，按____标准，采用____方式验收，由____出具技术项目验收证明。

十、技术成果的归属和分享

1. 本合同标的技术及相关作品、程序、文件源码的版权归乙方所有，但乙方授予甲方排他的使用权。

2. 未经乙方许可，甲方不得公布文件源码，不得复制、传播、出售或者许可他人使用标的作品及其程序等，乙方可以在业务范围内使用这些作品。

十一、风险责任的承担

在履行本合同的过程中，确因在现有水平和条件下难以克服的技术困难，导致研究开发部分或全部失败所造成的损失，风险责任由甲乙双方在协商的基础上共同承担。

（续）

<table>
<tr><td colspan="6">

十二、违约责任

1. 按合同约定收取劳动报酬和开发费用。

2. 乙方违反此合同，甲方有权无条件解除聘用合同，取消并收回有关费用。

3. 乙方部分违反此合同，造成一定经济损失，甲方视情节轻重处以乙方5万~8万元罚款。

4. 乙方违反此合同，造成甲方重大经济损失，应赔偿甲方全部损失。

5. 合作开发各方中，任何一方违反合同，造成研究开发工作停滞、延误或者失败的，应当支付违约金或者赔偿损失。

十三、合同纠纷解决方式

1. 甲乙双方在执行本合同过程中产生争议，由当事人双方协商解决。

2. 协商不成时，双方同意由____仲裁委员会仲裁（当事人双方不在本合同中约定仲裁机构，事后又没有达成书面仲裁协议的，可向人民法院起诉）。

十四、不可抗力

如发生不可抗力事件，受不可抗力事件影响的一方应取得公证机关的不能履行或不能全部履行协议的证明，并在事件发生后15个工作日内，及时通知另一方。双方同意，可据此免除全部或部分责任。

十五、合同变更与终止

1. 合同双方对合同的变更或终止，应以书面形式进行确认。

2. 未经双方协商一致，任何一方不得擅自变更和终止本合同，否则构成违约。

十六、其他相关规定

1. 本合同经双方授权代表签字并盖章，自签订之日起生效。

2. 本合同一式两份，双方当事人各执一份，具有同等法律效力。

委托方（甲方）：__________ 开发方（乙方）：__________
法定代表人：__________ 法定代表人：__________
委托代理人：__________ 委托代理人：__________
通信地址：__________ 通信地址：__________
联系方式：__________ 联系方式：__________

</td></tr>
<tr><td>编制人员</td><td></td><td>审核人员</td><td></td><td>审批人员</td><td></td></tr>
<tr><td>编制时间</td><td></td><td>审核时间</td><td></td><td>审批时间</td><td></td></tr>
</table>

5.1.2　技术项目变更通知书

技术项目变更通知书

研发部、技术部：

为切实提高本公司技术研发水平，加强本公司技术项目的管理，根据本公司现有技术水平及发展状况，对××技术项目作出调整，现将××技术项目变更的有关事项及内容通知如下。

1. ××技术项目变更工作按“××技术项目变更计划”列示项目全部变更。

2. ××技术项目变更工作必须按变更程序进行，采取必要措施，研发部门需要配合技术项目变更管理人员的相关工作。

3. ××技术项目管理人员在变更技术项目时，必须一律停止所有原技术项目，待变更完毕后方可重新启动。

4. 对于未经告知和备案擅自变更技术项目的，将予以通报批评，情况严重，且造成经济损失的，将依据本公司“技术开发管理制度”予以严厉处罚。

5. 技术项目变更工作需在规定期限内完成，即____年__月__日至____年__月__日止。

特此通知，请各相关单位积极落实。

××公司项目办公室

____年__月__日

5.1.3　技术文件调阅申请书

技术文件调阅申请书

尊敬的××领导：

由于我部××技术研发工作需要使用上一年度相关技术资料，为确保研发工作的正常运行，特申请调阅××技术文件。

恳请领导批复！

××公司研发部

____年__月__日

5.1.4 技术验收鉴定申请书

<table>
<tr><td rowspan="2">文书名称</td><td rowspan="2">技术验收鉴定申请书</td><td>编 号</td><td></td></tr>
<tr><td>受控状态</td><td></td></tr>
<tr><td colspan="4">
尊敬的××领导：
____________（单位名称）负责实施的____________项目按照技术设计要求和合同约定，已于____年____月完成了全部工作，经检测，项目质量符合有关法律、法规和项目质量强制性标准，验收鉴定资料已整理齐全，已具备验收鉴定条件，现申请____________项目给予验收鉴定。（申请验收鉴定技术的详细情况见附件）
技术主管：
质量主管：
申请日期：____年__月__日
附件：
技术验收鉴定申请表
<table>
<tr><td>技术名称</td><td colspan="3"></td></tr>
<tr><td>研发单位</td><td></td><td>单位地址</td><td></td></tr>
<tr><td>单位所属行业</td><td></td><td>负责人</td><td></td></tr>
<tr><td>开始时间</td><td></td><td>结束时间</td><td></td></tr>
<tr><td>项目技术简介</td><td colspan="3">（主要包括任务来源、新产品技术性能、创新点、采用标准、技术水平、生产工艺条件、市场前景、产业化前景、经济社会效益预测、主要研发人员等）</td></tr>
<tr><td>申请单位鉴定意见</td><td colspan="3">负责人签名：__________ 日期：____年__月__日</td></tr>
<tr><td>主管业务部门意见</td><td colspan="3">负责人签名：__________ 日期：____年__月__日</td></tr>
<tr><td>鉴定组织单位意见</td><td colspan="3">负责人签名：__________ 日期：____年__月__日</td></tr>
</table>
</td></tr>
</table>

编制人员		审核人员		审批人员	
编制时间		审核时间		审批时间	

5.1.5　技术引进可行性分析报告

<table>
<tr><td rowspan="2">文书名称</td><td rowspan="2">技术引进可行性分析报告（模板）</td><td>编　　号</td><td></td></tr>
<tr><td>受控状态</td><td></td></tr>
<tr><td colspan="4">

一、基本情况

（一）项目申报单位基本情况

此部分主要介绍项目申报单位的名称、地址、法人代表姓名、联系电话及主管单位名称、资产规模及科研实力等。

（二）项目负责人基本情况

此部分主要介绍项目负责人姓名、职称、联系电话、工作履历、主要业绩等。

（三）项目基本情况

此部分主要说明项目所属的研究领域、行业、主要研究内容和研究目标、主要技术经济指标、项目已投入情况，包括人、财、物等方面，及计划新增投入情况等。

（四）项目开发背景

此部分主要说明该项目是各级科技计划的延续还是直接来源于市场、项目是否曾经得到或正在得到政府的支持、项目是否有创新。

二、引进项目总概要

1. 引进技术的名称、知识产权所属单位。

2. 介绍引进部门、可行性分析报告编制单位。

3. 项目建议书的审批文件、可行性研究的总概况。

三、技术可行性

（一）研究内容

此部分重点阐述主要创新点和关键技术。

（二）技术先进性

此部分主要说明国内外同类技术的研究进展概况、该项目目前的研究水平与国内外先进水平的比较及技术领先时间等情况。

（三）技术创新性

此部分主要分析该项目技术是否为独占技术，是否容易模仿以及是否具有可替代性。

（四）技术成熟状态和主要缺陷

此部分主要分析该技术是否达到成熟状态（这里的“成熟状态”包括进行小批量、小规模试生产条件下的成熟状态和在规模化生产条件下的成熟状态），以及该技术目前的主要缺陷和障碍及克服这些缺陷和障碍的可能性和所需时间。

（五）研究开发基础及开发阶段

此部分主要阐述本单位（在该项目的）研究开发基础、项目目前所处的开发阶段。

</td></tr>
</table>

（续）

（六）预计成果产出的形式和可靠性

此部分主要说明该项目预计成果产出的形式（新产品或新技术）。若该项目的成果产出是新产品，说明在研究开发不同阶段试生产条件下质量的稳定性；若该项目的成果产出是新技术，说明其在实际使用条件下（如承揽工程）的可靠性。

四、实施条件及计划

（一）人员条件

此部分简要介绍项目负责人的开拓进取精神、科研水平和经营管理能力；项目主要研究人员的学历结构、职称结构、年龄结构；是否具备市场开拓型人才。

（二）资金条件

此部分重点阐述该项目需要的新增投入总额，对专项资金的最低需求额，自筹资金的来源和落实情况，从企业获得的资助情况，从其他渠道获得的资助情况。

（三）设施条件

此部分阐述本单位已具备哪些设施条件，还需增加哪些新的关键设施。

（四）其他相关条件

此部分说明该项目是否符合产业政策和科技政策；对政策的敏感度；若该项目成果产出需要特殊行业许可证，请说明取得许可证（如医药产品生产许可证及批文、交通安全产品生产许可证、压力容器生产许可证、电器产品安全检验合格证等）的难易程度和所需时间。

（五）实施计划

此部分介绍该项目研究开发的主要技术路线、项目研究周期、进度安排；申报单位对该项目成果商品化、产业化或工程化的考虑。

五、产业化前景

（一）成果转化时间

此部分阐明该项目成果还需要多长时间可进入商品化、产业化或工程化阶段。

（二）市场意义

此部分主要说明该项目成果是否属于出口创汇、替代进口、填补国内空白、国内短缺，抑或其他。

（三）市场容量

此部分主要阐述该项目成果市场的覆盖范围（主要是国内还是国外、区域性还是全国性），国家对本项目成果出口及进口国对进口的政策、规定（限制或鼓励）；该项目成果主要应用于哪些行业以及在这些行业的目前和未来需求量。

（四）竞争态势

此部分主要阐述有无其他单位正在进行类似项目的研究开发或已进入规模化生产；若有，本单位与其他单位相比竞争能力如何，主要竞争优势在哪里。

（续）

<table>
<tr><td colspan="6">

六、效益与风险预测

（一）市场前景

此部分主要说明根据该项目成果的市场容量和竞争能力，预测其初期进入商品化、产业化或工程化阶段时的经济规模，以及不同规模的经济效益分析；预测其 3～5 年后进入市场的状况和收入。

（二）社会效益

此部分主要分析项目对提高地区经济发展水平的影响，对本行业和相关行业的带动作用；对促进就业的影响；对合理利用自然资源、保护环境和生态平衡、节约能源的影响等。

（三）主要风险

此部分阐述项目存在的主要风险及其类型（如技术风险、市场风险、管理风险、政策风险等）。

（四）投入价值分析

此部分综合分析该项目的效益与风险，判断其是否具有投资价值及价值的大小，说明项目在完全失败情况下的全部损失和最低效益（包括经济效益和社会效益）。

七、经济效益分析

（一）技术引进成本和预期收益的估算

此部分主要阐明技术引进的各项费用明细、评估预期收益等。

（二）各项财务报表

各项财务报表主要包括资产负债表、利润表、现金流量表和资金平衡表等。

八、可行性研究结论和建议

根据前面各节的研究分析结果，进行全面的评价，对技术引进进行总结，提出结论性意见和建议。

</td></tr>
<tr><td>编制人员</td><td></td><td>审核人员</td><td></td><td>审批人员</td><td></td></tr>
<tr><td>编制时间</td><td></td><td>审核时间</td><td></td><td>审批时间</td><td></td></tr>
</table>

5.2 技术管理方案

5.2.1 技术开发管理方案

<table>
<tr><td rowspan="2">方案名称</td><td rowspan="2">技术开发管理方案</td><td>编　　号</td><td></td></tr>
<tr><td>受控状态</td><td></td></tr>
<tr><td colspan="4">

一、目的

为了对技术开发工作进行规范、有效的管理，力求通过技术开发提高公司的技术水平和经济效益，特制定本方案。

</td></tr>
</table>

（续）

二、适用范围

本方案适用于技术开发管理相关工作事项，包括市场调研、技术开发项目的编制与评审、技术开发项目决策、技术具体设计与过程管理、技术成果验收等。

三、职责分工

1. 研发部是技术开发的归口管理部门，负责技术开发的整体管理工作，组织并成立技术开发管理小组。

2. 质量管理部负责技术研发成果的质量检测管理工作。

3. 生产部负责经质检合格的技术研发产品的生产管理工作。

4. 财务部负责研发部门的技术研发经费的预算、核算、下拨分配等管理工作。

四、技术开发市场调研

技术开发小组根据技术开发工作规划确定的主要方向开展市场调研工作，重点考察技术市场环境和竞争对手的情况，了解客户需求，发现技术开发的突破点。

（一）制订调研计划

调研计划包括调研的项目、调研时间安排、调研文件设计、资料收集方式、数据分析方法等。

（二）明确调研工作内容

调研工作内容包括市场环境调研、市场需求调研、竞争对手调研，具体详见下表。

调研工作说明表

调研项目	具体调研内容
市场环境调研	◇国内外技术市场的发展趋势 ◇目前市场主流技术的领先程度 ◇研发新项目的核心技术领先程度 ◇研发成果的转化 ◇国家和地方的政策
市场需求调研	◇用户对研发成果的认知程度 ◇市场需求的未来发展趋势 ◇未来市场需求量的预测 ◇未来市场购买力的投向 ◇未来市场需求的时间 ◇分析同类技术供需饱和程度

（续）

（续表）

调研项目	具体调研内容
竞争对手调研	◇收集国内外同行业技术更新和发展的情况及资料 ◇确定主要的竞争对手 ◇竞争对手的数量、经营规模、人员组成和发展潜力 ◇竞争对手在全国市场的占有率和覆盖面 ◇竞争对手的技术更新、改进以及发展新动向

五、确定技术开发类型

技术开发小组通过分析市场调研结果，确定技术开发类型。公司常用的技术开发类型主要包括小改进、局部革新、技术改造和技术创新四种。

六、编制技术开发项目方案

技术开发小组根据技术开发调研结果编制技术开发项目方案，主要内容包括以下四个方面。

（一）技术开发项目可行性分析

技术开发小组根据市场调研结果，结合公司的资源现状，确定开发项目并进行项目的可行性分析。

（二）制定技术路线图

制定关键技术参数，并对关键技术参数进行分析，具体包括以下两方面的内容。

1. 将技术开发的内容分解为多个模块。

2. 为每个模块设置关键技术参数。

（三）明确技术开发难点和创新点

1. 技术难点是技术研发过程中可能遇到的障碍，应着重配备资金和人员。

2. 创新点是指此次研发与其他研发的不同之处。

（四）确定技术开发的步骤

技术开发小组应明确试验、测试、建立数据库等的步骤和大致时间，确定技术开发工作进度等。

七、技术开发项目评审与决策

技术开发小组将技术开发项目方案上报总经理审批，总经理与财务部经理会同生产部、研发部经理就方案的经济效益、技术等对公司产生的影响情况进行评审，并对方案进行修改，以做出技术开发决策。

八、制订技术开发项目具体实施计划

（一）编制具体实施计划的内容

技术开发小组应先制订技术开发计划，主要包括以下内容。

（续）

<table>
<tr><td colspan="6">1. 开发的总体计划、范围和目标。
2. 开发的进度和资源使用安排。
3. 开发的困难和阻力。
4. 开发质量和成本控制措施。
5. 技术开发的测试和评审。
6. 技术开发成果验收标准。
（二）具体实施计划的审批与资料管理
1. 技术开发计划应经过技术开发主管、研发部经理和主管副总的审核后开始执行。
2. 技术开发小组应指派专人对技术资料进行分类和归档，涉及机密技术文档的，应签订保密协议。
3. 技术开发期间，技术开发小组应保证所用的研发资料的完整性，研发结束后应及时归还。
九、技术设计与过程管理
（一）执行工作计划
技术开发小组人员根据技术开发项目方案和技术开发项目具体实施计划开展技术设计工作。
（二）技术开发过程管理
1. 技术开发项目负责人定期检查项目进度，及时解决存在的问题，并促使其达到目标。
2. 技术开发项目负责人需将项目实施阶段情况的总结（包括项目的执行情况、取得的阶段成果、经费落实和使用情况、存在的问题）及时上报研发部。
十、技术开发结果验收
在鉴定或审查之前，技术开发小组项目负责人及相关部门需提前把开发基础研究、过程研究、工程研究及基础设计等技术文件报送技术评审小组审阅，然后由技术评审小组进行技术鉴定与基础设计审查，最终形成技术鉴定报告。</td></tr>
<tr><td>编制人员</td><td></td><td>审核人员</td><td></td><td>审批人员</td><td></td></tr>
<tr><td>编制时间</td><td></td><td>审核时间</td><td></td><td>审批时间</td><td></td></tr>
</table>

5.2.2 技术改造管理方案

<table>
<tr><td rowspan="2">方案名称</td><td rowspan="2">技术改造管理方案</td><td>编　号</td><td></td></tr>
<tr><td>受控状态</td><td></td></tr>
<tr><td colspan="4">一、目的
为规范公司的技术改造工作，提高技术改造工作效率和效益，提升技术水平，增强本公司的市场竞争力，特制定本方案。</td></tr>
</table>

（续）

二、适用范围

本管理方案的适用情况如下。

1. 对生产工艺、技术装备、监控与检测手段和生产设备进行技术改进，或对设备、生产物料进行更新以及对与生产性主体技术改造相配套的辅助生产生活福利设施的建设。

2. 为节约能源、原材料，综合利用原材料进行的技术改造。

3. 为调整企业技术结构和产品结构、发展新产品进行技术改造。

4. 为避免职业病和工伤事故，对现有生产设施和技术装备采取劳动保护措施。

5. 为保护城市环境而进行的局部技术改造。

三、术语解释

本方案中的“技术改造”是指企业为了提高经济效益和产品质量、促进产品升级换代、扩大出口、降低成本、节约能耗、加强资源综合利用和劳保安全管理等目的，采用先进的、适用的新技术、新工艺、新设备、新材料等对现有的技术条件进行改造。

四、职责分工

（一）研发部职责

研发部是技术改造工作的归口管理部门，负责技术改造工作的前期规划、组织实施及验收工作等。

（二）技术改造小组职责

研发部组织设立技术改造小组，具体负责项目的技术改造工作。技术改造小组由研发部、质量管理部、生产部和财务部等部门的相关人员组成。其主要职责如下。

1. 鼓励员工和有关部门提交技术改造方面的合理化建议，做好技术创新和节能降耗等工作。

2. 审核各种合理化建议和各相关部门提交的技术改造方案，对方案在生产、技术、经济等方面的可行性进行分析，确定技术改造项目立项。

3. 审核技术改造可行性报告，召开论证会，决定是否进行技术改造，并将决议上报公司总经理审批。

4. 项目审批通过后，技术改造评审小组负责推进项目技术改造工作的实施。

5. 对已完成的技术改造项目进行评审与验收。

（三）生产部职责

生产部负责技术改造过程中的测试、试机工作，并做详细的记录。

五、技术改造实施程序

（一）调查了解技术现状

技术改造小组根据公司的技术改造相关制度，向各技术改造相关车间下发“关于年度技术改造项目的通知”，了解公司现有技术情况，结合市场生产技术情况进行分析、研究。

（续）

（二）技术改造项目建议收集

1. 各车间根据本车间要求编制“技术改造建议书”或“技术改造合理化建议”，其内容包括项目内容、技术现状、改造预算费用、技术改造意见和建议、技术改造实施进度和项目负责人等。

2. 生产部经理审核技术改造建议书，并上报技术改造小组进行可行性分析。

（三）技术改造可行性分析与评估

技术改造小组收到技术改造建议书时，应组织人员对改造的可行性进行分析和评估。对于公司技术改造项目，特别是重大项目的技术改造，只有通过可行性研究确认在条件上是可能的，在技术上是先进适用的，在经济上是划算的，才可以采纳。技术改造小组对技术改造项目的分析与评估程序如下。

1. 根据“技术改造项目建议书”对生产部生产车间技术现状、市场技术情况、技术改造时间、改造费用等进行调查和分析。

2. 技术改造小组通过分析与项目有关的各方面调查资料，对技术改造项目的各方面进行研究，判定技术改造是否有继续进行的价值。

3. 技术改造小组明确项目的概况，如产品规模、原材料的可能来源、可供选择技术、大致时间等，对项目总经济指标进行评价。

4. 技术改造小组对可行性研究成果，从公司的经济效益和社会效益两个方面进行定性及定量评价，并编制可行性研究报告。可行性研究报告应包含以下四点内容。

（1）项目技术改造的必要性与可行性。

（2）项目技术改造的具体实施计划。

（3）项目技术改造的财务分析和经济评价，包括改造成本、资金筹集计划、可获得的经济效益等。

（4）对整个可行性研究成果进行总结，列出项目的主要优缺点，确定技术改造项目。

（四）编制技术改造方案并实施

根据项目技术改造的可行性分析结果，技术改造小组确认技术改造项目，并编制“项目技术改造方案”，提交主管副总与总经理审批。

六、项目技术改造过程控制

（一）编制“项目技术改造实施计划书”

1. 生产部根据“项目技术改造方案”，下达“项目技术改造任务书”，并指定技术改造负责人。

2. 技术改造负责人在技术改造小组的指导下，制定具体的“项目技术改造实施计划书”，上交生产部经理审批，审批通过后执行。

3. “项目技术改造实施计划书”的内容包括项目技术改造目标、周期与进度安排、资金渠道、改造方式、各阶段所花经费等相关事项。

（续）

<table>
<tr><td colspan="6">（二）技术改造项目的实施与监督
1. 项目技术改造负责人将计划书下发到技术改造车间，车间应严格按照计划书开展技术改造工作。
2. 项目技术改造负责人对技术改造项目的过程进行跟踪，包括项目进度及资金使用情况，并对项目的实施过程进行检查，提出相关意见和建议。
3. 项目技术改造完成后，项目技术改造负责人提交“项目技术改造验收申请书”以及技术改造过程记录、技术改造图纸等相关资料和文件。
七、技术改造成果验收
（一）项目技术改造验收
1. 生产部审查技术改造竣工文件是否齐全，并与相关部门协调确定验收的方法和时间。
2. 生产部经理组织工艺技术部、财务部等相关部门对项目技术改造情况进行验收。
3. 如技术改造验收未能通过，技术改造验收负责人需提交书面报告，将存在的问题通知项目所在部门及技术改造负责人。
4. 验收通过后，提出项目技术改造验收结论并签发验收报告。
（二）项目效益成果验收
公司对技术改造形成的经济效益、社会效益、综合效益进行验收，评估项目技术改造的成果，改进技术改造工作。
（三）技术改造资料存档
生产部将项目技术改造的所有文件资料进行整理，并做编号进行归档保存。</td></tr>
<tr><td>编制人员</td><td></td><td>审核人员</td><td></td><td>审批人员</td><td></td></tr>
<tr><td>编制时间</td><td></td><td>审核时间</td><td></td><td>审批时间</td><td></td></tr>
</table>

5.2.3 技术引进管理方案

<table>
<tr><td rowspan="2">方案名称</td><td rowspan="2">技术引进管理方案</td><td>编　　号</td><td></td></tr>
<tr><td>受控状态</td><td></td></tr>
<tr><td colspan="4">一、目的
为了提高公司的技术研究水平，加强对外技术交流，借鉴和学习外部先进科技成果，特制定本方案。
二、职责分工
公司技术部负责技术的引进工作，其他相关部门进行配合，技术引进工作须由总工办批准通过后方可执行。</td></tr>
</table>

（续）

三、术语解释

本方案中的“技术引进”是指企业为提高自身的制造能力、技术水平和管理水平，通过贸易或经济技术合作的途径，从本国或其他国家、地区的企业、团体、科研机构处获得先进适用的技术的行为（指的是从国外购入软件技术的同时又附带购进一些设备），具体包括以下五种情况。

1. 从国外引进工艺、制造技术，包括产品设计、工艺流程、工艺检测方法和维修保养等技术知识和资料，以及聘请专家指导、委托培训人员等技术服务。

2. 通过引进先进的经营管理方法，充分发挥所引进技术的作用，做到引进技术知识和经营管理知识并举。

3. 购买外部公司或者团体、科研机构、个人提供的技术服务。

4. 协商取得国外的技术专利的使用权及其他技术产权。

5. 通过广泛的技术交流、合作以及学术交流活动、技术展览或利用中外合资或合作经营等手段，引进国外新学术思想和科学技术知识。

四、技术引进可行性分析和前期准备

（一）确定需引进的新技术和产品

技术部根据公司的产品发展规划、技术发展战略等，在特定的生产技术领域或者部门内，分析技术现状及存在的问题，确定需要引进的新产品、新技术并抓住有利的技术引进机会。

（二）掌握该项技术发展状况

技术部相关人员通过深入调查研究，充分掌握需要引进的产品、技术在国内外的发展状况和前景，为进行技术引进的初步可行性研究提供依据。

（三）技术引进项目的可行性分析

技术引进主管对需要技术引进的项目进行技术、经济等各个因素的可行性分析和评审，并编写“技术引进可行性分析报告”。技术可行性分析报告应包括下表所列的八项内容。

技术可行性分析报告内容一览表

项目	主要内容
技术引进项目总概要	◇引进技术的名称、知识产权所属单位 ◇主持引进的部门、可行性分析报告的编制单位 ◇项目建议书的审批文件、可行性研究的总概况
技术供应方基本情况和条件	◇技术力量、劳动力安排、工艺生产装备

（续）

（续表）

项目	主要内容
技术详细情况	◇技术名称、规格、技术性能和用途 ◇国内外需求情况 ◇同类技术转让价格的调查、研究、分析
技术及与其相匹配设备情况	◇选定技术的理由和论证、可选方案的比较 ◇技术的来源、引进费用的估算、设备费用的估算 ◇引进技术配套生产设备和辅助设备的清单
引进技术投产方案	◇引进技术投产的国内外分交方案、外国厂商合作制造方案 ◇采用生产组织、劳动定员和人员培训计划、理由、内容、措施等
引进实施的综合计划	◇询价、谈判、签订合同 ◇技术和设备的交付计划 ◇其施工力量的安排和组织规划、工程内容和工作量
投资概算和经费来源	◇引进技术、进口设备和国内配套工程的全部金额和经费来源
经济效益评价和分析	◇技术引进成本和预期收益的估算 ◇现金流和损益计算表、资金平衡表等

（四）确定最终方案

在可行性研究的基础上，进行多个候选方案的评价并做出相关决策，最终确定引进的方案。

（五）可行性分析报告审批

技术部出具的“技术引进可行性分析报告”，必须经项目专家评估之后，才可交公司总工办进行审核。

（六）引进境外技术的注意事项

公司进行境外技术引进时，应依照《国际技术转让法》，做好以下两个方面的工作。

1. 根据国家相关条款，选择相应的进口代理公司。

2. 技术部编制进口设备、仪表、散件等物资的引进方案，依据相关规定报送国家有关部门或机构进行审批。

（续）

五、技术引进合同谈判与签订

（一）成立谈判小组

1. 分析确定技术引进目标后，技术部应及时从公司各个部门选拔技术、商务、法律等方面的人才组成谈判小组进行相关技术引进的洽谈。

2. 谈判小组由技术引进项目经理带领，并且需在谈判过程中维持谈判人员的稳定性。

（二）制定谈判方案

技术部应根据技术供方的情况制定相应的谈判方案，谈判方案应包括谈判的总体设想、谈判策略、从开始谈判到计划成交的大体时间安排、具体步骤和问题对策等。

（三）确定谈判底价

谈判小组在谈判前应做好成本核算和利润估算工作，确定技术供应方可以接受的最高支付金额和本公司能够争取的最低价格，并根据技术目标拟订上、中、下三种谈判方案，做到在实际的谈判中进退自如。

（四）谈判原则

在技术引进谈判中，谈判人员应在符合技术引进、设备进口要求的基础上，遵循技术上绝不轻易降低要求的原则进行引进洽谈。

（五）谈判顺序要求

在引进技术的谈判中，谈判双方按照“先谈技术、再谈一般条款、最后谈价格”的顺序进行。

（六）合同签订原则

1. 合同双方当事人本着“自愿、平等、互利、有偿、诚实、信用”的原则签订技术引进合同。

2. 技术引进合同必须符合《中华人民共和国合同法》《中华人民共和国技术引进合同管理条例》及《中华人民共和国技术引进合同管理条例施行细则》等相关法律法规的要求。

（七）合同的形式与格式

1. 技术引进合同的订立、变更和解除一律采用书面形式。

2. 不同类型的技术引进合同原则上应采用相应的由国家有关部门统一制定的格式文本。

3. 本合同一式四份，双方各执两份，具有同等法律效力。

（八）合同订立的流程和规则

1. 我方项目技术引进负责人按照统一的合同表格提出技术合同文本。

2. 我方项目技术引进负责人和对方共同协商，拟出合同初稿，经对方同意后，由项目负责人填写“技术引进合同审批单”，并提供转让的可行性分析材料，交总工办审查。

3. 经审查通过后，我方合同项目负责人方可与对方签订合同。

（九）合同条款的拟定

1. 技术引进合同必须包含16项主要条款，不得遗漏，具体如下图所示。

（续）

◎项目名称
◎项目内容、范围、技术要求
◎履行合同的计划、进度、期限、地点和方式
◎技术信息、资料及其要求提交的期限、地点和方式
◎技术成果所有权的界定、归属和分享比例
◎争议的解决方法、方式
◎后续技术改进的预定、技术所有权归属的份额、经费来源
◎技术使用费或报酬的价款、支付方式和时间
◎合同主体
◎名词和术语的界定与解释
◎项目验收的技术标准和方式
◎技术秘密的范围和保密期限
◎双方当事人的权利和义务
◎承担风险责任的界定
◎合同有效期
◎违约金或者赔偿损失的计算方法

技术引进合同主要条款说明图

2. 技术引进成交价格既与技术的先进性、经济性、社会性、实用性等相关，也与技术本身的复杂程度、投资额度的大小相关。技术引进合同中的转让价格应由合同双方当事人及法人代表协商确定。

3. 对于与技术引进相匹配的进口设备、仪表、工具等引进物资，技术部应在充分了解其性能和价格的基础上择优签约。

（十）合同的生效条件

1. 技术引进合同经双方法定代表人、委托代理人签字并加盖双方有效公章后生效；对方为自然人的，由该自然人签字并注明其身份证号码、住所等方可生效。

2. 技术引进项目负责人作为我方“委托代理人”在合同中进行签字，并使用本公司公章，在“法定代理人”处加盖法人名章。

3. 若无本公司的书面授权，则本公司的其他盖章一概无效。

六、技术引进合同的实施

（一）技术引进合同的履行管理

1. 技术部按照合同约定的时间进行技术的引进工作，技术供方应如约履行合同，并协助解决技术引进过程中遇到的各种问题。

2. 在履行技术引进合同的过程中，不得随意更换合同项目负责人。

3. 合同项目负责人若遇到出国、培训、病休等特殊情况而有可能影响到合同履行进度的，合同项目负责人应安排或者推荐合适的人选继续履行合同，并出具书面报告报研发部批准。

（续）

（二）引进技术交接

技术部负责按照合同规定组织进行技术交接，具体的交接程序如下。

1. 按照规定进行商检，根据有关规定办理减免税手续。

2. 商检通过后，进行交接；若有相关产品或设备的交接，则应办理货物到港后的海关、运输等手续，及时组织运货。

3. 技术及其配套产品的验收，主要有以下两个方面的内容。

（1）会同公司相关职能部门对技术资料和设备、产品进行验收，并填写验收单。

（2）由技术部会同质检部或第三方检验机构，按照合同或相关技术文件的规定对引进的技术进行检验，并以书面形式报告检验结果。

4. 对于缺损的货物或不齐全的技术资料，技术主管发现后应立即通知技术供方，并在索赔期内办理索赔或要求调换。

5. 进口的设备、仪表、产品等由上级主管部门和使用部门按有关规定进行管理。

（三）引进技术的申报验收

技术引进工作完成后，技术部应按照规定向总工办申报验收。

1. 技术部申报验收的依据是“技术引进可行性分析报告”、相关技术指标和设计文件。

2. 总工办验收时，应同时对各项技术、经济指标做出定量总结，形成总结报告。

（四）技术资料的专人管理

为了保证技术引进的效果，为技术消化吸收和产品制造提供原始技术依据，研发部指派专人对技术资料进行管理，管理的内容包括技术供方按照合同提供的与引进技术有关的图纸、技术标准、使用方法和规范等资料。

七、引进技术的吸收和运用

（一）吸收和引进技术的基本要求

公司引进先进技术后，应在不侵犯知识产权的前提下加以消化吸收，即在使用引进技术的基础上，加以创新，以进一步开发出更先进的技术。

（二）吸收和运用引进技术的主要工作

吸引和运用引进技术的主要工作内容包括以下六个方面。

1. 认真学习引进的产品设计、制造技术、管理方法等信息，真正掌握所引进的技术。

2. 进一步研发新技术、新设备，发挥引进技术的作用，拓宽技术引进项目发挥作用的领域。

3. 认真做好技术引进的配套工作。

4. 在使用、学习、掌握现有引进技术的基础上和符合技术规律的前提下，对于引进的技术要大胆地进行改进，推陈出新，研制出自己的新技术、新设备、新工艺等。

5. 在对引进技术进行吸收运用的过程中，注意加强对技术性人才的培养。

6. 通过对引进技术的吸收运用，提高企业技术管理水平，使公司管理在适应先进技术活动的过程中向现代化方向迈进。

（续）

（三）吸收和运用引进技术时应注意的问题

技术人员在吸收和运用引进技术的过程中应侧重做好以下三个方面的工作。

1. 做好引进技术资料的验收与翻译工作。

2. 做好技术攻关与试验的组织工作。

3. 根据新技术的特点做好员工的培训工作，具体培训工作类别、培训内容和要求详见下表。

技术培训规范表

培训类别	技术培训内容和要求
外出技术培训	◇公司按合同约定组织员工到技术供方处进行必要的技术和技能培训 ◇外出培训应严格按照固定的日程和内容进行，受训员工应对所学内容作详细记录，回公司后要认真作好书面总结
专家技术指导	◇技术供方派专家来公司进行技术指导前，技术部应做好相关的人员安排，对接受技术指导的人进行分组，以有序进行指导 ◇接受技术指导的人员应事先熟悉设计图纸和相关技术资料，对难以掌握的技术进行标注 ◇接受培训的员工应当积极掌握供方的技术标准，以求能够独立地生产出达到供方技术标准的产品

编制人员		审核人员		审批人员	
编制时间		审核时间		审批时间	

5.2.4　技术资料整理方案

方案名称	技术资料整理方案	编　　号	
		受控状态	

一、目的

为了规范技术资料整理的工作程序，确保资料齐全、准确，充分发挥技术资料为日常技术的管理、保存及使用服务的职能，特制定本方案。

二、适用范围

凡公司对技术资料的整理与控制的相关事项均适用于本方案。

三、职责说明

1. 研发部主管负责对技术资料的整理工作进行指导、监督与检查。

（续）

2. 技术资料管理员负责做好以下工作。

（1）收集、记录技术相关资料。

（2）技术资料的整理、分析、归档工作。

（3）技术资料归档及资料使用过程中的整理工作。

四、技术资料整理的相关说明

（一）技术资料管理的内容

技术资料档案是指从技术规划、设计、开发、引进、测试、使用、改造更新的全过程中形成并经整理应归档保存的文件资料，具体应包括以下内容。

1. 开发技术检验文件、合格证。

2. 技术说明书、装箱单。

3. 技术开发涉及的主要技术图纸。

4. 安装技术基础图及土建图。

5. 技术安装验收检查记录。

6. 安全技术性能鉴定报告。

7. 技术操作规程。

8. 项目技术校验及开发检验记录。

9. 技术设备缺陷记录及事故报告。

10. 技术改造更新的相关资料。

（二）技术资料整理的具体要求

技术资料整理工作需要按照公司规范及相关要求进行，具体工作要求主要有如下七点。

1. 技术资料应力求齐全、完整、准确。

2. 所有的技术资料均应有统一、准确的编号。

3. 凡原有关生产制造的技术图纸资料，一律沿用原生产部门的技术编号。

4. 型号相同的技术设备，因制造厂和出厂日期不同，零附件尺寸可能不同，技术管理员应与实物核对，并在图纸索引中加以说明。

5. 技术资料中的各项要求应标注齐全，且确保清晰。

6. 技术更新改造后，技术管理员应及时在底图上修改图纸，并在修改索引上注明。

7. 严禁将技术资料中的图纸资料拆下改作他用。

五、技术资料整理工作的实施

（一）技术资料的收集

1. 技术资料管理员负责技术资料图纸的收集工作。

2. 在引进新技术时，技术管理员应参与对相关技术资料进行验收的工作，收集整理随同带来的图纸资料，并对相关技术资料进行复制，原图与复制图应分级妥善保管。

（续）

<table>
<tr><td colspan="6">
3. 在技术资料点检期间，技术管理员应深入生产车间，收集整理相关的资料数据，并检查保管技术资料的点检与资料使用记录。
4. 研发主管应组织对相关的技术图纸资料进行审核校对，发现图纸与实物不符，必须做好记录，并在图纸上修改。
（二）技术资料的保管
1. 研发主管组织相关技术资料管理人员将常用技术图纸进行扫描、复制，以供生产使用，原图未经批准一律不得外借或带出资料室。
2. 技术资料管理员应根据资料的类别、编号等对资料档案进行编号，并按顺序整理，填写资料档案目录和清单，详细记明实有张数，由校对及审核人签字。
3. 技术资料档案必须保持与实物或实际情况相符，若出现变动，资料必须作相应的变动，然后再进行归档。
4. 技术资料档案的修改应由研发主管签字批准，并注明修改日期及修改原因。
5. 技术资料档案的作废、销毁应由技术资料管理员提出，上交研发主管及相关部门分别进行核实，并列出清单，经研发主管及部门经理批准后方可执行。
（三）技术文件资料的借阅
1. 技术资料管理员必须按照相关规定认真填写“技术文件资料借阅登记表”，并要求借阅人签字。
2. 技术资料管理员应根据文件的类别及借阅权限进行合理的管理，严禁无权限的人员借阅公司的技术资料档案，对于绝密资料需报请研发主管及部门经理批准后方可外借。
3. 技术资料的原图原件或无备件的资料档案一律不得外借，只能在资料室查阅；如需借出，须进行外借申请，批准后方可借出。
4. 资料借出后，技术资料管理员应进行跟踪管理，对借阅期满的资料进行催收。需续借者，应办理顺延手续，过期不还或损坏、遗失者，需按其损失作估价赔偿。
5. 在员工离岗前，有借阅技术资料档案未还者，须办理完归还手续后方可办理离岗手续。
（四）违规惩处办法
1. 未按规定填写“技术资料借阅登记表”而擅自取用技术资料档案者，每次处以____元人民币的处罚。
2. 未按规定时间归还所借阅的资料档案者，每延期一天处以____元人民币的处罚。
3. 所借阅的资料档案出现遗失或损坏现象者，应按损失进行估价赔偿，并对其处以警告处分。
4. 对于因技术资料管理员未遵守技术资料档案的借阅规定而造成公司机密泄露时，由研发主管根据情节的严重程度对其处以一定的处罚。
</td></tr>
<tr><td>编制人员</td><td></td><td>审核人员</td><td></td><td>审批人员</td><td></td></tr>
<tr><td>编制时间</td><td></td><td>审核时间</td><td></td><td>审批时间</td><td></td></tr>
</table>

第6章 产品设计管理文书与方案

6.1 产品设计管理文书

6.1.1 产品设计任务书

<table>
<tr><td rowspan="2">文书名称</td><td rowspan="2">产品设计任务书</td><td>编　号</td><td></td></tr>
<tr><td>受控状态</td><td></td></tr>
<tr><td colspan="4">

一、适用范围

本设计任务书是产品设计人员根据市场需求、工艺技术的发展水平和趋势及实际工作经验，预先对拟生产的产品项目提出具体的设计任务、原则、内容和指标等的任务性资料。

本设计任务书明确了产品设计要达到的目标，可作为指导产品设计、技术检测、试验与生产的依据。

二、项目来源

本项目是由××市政府资助的科研项目，是结合××市对能源的综合利用及环保要求建立的设计项目。该项目主要涉及在工业生产过程中的热能转换问题，特别针对其中的转换效率低等问题。根据设计要求，本次设计的型号为 W－A01 的××产品，具有热回收率高、结构紧凑、操作简单的特点，并将发展成一种值得推广、应用的高性能产品。

三、工作职责

1. 产品设计部负责根据设计要求做好××产品的结构、外观、性能等方面的设计。

2. 工艺技术部负责对产品的设计提出工艺、技术方面的意见，以完善设计。

3. 采购部负责做好产品设计、试生产等工作的原材料采购等保障工作。

4. 生产部负责根据设计文件进行产品的试制、试生产及推广，并做好意见的收集与反馈。

5. 质量管理部负责对产品的质量进行检验，以促进产品设计质量的提升。

6. 品牌策划部输出新品上市文案（包括产品核心卖点、产品图片、上市活动创意点等），发至 APP、官网和粉丝群中进行讨论，并在媒体上释放上市软文。

7. 销售部负责在产品销售过程中对消费者的意见、需求进行收集、反馈，为产品质量的改进提供依据。

四、产品设计背景

本产品的设计背景说明详见下表。

</td></tr>
</table>

（续）

产品设计背景说明表

直接客户		最终客户	
产品市场前景预测			
产品使用用途简述			
产品使用环境简述			

五、产品设计项目经济技术分析

（一）经济分析

型号为W－A01的××产品是在旧产品的基础上加以改进、优化的新型产品，经试验表明，在工业生产中正常使用本产品的情况下，每年可节约的资源折合成人民币价值可达到××万元。按照设计标准，本项目的总投资可以在____年内回收。

（二）技术分析

根据目前掌握的信息资料，本产品具有热效率高、结构设计科学等优点。另外，我们对产品的密封性和线路结构进行了改进和完善，从而达到了生产和资源综合利用及环保的要求。

六、设计原理

本产品的设计原理如下图所示。

××产品设计原理

本产品的设计基本原理是利用内置蓄热体的转子在低温和高温气体的管道中连续旋转，使蓄热体在高温气体管道中吸收高温气体的热量，而在低温气体管道中将热量释放出来，传递给低温气体，从而完成高低温气体之间的换热过程。

××产品设计原理说明图

七、主要技术性能参数

本产品的技术参数主要包括密封结构的设计参数、隔热板的设置参数、传动系统的设计参数等，具体数据见附件"××产品设计参数说明书"。

八、产品设计要点

本产品的设计要点及具体要求详见下表。

（续）

产品设计要点说明表

序号	项目	设计要求说明
1	功能	
2	适应性	
3	性能	
4	可靠性	
5	安全性	
6	继承性	
7	使用寿命	
8	生产成本	

九、产品设计进度安排

本次产品设计工作的进度安排如下。

1. 产品设计的调研工作。调研计划时间为____年__月__日至____年__月__日。

2. 产品设计总体方案的确定。产品设计经理组织下属人员在____年__月__日之前完成方案的设计工作。

3. 产品图纸的设计，即完成产品整体草图的设计和主要零件的设计工作，计划设计时间为____年__月__日至____年__月__日。

4. 设计文件的提交，即提交所有的设计图纸及产品说明书等资料，此项工作必须在____年__月__日之前完成。

5. 样品的试制，此项工作计划在____年__月__日至____年__月__日完成，共计____天，相关试制人员应对试制后样品的主要性能和技术指标进行分析。

6. 产品的生产中试，此项工作计划在____年__月__日至____年__月__日完成，并应对中试结果进行分析，同时结合实际对产品设计进行改进和完善。

7. 产品的技术鉴定，在____年__月__日之前完成，并在鉴定通过后组织进行产品的投产、推广。

十、常见问题及解决办法

我们应对产品设计过程中可能出现的问题及解决办法进行列表说明，内容包括问题描述、可能的原因分析，以及相应的解决办法。

十一、附件

“××产品设计参数说明书”（略）

编制人员		审核人员		审批人员	
编制时间		审核时间		审批时间	

6.1.2　设计更改申请书

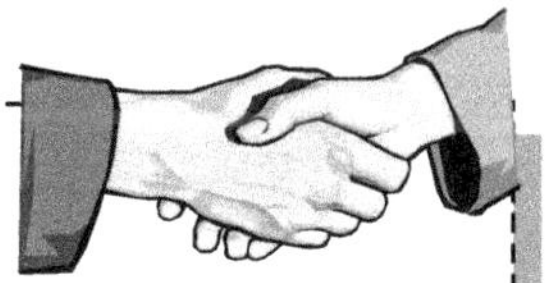

设计更改申请书

×××：

因产品的设计需求发生变化，为了更好地完成产品设计工作，保证设计质量，特申请对原有的产品设计做如下变更（具体内容见附件），请予以审批。

附件：设计更改申请表。

×××

____年__月__日

设计更改申请表

编号：　　　　　　　　　　　　　　　　　　　　日期：____年__月__日

<table>
<tr><td>产品名称</td><td colspan="2"></td><td>产品型号</td><td></td></tr>
<tr><td>客户名称</td><td colspan="2"></td><td>联系方式</td><td></td></tr>
<tr><td>变更分类</td><td colspan="4">□技术改进　□客户需求　□产品定义更改　□材料替代
□降低成本　□材料短缺　□其他（请说明）</td></tr>
<tr><td rowspan="2">变更申请理由</td><td colspan="4"></td></tr>
<tr><td>编制日期</td><td></td><td>批准日期</td><td></td></tr>
<tr><td rowspan="2">更改方案</td><td colspan="4"></td></tr>
<tr><td>编制日期</td><td></td><td>批准日期</td><td></td></tr>
<tr><td rowspan="2">所需费用明细</td><td colspan="4"></td></tr>
<tr><td>变更前成本</td><td></td><td>变更后成本</td><td></td></tr>
<tr><td>执行类别</td><td colspan="4">□ A类：影响产品性能、功能及安全性设计变更项目
□ B类：除A类以外的设计变更项目</td></tr>
<tr><td rowspan="3">评审意见</td><td>产品设计部</td><td></td><td>工艺技术部</td><td></td></tr>
<tr><td>采购部</td><td></td><td>生产部</td><td></td></tr>
<tr><td>质量管理部</td><td></td><td>销售部</td><td></td></tr>
<tr><td>审批意见</td><td colspan="4"></td></tr>
</table>

6.1.3 产品设计评审报告

产品设计评审报告

为了确保产品设计的质量，产品设计部在____年__月__日组织召开了产品设计评审会议，具体评审内容和结论详见下表。

产品设计评审结果汇总表

编号： 日期：____年__月__日

产品名称		产品型号	
评审级别		评审类型	
序号	评审项目及内容		评审结果
一、一般情况			
1	是否已完成材料清单		
2	是否已完成设计验证计划		
3	……		
二、产品设计图纸			
1	是否已完成全部的设计图纸		
2	公差是否与既定的标准一致		
3	……		
三、材料及其他规范			
1	是否已明确材料特性		
2	是否已确定材料检验标准		
3	……		
评审结论	□通过□通过，但需解决如下问题： □不通过，原因为：		
评审人员			

6.1.4 产品质量标准设计说明书

<table>
<tr><td rowspan="2">文书名称</td><td rowspan="2">产品质量标准设计说明书</td><td>编　号</td><td></td></tr>
<tr><td>受控状态</td><td></td></tr>
</table>

一、目的

为加强产品质量管理，保证设计产品的质量符合相关法律法规，并促进产品质量的不断提升，特制定本说明书。

二、适用范围

本说明书适用于公司产品质量标准的确定及修订等相关事项。

三、解释说明

（一）产品质量标准

产品质量标准是指产品质量特性应达到的技术要求，是产品生产、检验和质量评定的依据。

（二）产品质量特性

产品质量特性一般以定量表示，如强度、硬度、化学成分等。对于难以用直接定量表示的，如灵敏度、操作灵活度等，则通过产品和零部件的试验研究，确定若干技术参数，以间接定量反映产品的质量特性。

四、基本内容

完整的质量标准包括技术标准和管理标准两个方面，具体内容如下图所示。

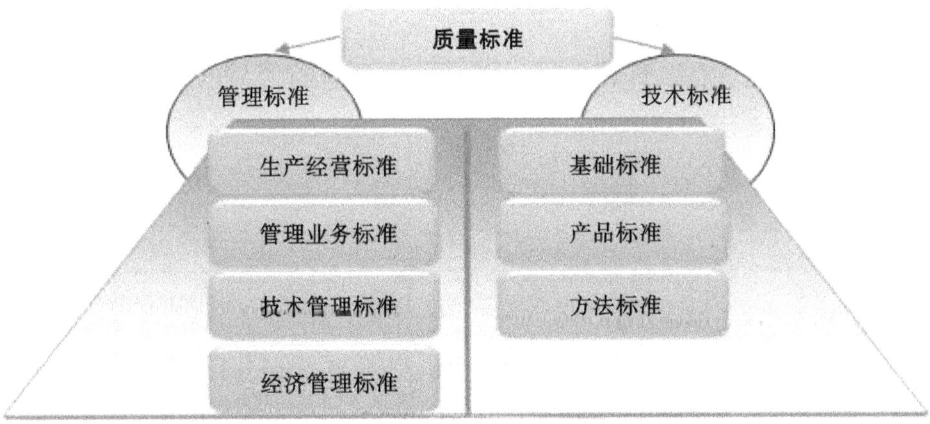

质量标准内容示意图

五、产品质量标准确定程序

（一）产品质量标准确定的申请

产品设计部负责收集相关信息资料，提出设计产品质量标准确定的申请，由质量管理部审核确认后拟定质量标准确定方案。

（续）

（二）产品质量标准参数的确定

产品设计部根据产品的质量特性等因素拟定产品质量标准的新参数，连同质量标准确定方案报送质量管理部审核，并报主管副总批准执行。

（三）产品质量标准的执行

各生产车间负责严格执行确定的产品质量标准；质量管理部和产品设计部负责检查、监督产品质量标准的执行。

（四）产品质量标准参数

本次设计产品质量标准的相关参数详见下表。

产品质量标准表

<table>
<tr><td>产品编号</td><td colspan="2"></td><td colspan="2">名称规格</td><td colspan="2"></td></tr>
<tr><td colspan="7">产品质量标准说明</td></tr>
<tr><td rowspan="3">产品尺寸</td><td>说明</td><td>标准尺寸</td><td>尺寸容差</td><td>说明</td><td>标准尺寸</td><td>尺寸容差</td></tr>
<tr><td></td><td></td><td></td><td></td><td></td><td></td></tr>
<tr><td></td><td></td><td></td><td></td><td></td><td></td></tr>
<tr><td rowspan="3">允许不良程度</td><td>不良因素</td><td>A 级品</td><td>B 级品</td><td>C 级品</td><td colspan="2">产品图</td></tr>
<tr><td></td><td></td><td></td><td></td><td rowspan="2" colspan="2"></td></tr>
<tr><td></td><td></td><td></td><td></td></tr>
<tr><td>不良原因分析</td><td colspan="6"></td></tr>
</table>

六、产品质量标准改进确认程序

1. 质量管理部对质量检验结果和各生产车间所反映的情况进行综合分析，提出改进意见，报主管副总审批，审批通过后，转生产部组织执行。

2. 生产部负责汇总各方意见，评估新的质量标准的可行性，并将意见报送产品设计部，由产品设计部组织召开会议开展质量标准改进的论证工作。会议成员应包括生产部、产品设计部、工艺技术部、质量管理部等相关部门的负责人和主要技术人员。

3. 产品设计部负责对会议结果进行汇总分析，并拟定新的质量标准下的技术参数，编制成“质量标准修订单”（详见下表），报质量管理部及主管领导审批后执行。

（续）

质量标准修订单

品名	型号	原执行标准	原指标		修改后指标		修改原因	修改依据	结论
			A	B	A_1	B_1			
审批意见	签字：								

七、保证产品质量的措施

为了保证产品质量标准得到有效的贯彻执行，产品设计部根据公司及产品的实际情况制定了以下措施，以保证生产的产品符合设计的质量标准。

1. 加强产品质量管理体系的建设。
2. 端正质量管理工作指导思想。
3. 建立产品质量监督机构。
4. 严格按照质量标准组织生产。
5. 加强对产品生产过程的质量管理和检查、监督。
6. 层层把好产品质量关。
7. 深入开展产品质量大检查。
8. 进一步推行全面质量管理。

编制人员		审核人员		审批人员	
编制时间		审核时间		审批时间	

6.1.5　产品设计质量控制规划书

文书名称	产品设计质量控制规划书	编　　号	
		受控状态	

一、目的

为了保证产品设计工作有序开展，确保设计的产品满足市场和消费者的需求，公司根据相关管理制度和规范制定本规划书。

二、适用范围

本规划书适用于公司新产品设计或产品改型时的设计质量控制的相关事项。

（续）

三、工作职责

1. 产品设计部负责进行产品设计的实施及质量控制办法的具体执行。

2. 销售部和客服部负责收集市场、产品及消费者的需求和相关信息。

3. 质量管理部负责产品设计过程中的质量控制及系统分析工作。

4. 财务部负责做好产品设计过程中的产品成本核算工作。

5. 公司其他相关职能部门负责配合实施产品设计的相关工作。

四、产品设计质量控制目标

产品设计质量控制的目标主要体现在如下图所示的两个方面。

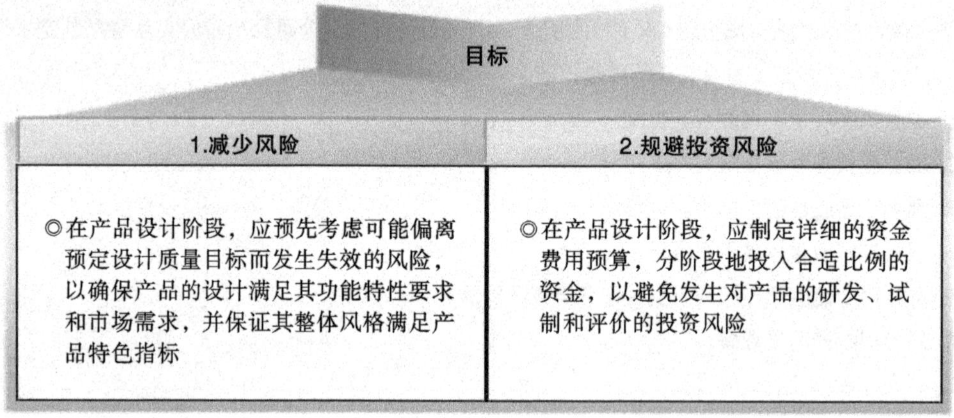

产品设计质量控制目标说明图

五、产品设计质量控制原则

对产品设计的质量进行控制时，各部门应遵循以下两项基本原则。

1. 根据对产品使用要求的实际调查和科研成果等信息，保证并促进设计质量，使设计的新产品或改进的产品具备更强的适用性。

2. 在实现质量目标、符合使用要求的前提下，通过综合考虑现有的生产技术条件和发展趋势，确保产品易于生产，并获得较高的生产效率和经济收益。

六、产品设计质量控制工具

产品设计质量控制的工具有以下七种，在实际工作过程中，各部门应注意灵活选用，以保证控制的有效性。

1. 产品质量的前期策划。

2. 产品设计的项目管理。

3. 质量管理功能的展开。

4. 产品的“三次设计”。

（续）

5. 产品的可靠性设计。

6. 六西格玛设计。

7. 潜在失效模式分析。

七、产品设计质量控制管理

（一）产品设计前期策划的质量控制

1. 产品设计经理负责组织成立产品设计小组。该小组应由产品设计部、工艺技术部、质量管理部、采购部、销售部等相关部门的人员组成，客户代表和供应商也可参加。另外，我们可根据实际需要邀请有关专家参加。

2. 产品设计经理负责组织召开产品设计前期策划会议，会议内容主要包括如下图所示的六项。

1 ◎选出产品设计小组的组长

2 ◎做好产品设计小组各个成员的职责分工

3 ◎明确客户的要求和期望

◎确定产品设计的成本、进度要求和其他限制条件 4

◎确定产品设计实施所需的资源保障 5

◎制定产品设计方案、产品的性能要求和产品设计的评估方案 6

产品设计前期策划会议内容示意图

3. 产品设计小组应对所设计产品的功能、结构、尺寸、参数等方面的设计要求进行评估，评估内容主要包括以下六项。

（1）市场预测分析。

（2）产品技术水平。

（3）产品结构的继承性和复杂性。

（4）产品零件的加工工艺性。

（5）新材料、新工艺的可操作性。

（6）生产能力、质量保证能力和时间进度要求。

4. 产品设计小组应做好产品设计前期策划相关工作的记录，为产品设计工作的实施和评估提供依据。

（续）

（二）产品设计实施过程的质量控制 1. 产品设计工作应在市场调查分析、科技发展分析、客户使用要求分析、公司现有的工艺技术水平和生产能力分析等各项信息资料分析的基础上完成。 2. 产品设计方案应经过严格的审核、审批流程，由研发总监批准并提出适当意见、下达产品的设计指令并监督执行。 3. 在产品设计过程中，应定期组织对产品设计的实施情况进行评审，及时发现存在的问题并进行修正，以确保产品设计的质量。 4. 产品设计小组在对产品设计进行评审时，若发现需要对设计进行修改才能达到市场和消费者要求时，应先对市场调研做进一步的分析，或与消费者进行进一步的沟通，分析意见结果，并重新召开产品设计前期策划会议。 5. 产品设计小组若在产品设计评审时，发现产品设计无法达到或满足市场和消费者的要求时，应组织进行分析、讨论，在必要的情况下及时放弃产品的设计研发，避免资源的浪费，减少公司的损失。					
编制人员		**审核人员**		**审批人员**	
编制时间		**审核时间**		**审批时间**	

6.2 产品设计管理方案

6.2.1 新产品设计控制方案

方案名称	**新产品设计控制方案**	**编　　号**	
		受控状态	
一、目的 为了规范新产品设计研发工作，对设计全过程进行控制，使新产品设计工作能够顺利进行，确保设计的产品能够满足消费者的要求和期望，特制定本方案。 **二、适用范围** 本方案适用于公司新产品设计研发的全过程，包括新产品的自主研发、引进产品的转化、产品生产技术的支援等。 **三、管理职责** 1. 研发总监负责下达及批准新产品设计任务书。			

（续）

2. 产品设计经理负责统筹规划新产品设计的调研、分析与立项等工作，并组织进行相关的设计评审及设计确认等工作。

3. 产品设计部负责产品的设计研发、样品试制、鉴定、移交投产等工作。

4. 生产部、质量管理部、销售部、财务部等相关职能部门应支持和配合新产品的设计控制工作。

四、实施措施

（一）新产品设计的前期调研分析工作

新产品设计的可行性分析是新产品设计不可缺少的前期工作，公司必须在进行充分的技术和市场调查后，对产品的市场需要、市场占有率、技术现状、发展趋势以及效益等方面进行科学的预测及经济性的分析论证。可行性分析研究的内容和规范主要体现在如下图所示的几个方面。

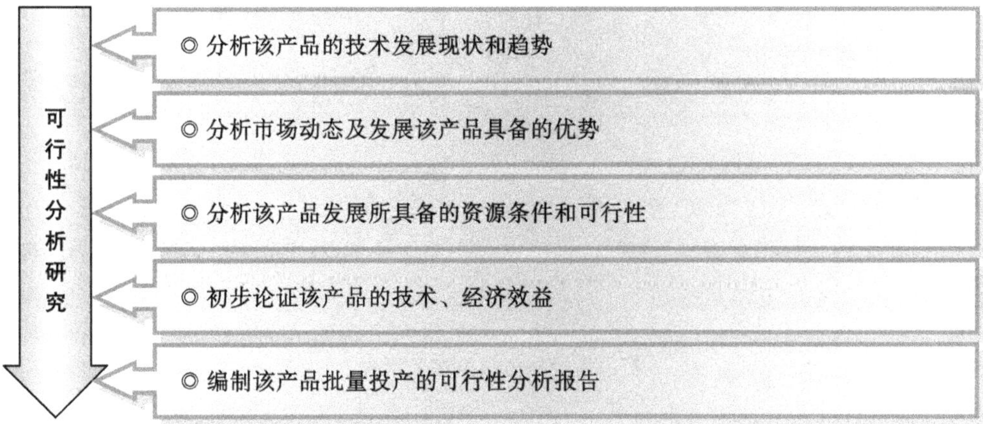

可行性分析研究的内容和规范示意图

可行性分析的具体实施措施如下。

1. 组织调查国内和国外市场、重要客户以及重点市场的技术现状和改进要求。

2. 组织广泛收集国内外产品的发展状况和专利技术信息等，并根据收集到的信息进行新产品设计研发的可行性分析研究。

（二）产品设计管理

在进行产品设计时，从确定产品设计任务书起到确定产品结构为止的一系列技术工作的准备和管理，是产品研发的重要环节。

1. 确定产品设计任务书

（1）产品设计任务书是在产品设计的初步阶段，由产品设计部向研发总监提出的体现产品设计合理的改进性和推荐性意见的文件。产品设计任务书经研发总监和公司总经理批准后，可作为实施产品设计的主要依据。

（续）

（2）产品设计经理负责组织编制产品设计任务书。其目的在于确定产品设计的最佳方案、主要技术性能参数、设计原理和主体结构等内容，现对其编写内容作如下图所示的规定。

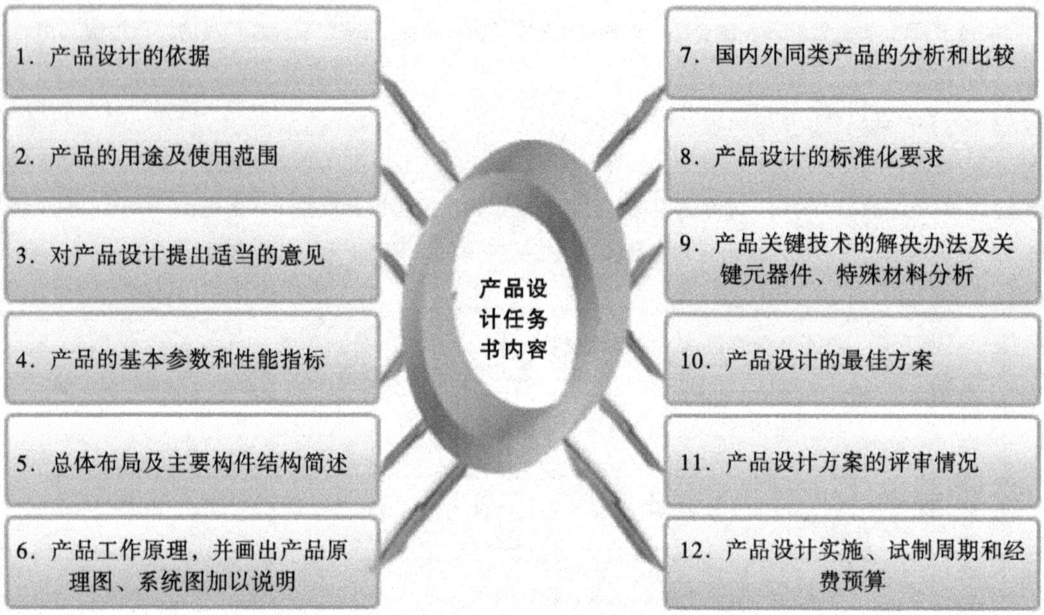

产品设计任务书内容示意图

2. 相关内容的解释说明

（1）产品设计的依据应为国内外相关产品的技术信息及市场经济信息，以使设计的产品可以在市场的性能和使用性方面填补市场“空白”或赶超国内外先进水平，并确保设计的产品在功能、形式等方面满足市场和消费者需求，使其具有较强的市场竞争能力。

（2）产品设计标准化要求详见下表。

产品设计标准化要求说明表

序号	要求	备注
1	符合产品系列标准和同行业技术标准情况	列出应贯彻标准的目的和范围，提出贯彻标准的技术组织措施
2	产品预期达到的标准化系数	列出推荐采用的标准件、通用件清单，指出一定范围的通用件、标准件系数指标
3	对材料和元器件的标准化要求	列出推荐选用的标准化和外购件指标

（续）

（3）产品设计经理负责组织对产品设计方案进行分析、比较，着重研究、确定产品的合理性能，并通过不同结构原理和系统的比较分析，选出产品设计的最佳方案。

3. 确定产品设计计划书

产品设计经理根据产品设计的要求确定设计负责人，并组织编制产品设计计划书。其内容主要包括以下三项。

（1）产品设计的输入/输出文件、设计评审、设计验证、设计确认等各阶段的划分及工作内容。

（2）明确产品设计各阶段的负责人及其各自的职责权限，并确定设计的进度要求和配合协助部门。

（3）产品设计实施的人员、信息等资源配置需求和安排。

4. 产品设计输入/输出的相关文件

（1）产品设计的输入文件有产品的主要功能、技术要求、类似设计的适用信息、产品的特殊要求及适用的法律法规的要求等。

（2）产品设计的输出文件有产品的整体外观设计、功能及技术性能指标、装配图、电路原理图、产品包装图纸、特殊元器件材料清单、验证检测规范及产品的工艺流程图等。

（三）样品试制管理

新产品的样品试制是在产品按科学程序完成“三次设计”的基础上进行的，是产品设计正式投入批量生产的必要的前期工作。产品的样品试制分为样品试制和小批试制两个阶段。

1. 样品试制

样品试制是由产品设计部组织、其他部门配合协助，根据产品的设计图纸、工艺文件和必要的工装设备，试制出10件样品，然后按要求对产品进行试验，考验其结构、性能和设计图的工艺性，检测产品设计文件的质量。

2. 小批试制

小批试制是在样品试制的基础上进行小批量的试产，检验工艺文件和工艺设备，并进一步审验和校正设计图纸。此阶段由工艺技术部负责工艺文件和工装设计图纸的编制，生产部负责进行产品的小批试制。

3. 验证总结

产品的样品试制和小批试制结束后，应分别对两个阶段的验证情况进行总结，并作改善效果的追踪。

（四）产品移交投产管理

1. 设计的新产品必须经过样品试制和小批试制后方可移交进行批量生产，试制的样品和小批试制的产品必须经过严格的验证，具有完整的试制和验证报告，部分新产品还必须具有运行报告。样品试制、小批试制均由研发总监组织相关部门进行鉴定，鉴定通过后方可准备投产。

2. 产品设计经理负责组织工艺技术部、生产部、质量管理部、销售部等部门召开新产品投产研讨

（续）

<table>
<tr><td colspan="6">会，对新产品从技术上、经济上作出评价，确认产品的设计、工艺、工艺装备没有问题后，提出产品正式移交投产的意见及移交时间，交由公司总经理进行审批。
（五）产品设计更改的控制
1. 产品设计的更改可能发生在产品的设计、试制、生产等整个过程中，产品设计部应全面、正确地识别和评估设计更改对产品的使用性能、安全性、原材料使用、生产等产生的影响。
2. 产品设计的更改必须由产品设计部提交“产品设计更改申请书”，并按规定附上相关的资料，报研发总监和公司总经理审批通过后方可实施更改。</td></tr>
<tr><td>编制人员</td><td></td><td>审核人员</td><td></td><td>审批人员</td><td></td></tr>
<tr><td>编制时间</td><td></td><td>审核时间</td><td></td><td>审批时间</td><td></td></tr>
</table>

6.2.2 设计图纸审查管理方案

<table>
<tr><td rowspan="2">方案名称</td><td rowspan="2">设计图纸审查管理方案</td><td>编　号</td><td></td></tr>
<tr><td>受控状态</td><td></td></tr>
<tr><td colspan="4">一、目的
为了规范产品设计工作，明确产品设计图纸审查的工作内容和规范，保证产品设计的质量，提升产品的市场竞争力，特制定本方案。
二、适用范围
本方案适用于包括产品设计方案、结构图等在内的全套产品设计图纸的审查工作。
三、管理组织结构
1. 研发总监负责组织成立产品设计图纸审查小组，并对审查结果进行审核、确认。
2. 产品设计部门负责向审查小组提供产品设计的相关图纸等。
3. 审查小组应由与产品设计无直接关系的相关领域的专家组成，负责按计划和相关规范做好产品设计图纸的收集、审查等工作。
4. 工艺技术部、质量管理部等相关部门对设计图纸的审查工作进行配合、协助。
四、审查内容管理
（一）审查图纸自身问题
1. 审查设计图纸是否符合国家有关政策和规定。
2. 审查产品设计部提供的相关资料是否有相关部门的批文和签章。
3. 审查设计图纸图签是否正确、比例是否准确、设计基本要素是否齐全。
4. 审查设计图纸与说明是否清楚，设计依据、引用标准是否准确。</td></tr>
</table>

（续）

5. 审查设计图纸的绘制是否规范，图纸各项索引和标注是否全面、准确、清晰。

6. 审查总设计图纸与各分项图纸的尺寸、平面位置、标高等是否一致。

7. 审查各专业设计是否协调、吻合，有无差错、遗漏等问题。

8. 审查全套设计图纸是否全面、完整，是否缺少专业图纸。

9. 审查全套设计图纸图号是否正确，各索引图号与图纸编号是否一致。

（二）审查图纸设计问题

产品设计图纸审查小组对设计图纸自身的错误审查完后，应重点对图纸设计中存在的问题进行审查，保证设计质量，具体审查内容如下图所示。

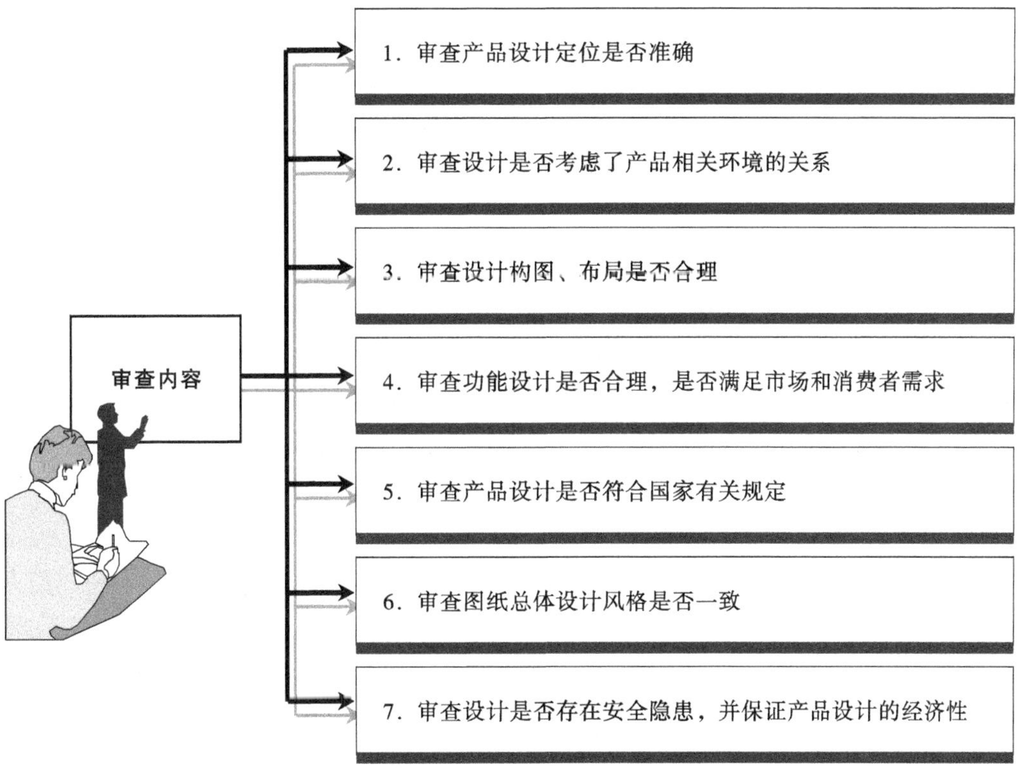

产品设计图纸审查内容说明图

（三）审查产品设计的可行性

1. 审查产品在生产过程中，在结构、工艺、材料供应、工期、质量及经济效益等方面能否满足设计图纸的要求。

2. 找出产品设计中是否存在不利于生产的隐患、是否存在可以化繁为简、而又能达到设计要求的值得改进的地方。

（续）

五、审查时限管理

产品设计图纸的审查时限具有以下要求。

1. 审查产品设计方案，原则上不得超过 2 个工作日。

2. 审查产品设计图纸，原则上不得超过 5 个工作日。

3. 复审产品设计方案，原则上不得超过 1 个工作日。

4. 复审产品设计图纸，原则上不超得过 3 个工作日。

六、审查程序管理

1. 产品设计部门向产品设计图纸审查小组提供产品设计任务书、产品结构图、产品外观设计图等全套的产品设计图纸。

2. 产品设计的负责人向审查小组做简单的汇报和产品设计说明，使设计审查小组了解产品的设计目标、依据、功能等，为图纸的审查工作提供必要的信息并建立良好的审查基础。

3. 审查小组在规定时间内对所负责的设计图纸进行全面的审核，做好审查记录并签名。审查小组组长将审查结果汇总并出具产品设计审查报告。审查记录和审查报告（见附件）一式三份，交产品设计部和公司资料管理部门各一份，审查小组自留一份。

4. 按照审查意见，产品设计负责人应组织产品设计的相关人员对设计图纸进行重新修改。修改后的图纸交由审查小组进行复核。对图纸中未修改部分，审查小组应问明原因，在双方协商一致且在不违反设计要求和相关规定的前提下，可不做修改，由审查小组组长在审查记录上注明原因，并进行签字确认。

七、图纸审查奖惩办法

为调动产品设计审查小组成员的积极性、主动性和责任心，提升图纸审查的质量，公司应制定设计图纸审查管理的奖惩办法，具体措施如下。

1. 凡产品设计图纸审查结束后，未在审查记录表中的审查人栏目、复审栏目签字的，每少一个签字扣××元人民币。

2. 凡年度审查的设计图纸全部合格，未出现任何差错，公司将对审查小组给予一定的奖励，奖励额度和人员数量视审查设计图纸数量、难易程度和工作职责的不同而定。

3. 凡年度内审查的设计图纸出现差错，正式出图后由产品设计部、生产部等部门提出问题的，应对审查小组组长和问题图纸的审查负责人视情节轻重和错误数量予以一定的经济处罚。

八、附件

1. “产品设计图纸审查记录表”详见下表。

（续）

产品设计图纸审查记录表			
编号：			日期：____年__月__日
序号	图号	审查意见	审查人员签字
1			
2			
3			

2. 产品设计图纸审查报告（略）

编制人员		审核人员		审批人员	
编制时间		审核时间		审批时间	

6.2.3 产品设计质量评估方案

方案名称	产品设计质量评估方案	编　　号	
		受控状态	

一、目的

为了完善公司的质量管理体系，加强对产品设计阶段的质量管理，确保产品的质量水平，根据公司的实际情况和相关法律法规，特制定本方案。

二、适用范围

本方案适用于对公司新产品开发或原有产品改进设计的质量评估相关事宜的综合管理。

三、工作职责

产品设计质量的评估工作由产品设计经理负责，并由研发总监做最后的审批确认，评估的工作事项主要包括以下七项。

1. 审查设计方案的先进性、合理性。
2. 审查设计文件的齐全性和完整性、编制方法的正确性，以及表格、文字表述的正确性。
3. 检查设计图样，审查结构设计的先进性、安全性和合理性。
4. 校核理论分析、作用原理、计算方法及计算结果。
5. 审查设计文件的工艺性。
6. 审查设计文件选用的元器件标准的现行有效性及配套情况。
7. 协助产品研发人员总结经验，共同提高设计水平。

（续）

四、产品设计文件的质量评估

1. 产品的设计应根据产品设计任务书，明确设计目标、产品寿命、可靠性、耐久性和可维护性等多方面的目标，以及国家及地方环保、安全等相关方面的法律法规。

2. 产品设计工作的输出文件包括的内容如下图所示。

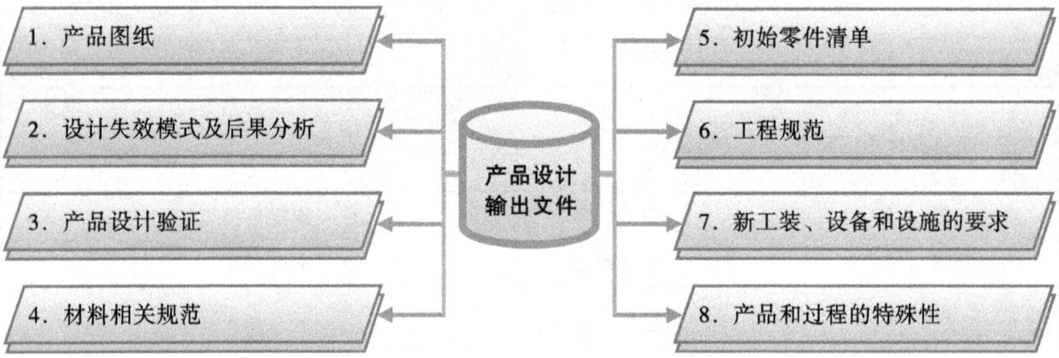

产品设计输出文件内容示意图

3. 产品设计的输出文件必须经过拟定、审核、工艺会签、质量会签、标准化检查及审批六项工作程序，每位签署人员均需执行规定的职责和权限，以确保设计文件质量。

五、产品设计质量的评估程序

（一）确定评估内容

产品设计质量评估内容包括产品的性能审查、一般审查、计算审查、可检验性审查、可维修性审查、可继承性审查、设计更改审查等。

（二）召开评估会议

为确保产品设计质量评审工作的质量，及时发现并设法弥补产品设计上的缺陷，将产品缺陷产生的风险降到最低，产品设计经理应组织召开评审会议，明确评审目的和要求，并确定全面完整、详细且具有可操作性的评审办法，根据会议通过的各项决策进行落实。

（三）设计初审

产品设计小组应组织评定产品设计的可行性和产品能否按消费者接受的价格、标准、时间、数量生产、装配、试验、包装和销售，并做好产品设计初审的记录，由产品设计经理审批。

（四）早期故障分析

早期故障分析是指为预防产品缺陷发生，即防止发生类似影响产品性能、可靠性、安全性的故障，对可能发生的故障和潜在的风险因素进行系统的分析和研究，以提前预防和消除隐患。用于故障分析的方法主要有以下两种。

1. 故障模式和影响分析法。

2. 失效分析法。

（续）

<table>
<tr><td colspan="6">（五）结果处理
产品设计质量的评估工作结束后，产品设计经理负责组织对评估工作进行分析，总结经验教训，并根据评估结果对产品设计进行改进、完善，不断提升产品设计的水平。
六、注意事项
产品设计质量的评审应由与产品研发无直接关系的内部各有关领域专家组成的专家小组进行，参与评审的专家应具有全面的知识和丰富的经验，以确保能从不同角度对产品设计提出符合实际的综合意见。</td></tr>
<tr><td>编制人员</td><td></td><td>审核人员</td><td></td><td>审批人员</td><td></td></tr>
<tr><td>编制时间</td><td></td><td>审核时间</td><td></td><td>审批时间</td><td></td></tr>
</table>

6.2.4 产品设计更改评审方案

<table>
<tr><td rowspan="2">方案名称</td><td rowspan="2">产品设计更改评审方案</td><td>编　号</td><td></td></tr>
<tr><td>受控状态</td><td></td></tr>
<tr><td colspan="4">一、目的
为了达到以下目的，特制定本方案。
1. 及时发现产品设计过程中存在的缺陷。
2. 有效控制产品设计质量，提升产品设计水平。
二、术语解释
产品设计更改是指在产品设计完成且设计文件存档后，在实施过程中发生的设计更改。
三、工作职责
产品设计的更改必须在公司内部组织评审，由产品设计经理组织质量管理部、采购部、销售部、生产部、工艺技术部等相关部门的人员开展评审，做好设计更改工作，解决问题并避免产生新问题。
四、一般设计更改评审
1. 当产品的设计文件出现下列情况时，可进行产品设计的更改。
（1）纠正产品设计错误。
（2）消费者要求发生变化。
（3）工艺方法、流程的改进。
（4）产品批量生产有困难。
（5）相关法律法规、标准发生变更。
（6）根据质量反馈信息，发现需采取相关纠正和预防措施进行设计更改。
2. 一般设计的更改应由产品设计部组织评审后，并填写“产品设计更改申请书”和“产品设计更</td></tr>
</table>

（续）

改评审记录”，经研发总监批准后实施更改。

3. 对已定型产品的特殊合同，在特殊合同评审通过后，如需进行临时性设计更改，应由产品设计经理经过正确的设计和开发验证后，填写“产品设计更改通知单”（具体详见下表），注明批次号和数量，经研发总监审批后实施。

产品设计更改通知单

编制人：　　　　　　　　　　　　　　　　　　　　　　日期：____年__月__日

<table>
<tr><td>产品名称</td><td colspan="2"></td><td>更改通知单号</td><td colspan="2"></td></tr>
<tr><td>申请人</td><td colspan="2"></td><td>申请日期</td><td colspan="2"></td></tr>
<tr><td>正式执行时间</td><td colspan="5"></td></tr>
<tr><td>更改原因</td><td colspan="5">□ 技术改进　□ 客户需求　□ 产品定义更改　□ 材料替代
□ 降低成本　□ 材料短缺　□ 其他（请说明）</td></tr>
<tr><td>更改有效性</td><td colspan="5">□ 长期性　□ 临时性（注明有效批次和数量）</td></tr>
<tr><td>更改类别</td><td colspan="5">□ 轻微更改　□ 重要更改　□ 完全更改</td></tr>
<tr><td>更改内容说明</td><td colspan="5">1.
2.</td></tr>
<tr><td>更改涉及的文件</td><td colspan="5">□ 原理图纸　□ 工艺文件　□ 检验文件　□ 其他______</td></tr>
<tr><td>文件处理要求</td><td colspan="5">□ 旧文件作废并收回　□ 发布新版本资料</td></tr>
<tr><td>文件通知部门</td><td colspan="5">□ 生产部　□ 质量管理部　□ 采购部　□ 销售部　□ 其他______</td></tr>
<tr><td>产品设计经理
审查意见</td><td colspan="5">签字：
日期：</td></tr>
<tr><td>研发总监
审查意见</td><td colspan="5">签字：
日期：</td></tr>
<tr><td rowspan="3">相关部门会签</td><td>产品设计部</td><td></td><td>工艺技术部</td><td colspan="2"></td></tr>
<tr><td>采购部</td><td></td><td>生产部</td><td colspan="2"></td></tr>
<tr><td>质量管理部</td><td></td><td>销售部</td><td colspan="2"></td></tr>
</table>

4. 对属于文字性纠错方面的产品设计更改，由设计文件的原设计人员直接填写“产品设计更改通知单”，无须组织设计更改评审。

5. 对由产品设计更改引发的工艺更改，除非引起重要工艺方法或工艺手段变更，一般不需要另行组织工艺更改评审。

6. 专业工艺规程、检验规范等工艺文件的更改，应由相关工艺设计人员提出工艺更改申请后，经

（续）

部门领导批准后实施。

7. 临时性的设计更改（如元器件、材料代用等）必须由原设计人员提出，经正确的设计和开发验证后，填写“产品设计更改通知单”，注明适用的批次号，经研发总监批准后实施。

五、重大设计更改评审

重大设计更改评审的相关要求和规范主要有以下几项。

1. 凡影响到交货期、重要技术指标、产品的可靠性、安全性等的设计更改均属重大设计更改的范畴。

2. 重大设计更改应由产品设计经理组织相关人员进行系统分析、论证或试验后，按规定填写“产品设计更改申请书”和“产品设计更改评审记录”中的相关内容。

3. 产品设计经理负责组织相关部门的代表进行会议评审，提供相关的“专题试验报告”、评审组填写“产品设计更改申请书”和“产品设计更改评审记录”中的评审意见，并由参与人员进行会签。

4. 重大设计更改评审会议的会议结果经研发总监和公司总经理批准后实施更改。

5. 产品设计部应对“专题试验报告”“产品设计更改申请书”及“产品设计更改评审记录”等设计更改相关的文件资料进行整理、编号、归档。

六、重要工艺更改评审

重要工艺更改的评审规范主要有以下几项。

1. 产品设计经理负责组织进行产品工艺更改的评审，参加评审会议的人员应包括产品的设计人员、工艺技术人员、关键工序及重要工序的操作人员、质量检验人员等。

2. 工艺更改评审的主要内容如下图所示。

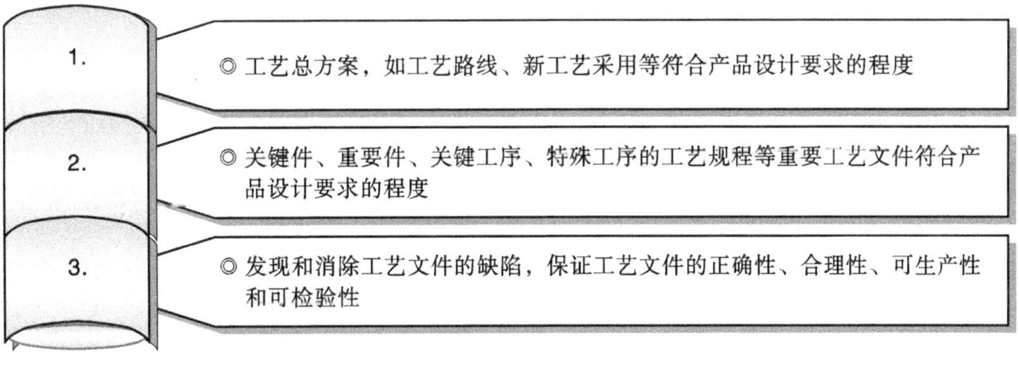

工艺更改评审的内容

3. 产品设计经理组织相关人员根据评审结果编写“工艺更改评审报告”，对评审中提出的改进建议采取跟踪措施，并做好跟踪结果的记录以备查。

编制人员		审核人员		审批人员	
编制时间		审核时间		审批时间	

第7章 工艺技术管理文书与方案

7.1 工艺技术管理文书

7.1.1 工艺装备设计任务书

工艺装备设计任务书是用来指导工艺装备设计的基础性文件，以确定工艺装备的用途、技术要求及基本结构。下面是某企业的××马达工艺装备设计任务书，供读者参考。

<table>
<tr><td rowspan="2">文书名称</td><td rowspan="2">××马达工艺装备设计任务书</td><td>编　号</td><td></td></tr>
<tr><td>受控状态</td><td></td></tr>
<tr><td colspan="4">
一、概述
××马达工艺装备对精度要求比较高，结构复杂，需具备较高精度的数控机床，并将加工误差控制在××mm 以内。
二、工作原理
（一）转子深度测试工装
1. 目的：测试轴承内圈到贴磁面盖片的高度。
2. 其设计要求如下。
（1）百分表的要求精度在××mm 以上，量程为××mm，同时安装位置可以上下左右调整，调整后可以固定。工装设计需根据百分表的体貌进行。
（2）工装的材质采用锌，并对表面进行防腐防锈处理。
（3）供应商应设计一个长××mm、宽××mm、高××mm，水平度达××mm 的不锈钢板，中央为一个高度为 Amm、直径为××mm 的不锈钢圆柱体为归零装置。
（4）工装设计三只脚以达到最佳平衡效果，要求这三只脚工作时要放置于贴磁面盖片的中央位置。贴磁面盖片内圈直径为××mm、外圈直径为××mm。
（5）测试时，应保证百分表能够向上量取××mm，同时将工装放置在归零的位置上，用百分表测量圆柱体的高度，由此得出的工装量程值为 A～Amm＋百分表向上量取的高度。
（6）注意撞针的位置应接触轴承的内圈，而不是工装的正中央。
（二）定子深度测试工装
1. 目的：测试轴承孔底面到定子面的高度。
2. 其设计要求如下。
（1）供应商设计一个误差在××mm 以内，高为 Bmm、直径为 Cmm 的不锈钢圆柱体。这个圆柱体要与转子深度测试工装一起使用。
</td></tr>
</table>

（续）

<table>
<tr><td colspan="6">（2）测试时，首先应将转子归零，将高度为Bmm的圆柱体放入轴承孔中，用工装测量，若百分表指示为0，则定子深度为B－A；若百分表指示为C，则定子深度为B－（A＋C），并由此计算得出这个工装的量程值。
三、质量保证
供应商应负责以下事项。
1. 按设计任务书提供的相关数据和要求，准确无误地制作工装。
2. 设计好蓝图，经双方确认后，方可批量制作。
3. 工装故障响应时间应为××小时。
4. 应履行“三年保修，终身维修”的承诺。
××机械厂
____年__月__日</td></tr>
<tr><td>编制人员</td><td></td><td>审核人员</td><td></td><td>审批人员</td><td></td></tr>
<tr><td>编制时间</td><td></td><td>审核时间</td><td></td><td>审批时间</td><td></td></tr>
</table>

7.1.2　产品工艺评审报告

<table>
<tr><td rowspan="2">文书名称</td><td rowspan="2">产品工艺评审报告</td><td>编　　号</td><td></td></tr>
<tr><td>受控状态</td><td></td></tr>
<tr><td colspan="4">一、评审简介
根据公司相关领导工作部署，技术部对××产品进行工艺文件的编制和专用工装的设计，并专门由相关人员对××产品的生产工艺进行评审。
1. 产品名称及型号（略）。
2. 评审级别：公司级。
3. 评审时间：____年__月__日。
4. 评审地点：公司研发部会议室。
5. 评审人员：生产部部长李××、设计部部长王××。
二、评审内容
此次评审采用评判形式，每个评审人员在□内打“√”表示通过；打“?”表示有建议或有疑问。评审内容详见下表。</td></tr>
</table>

（续）

评审内容说明表

评审项目	序号	评审内容	要求	判定结果	建议
布局审查	1	外形尺寸	符合设计结构图	□	
	2	安装孔边缘距离	≤××mm	□	
	3	高热器件的布局	均匀频	□	
	4	模拟电路与数字电路布局	分别占据不同的位置	□	
	5	控制板的放置	保证电感、高频变压器能垂直穿过控制板	□	
	6	强电弱电部分的布局	分别占据不同的位置	□	
	7	元件的排列摆放	兼顾美观并维修方便	□	
	8	控制析离板边距离	≥××mm	□	
	9	线与线之间及线与固定孔之间的距离	不小于安全距离	□	
	10	主电路的电流	≤××mm	□	
布线审查及其他	1	高频变压器的引线	≤××mm	□	
	2	对信号进行放大运放	采用一点接地	□	
	3	模拟地和数字地	走线是分开的	□	
	4	高频线的拐弯处	大于45度或为圆弧形，不能为直角	□	
	5	重要信号线间距	用平衡地线隔离	□	
	6	有极性元件的丝印图	标示清楚	□	
	7	元器件的丝印符号	不被元器件覆盖、标示清楚并与元器件一一对应	□	
	8	高压部门	分别用中英文印上“高压危险”标记	□	
	9	控制电路的地线	地线应该被加粗或采用满接地方式	□	
	10	整流桥到开关管及变压器以前所包围的环路面积	不超过____平方米	□	
设备及工艺	1	生产设备	生产设备能够满足生产	□	
	2	生产工艺	工艺流程设计合理	□	
	3	生产能力	满足当前生产能力	□	
	4	工艺文件	工艺文件完整、统一	□	

（续）

<table>
<tr><td colspan="6">

三、审核结论

1. 产品的主要零件工艺文件齐全，可以指导生产试制。

2. 在现有生产条件下，公司能够满足产品的设计要求，并用比较经济、合理的方法将其制造出来。

3. 产品生产工艺文件中提出的工序安排及加工要求较为合理，设计的工装及选用的设备能符合目前加工要求。

四、建议

通过此次评审，评审人员给出如下建议。

产品在试制时应加强对生产现场的管理，认真贯彻工艺纪律，并重视对操作人员的技术培训。

××部

____年__月__日

</td></tr>
<tr><td>编制人员</td><td></td><td>审核人员</td><td></td><td>审批人员</td><td></td></tr>
<tr><td>编制时间</td><td></td><td>审核时间</td><td></td><td>审批时间</td><td></td></tr>
</table>

7.1.3 产品工艺验证计划

<table>
<tr><td rowspan="2">文书名称</td><td rowspan="2">产品工艺验证计划</td><td>编　号</td><td></td></tr>
<tr><td>受控状态</td><td></td></tr>
<tr><td colspan="4">

一、验证目的

本次产品工艺验证计划主要为达到以下三个目的。

1. 保证生产工作正常运行，提高产品工艺水平。

2. 确保在生产工艺现有设备条件下能够生产出质量稳定的产品。

3. 使产品达到质量标准。

二、本年度工艺验证工作目标

1. 工艺方案差错不超过____次，研发工艺验证 次通过率达____%。

2. 经验证整理修改后的工艺应保持相对稳定。

三、验证时间

本次工艺验证工作计划开始时间为____年__月__日，结束时间为____年__月__日，共计____天。

四、验证工作成员

1. 研发部技术主管，共____人。

</td></tr>
</table>

（续）

2. 生产管理人员，共____人。

3. 质量管理部人员，共____人。

4. 研发部经理参与产品工艺验证工作。

五、工艺验证依据

产品工艺验证工作的依据主要有如下五个方面的内容。

1. 工艺方案、工艺路线图。

2. 产品设计图样及技术文件。

3. 产品关键工艺明细表、关键项目与主要项目技术要求。

4. 产品专业工艺规程、工艺装备明细表。

5. 国家标准、升级标准、生产标准以及产品质量等规定。

六、验证要求

（一）样品试制阶段

1. 样品试制应在试制车间或试制工段上进行，不需要建立生产线，也不应制作大量的工艺装备。

2. 力求简化，只对样品生产必需的工艺进行准备，如关键零件的工艺准备，与样品试制质量有重大关系的工艺装备准备。

3. 试制样品不限于一件，可反复进行样品试制。

（二）产品小批量试制阶段

1. 小批量试制要在正式生产线上进行，要使用设计所要求的各种工艺装备。

2. 小批量试制要做好生产技术准备工作，并准备好生产所需的全部工艺文件和工艺装备。

七、验证工作程序

（一）验证前准备工作

1. 组织成立验证小组，并确定验证成员。

2. 研发部提供产品设计图样、产品技术文件和技术标准。

3. 研发部提供全套工艺文件。

4. 物料仓储部根据研发部编制的“材料工艺定额明细表”，准备好原材料、辅助材料，并提供合格的外配套件。

5. 研发部、质量管理部做好工序检查、零件检验和部件装配、总装配精度以及整机性能试验等工作。

6. 生产主管、研发设计主管向生产车间人员介绍工艺验证的主要内容、要求和验证方法等。

（二）进行工艺验证

1. 研发部负责指导系列产品及主导产品的工艺验证工作。

（1）工艺验证时，各生产现场技术主管负责全面验证工作。

（2）验证结束后，各生产现场技术主管负责编写验证总结，并报研发部。

（续）

<table>
<tr><td colspan="6">2. 验证过程中，如发现工序存在错误或遗漏，工艺研发人员应立即修改工艺；操作工如在加工过程中发现问题，应立即停止操作，并向验证小组反映情况，等验证小组做出工艺变更决定后，操作人员再按照变更后的工艺进行加工和验证。
3. 验证人员应严格按照工艺进行检查，验证工作小组应依工序逐次进行验证。
（三）出具工艺验证报告
1. 工艺验证结论包括验证合格、验证基本合格和验证不合格三种。
2. 验证人员不得随意更改和变更验证结论。
八、工艺验证工作注意事项
1. 工艺验证小组在每一研发生产项目结束时开始对客户进行工艺验证。
2. 产品工艺验证工作结束后，验证报告在一个月内完成并上报总经理审批。</td></tr>
<tr><td>编制人员</td><td></td><td>审核人员</td><td></td><td>审批人员</td><td></td></tr>
<tr><td>编制时间</td><td></td><td>审核时间</td><td></td><td>审批时间</td><td></td></tr>
</table>

7.1.4 产品工艺技术标准

工艺技术标准是企业各自的技术和专利，包括基础技术标准、产品标准、工艺规范、检测方法标准等内容。下面是某企业的产品丝印工艺技术标准，仅供读者参考。

<table>
<tr><td rowspan="2">文书名称</td><td rowspan="2">产品丝印工艺技术标准</td><td>编　　号</td><td></td></tr>
<tr><td>受控状态</td><td></td></tr>
<tr><td colspan="4">一、丝印简介
丝印即丝网印刷，是指将印版做成网状，使版面形成能孔和不能孔两部分，在印刷的过程中，油墨在刮墨版的挤压下从版面的能孔部分漏印在承刷物上。
丝网印刷属于孔版印刷，包括晒版、制作绷网、走台丝印、坐台丝印及滚印等过程。
二、晒版
（一）晒版技术标准
1. 晒版时间：实色××～××秒；网点××～××秒。
2. 涂布感光膜面干净，无灰尘，要求透明度在____%以上，并且越高越好。
3. 精细图文需使用带有真空抽紧装置的光源。
4. 阳图软片的正面和背面须确定并不再变动。
（二）工艺规范
1. 阳图软片的正面和背面确定后，再检查丝网感光膜和玻璃面上是否有污点和灰尘，如有污点及灰</td></tr>
</table>

（续）

尘，则应处理干净并达到标准后方可进行下一步操作。

2. 将正片和网框版装入晒版框内密合，从玻璃面再进行一次检查，如果正片图片放在了网框的正确位置即通电曝光，并根据距离确定曝光时间。

3. 把曝光过的印版浸入水中1~2分钟，并不停晃动网框，至未感光部分吸收水分膨润后，立即用水冲洗。

4. 显影结束后用海绵除去水分或用吹风机迅速进行干燥。

三、制版绷网

（一）技术标准

1. 网纱密度：实色常用××目、网点××目、撒金粉××目、印金粉××目、打底××目。

2. 制作版绷网时，应根据承印物的种类来确定网纱的材质。

3. 制作时，网一定要绷紧，并控制张力值在××~××之间。

（二）工艺规范

1. 首先选取适当的丝网和网框。

2. 用夹具夹住丝网，并转动丝绒杠使丝网绷紧。

3. 将绷紧的丝网钉在网框上，网框的边缘处用胶纸粘牢。

4. 如发生走台现象则需在网框边进行定位。

四、走台丝印

（一）技术标准

1. 油墨品牌：一般使用××牌和××牌。

2. 色序：正印时正看由浅到深，正印反看由深到浅。

3. 色差：色差在±____%内属于可接受范围。

4. 套位：必须要正，不能有偏差。

5. 图案：不能有滋墨。

6. 表面：平整无砂孔及条痕。

7. 网版：不得有塞版及烂版情况。

8. 毛刺：精细线条及图文不能有毛刺。

（二）工艺规范

1. 首先选择产品要求的墨色及网框。

2. 将承印物按统一的标准定位在走台定位格上，若承印物较软则应粘在走台上。

3. 根据承印物的材质选择打底标准，调整走台上的定位器，确定位置。

4. 在印刷前应先试印并记录相关参数。

5. 当试印合格后，方可批量印刷生产。

（续）

<table>
<tr><td colspan="6">

五、坐台丝印

（一）技术标准

工艺技术要求与走台一样。

（二）工艺规范

待装版、定位、试印合格后，方可批量生产。

六、滚印

（一）技术标准

1. 材质不是PP料应擦拭PP水。

2. 其他工艺技术要求应与走台一致。

（二）工艺规范

1. 与走台一样，装版、定位、试印合格后，方可批量生产。

2. 调整托架，保证曲面承印物与网版平行；调整托架行程，并达到所需的接触面积。

3. 调整刮板，保证刮板的位置力度达到印刷所需的正常要求。

4. 调试网板，确保刮板中枢通过顶点，与承印的圆直径相重合。

5. 将以上内容调试稳定后方可批量生产。

</td></tr>
<tr><td>编制人员</td><td></td><td>审核人员</td><td></td><td>审批人员</td><td></td></tr>
<tr><td>编制时间</td><td></td><td>审核时间</td><td></td><td>审批时间</td><td></td></tr>
</table>

7.1.5 生产工艺变更通知

生产工艺变更通知

生产部××车间：

为了提高本公司生产效率，保障产品质量，经研究决定，现将××项目生产工艺变更事宜通知如下。

1. 研发部决定从20__年__月__日开始起，将××项目生产工艺变更为××工艺，此项工艺变更可以更好地提高生产效率，加快生产进度，同时可以增加××项目的整体收益。

2. 此通知从20__年__月__日起执行（附生产工艺变更通知单）。

特此通知！

××公司研发部（公章）

____年__月__日

附件：

生产工艺变更通知单

产品名称		产品规格		更改工序	
更改日期		实施日期		责任部门	
更改内容及说明	更改前		更改后		
更改理由					
成本变更情况	□ 不变		□ 上升		□ 下降
发送部门	签名： 日期：____年__月__日				

7.2　工艺技术管理方案

7.2.1　生产工艺管理方案

方案名称	生产工艺管理方案	编　　号	
		受控状态	

一、目的

为了规范公司生产工艺管理，防止因工艺管理不严、不善而出现质量问题，从而导致公司的正常生产经营活动及效益受到影响，特制定本方案。

二、适用范围

本方案适用于生产、技术、设备、质量管理等和工艺管理相关的部门。

三、组织及职责

本着“互相服务、互相监督”的原则，本公司的工艺管理按职能主要是由技术部负责，生产部、质量管理部负责协助。

（一）技术部职责

1. 开展工艺预测和工艺技术政策研究，制定并实施工艺发展规划。

2. 组织开展实施工艺技术革新，提出合理化建议，推广新技术、新工艺、新材料。

3. 生产试制成功后，组织编制新产品开发工艺文件，经质量管理部、生产部验收后，报技术部备案。

4. 积极响应生产部提出来的工艺改进要求，经生产验证成功后，按完善和改进后的工艺修改原有的相应工艺文件，并交生产部和质量管理部验收、技术部备案。

5. 为保证工艺文件的先进性、可操作性和完备性，技术部在编制工艺文件时，应要求生产部予以配合。

（二）生产部职责

1. 配合技术部共同进行产品工艺调查及审查。

2. 加强对生产过程中工艺装备的管理工作。

3. 根据生产技术条件，协助技术部制定原材料、辅料的消耗定额。

4. 审核并保管生产现场的工艺文件。

5. 根据生产过程中的问题和员工的合理化建议，积极提出工艺改进要求。

6. 积极配合技术部新产品的试生产及相应工艺文件的编制工作。

（三）质量管理部职责

1. 负责工艺文件中有关质检标准的检验。

（续）

2. 负责组织质量管理活动，为工艺文件的贯彻执行提供服务。

3. 积极配合技术部的产品开发与工艺改进等工作。

四、工艺文件的编制

1. 对所有工艺均应编制成文，形成工艺文件，为正常的生产活动提供可靠的依据和指导。

2. 工艺文件由技术部负责及时编制。技术部在编制工艺文件时，应征询生产部的意见，生产部必须积极配合。工艺文件须经生产副总、技术副总签字后方可生效。

3. 工艺文件应保持先进性，在编制时要认真总结、吸纳国内外先进的操作方法和一线人员在实践中积累的经验及合理化建议，严格贯彻“工艺规程典型化、工装标准化、通用化”的原则。

4. 工艺文件的编制必须按规范的标准进行，相关的工艺内容必须完整，以保证工艺文件的完备性。

5. 工艺文件应具备现实性，并将理论与实际相结合。在编制时要考虑到生产设备的性能、工人现有的技术水平以及提高的可能性，做到切实可行。

6. 先编制工艺文件的初稿，经审定、会签后才能形成正式文件。编制初稿时，可将初稿内容所涉及的资料来源、技术条件、技术标准、新工艺、新材料与初稿一并附送，供补述者会签参考。

五、工艺文件的移交、使用

1. 工艺文件移交、使用前必须全部经过生产实践的验证，未经验证和验证未成功的工艺文件一律不得移交，更不能使用。

2. 工艺文件的验证工作由技术部会同生产部、质量管理部、设备部共同进行（注：对于关键工序的验证，生产副总、技术副总也应参加）。

3. 经验证，该工艺文件确实能达到正确指导生产、稳定或提高产品质量的目标，经生产副总、技术副总确认生效后，将该工艺文件移交生产部。

六、工艺文件的使用

1. 贯彻工艺文件是加强计划管理，做好生产技术准备工作，建立健全正常生产秩序，以及完成各项技术经济指标的基础。

2. 工艺文件一经批准，便具有纪律性和严肃性，本公司员工应严格遵守，切实执行，未经许可，任何部门和个人不得擅自变更和修改。

3. 技术部对按规定编制的工艺文件的质量负责，对生产部在贯彻工艺文件时不能解决的工艺技术问题应积极、主动地解决。

4. 技术部应就新工艺文件及时对生产部相关人员进行培训，直到其能够全部掌握为止。

5. 对于新的技术改造项目的设备，技术部应协助设备部对生产线部的相关人员进行培训，详细讲解设备的性能、使用方法和注意事项。

6. 生产部副总对生产部工艺文件的总体贯彻执行负责，并应积极创造贯彻工艺文件的有利条件，如果发现工艺文件有问题、需修改时，应按工艺文件的修改程序办理。

（续）

7. 生产部班组长对本班组工艺文件的贯彻负有直接责任，班组长应直接指导生产工人按工艺文件操作并进行监督、检查。

8. 质检员负责工艺文件中有关质检要求的检验，对不合格的零件不予使用对产品不合格的不予销售。

9. 基层操作工必须掌握工艺文件内容，并按工艺文件进行操作，如果对工艺文件不了解，应主动向班组长提出培训需求。

七、工艺文件的修改

1. 为了加强工艺管理，严肃工艺纪律，切实做到工艺文件齐全、统一、完整，使其能正确地指导生产，所有工艺文件的修改均须按本规定执行。

2. 所有工艺文件的修改须经生产副总和技术副总签字后方可视为有效。

3. 工艺文件在执行过程中，任何人均可对工艺文件的执行提出合理化建议，合理化建议提出后，由技术部进行论证，论证通过后报生产副总、技术副总审核，审核通过后纳入工艺文件。在工艺文件未修改前，仍按原工艺文件执行。

4. 当工艺文件需要更改时，由技术部按规定发出“工艺文件更改通知单”，经技术部副总和生产部副总签批后送达各有关部门，各部门据此对存档的原有工艺文件进行修改。

5. 凡未按工艺文件修改程序及“工艺文件更改通知单”的内容修改工艺文件的，一律按违反工艺纪律论处。

八、违反工艺规程事故的登记

1. 对于因不遵守工艺规程而造成的各项差错事故，无论是否造成损失，一经发现，主管部门负责人应及时到现场检查分析，找出事故发生的原因并提出预防措施，以减少下道工序的损失，并在 12 小时内填写“工艺规程事故报告单”，送交技术部相关人员。

2. 对于影响上下车间质量的事故，应由技术管理人员、质量管理人员、车间主任及相关人员协商解决。

3. 应作为违反工艺规程事故处理的情形包括但不限于以下情况。

（1）不按工艺规程进行生产，擅自变更车间或科室者。

（2）技术管理人员抄错工艺单、开错通知单者。

（3）工艺未经审定而制定不合理，造成批量损失者。

（4）原料、配料成分配错者。

4. 上述各项事故由技术部及时向个人、车间、部门提出，应追究责任并采取措施，按情节轻重记事故一次。若本人及部门隐瞒，经其他部门提出时，应按情节轻重记违反工艺规程一次，并取消本人或部门当月资金。

编制人员		审核人员		审批人员	
编制时间		审核时间		审批时间	

7.2.2 工艺文件管理方案

方案名称	工艺文件管理方案	编　号	
		受控状态	

一、目的

为了规范公司对工艺文件的管理工作，确保工艺文件的适用性及有效性，根据公司相关规章制度，特制定本方案。

二、适用范围

工艺文件的管理包括工艺文件的登记、保管、复制、首发、归档、注销、利用、更改、保密等。这些相关事项均按照本方案办理。

三、工艺文件分类

工艺文件可分为指导性工艺文件、生产用工艺文件及新产品设计工艺文件。

1. 指导性工艺文件

指导性工艺文件是用来指导工艺人员编制各种文件的依据，包括工程和工序技术文件、原材料质量标准、成品质量标准。

2. 生产用工艺文件

生产用工艺文件是指导生产过程各工序互相关联的工艺文件，包括工艺卡、工序卡、工艺图、工艺守则、原材料消耗定额等。

3. 新产品设计工艺文件

（1）新产品设计工艺文件是用来指导试制新产品或试用新原材料所用的文件。

（2）新产品设计工艺文件中所规定的参数是未经实践证实的，需在生产中继续摸索，该文件在实施过程中，如发现问题，经有关人员商定可不经审批直接在现场修改，并做修改记录，实验成功后，再形成新的文件。

（3）新产品设计工艺文件在试验过程中有效，不能用于试制或批量生产，经试制鉴定后文件自然失效，批量生产时，应重新形成正式的工艺文件。

四、工艺文件的编制

1. 工艺文件由生产部技术管理人员负责编制。

2. 技术管理人员根据产品和市场需求制定工艺设计方案，经论证审批后最终确定设计方案。

3. 技术管理人员根据设计方案编制工艺文件，经专家委员会评审和公司总经理审批通过后方可正式颁布执行。

4. 对于不同类型、不同版本的工艺文件，应按照统一标识进行区分。

（续）

<table>
<tr><td colspan="6">

5. 对于临时性的工艺，必须明确标识，即标明产品、使用期限及其他限制。

五、工艺文件的实施

1. 工艺文件必须发放到使用场所或相应的工作岗位中。

2. 技术管理人员应就新工艺文件及时对生产部相关人员进行培训。

3. 对于经过技术改造、刚刚投入生产过程的设备，技术管理人员和设备管理人员同样须就其对相关人员进行培训，详细讲解设备的性能、使用方法和注意事项。

4. 生产部应积极创造贯彻实施工艺文件的有利条件，如发现工艺文件有问题需修改时，应按修改流程办理。

六、工艺文件的更改、归档、注销

1. 修改工艺文件必须经过相关部门的审批，其手续与工艺设计的审批手续相同。

2. 工艺文件原则上必须由原编制者修改，任何人不得擅自修改。属下列情况之一者，工艺文件需修改。

（1）工艺技术改进时。

（2）推广新工艺、新技术或更新设备工装时。

（3）贯彻新标准或技术标准更改时。

（4）发现设计错误时。

3. 在工艺文件执行过程中，任何个人均可对工艺文件的执行提出合理化建议，由技术管理人员进行论证，论证通过后报技术管理人员审核，纳入工艺文件。

4. 在工艺文件未修改前仍按原文执行。

5. 工艺文件更改时要做到同一文件和相关文件更改到位、相关岗位通知到位、设计实物处理到位。

6. 工艺文件必须整理齐全，并分类归纳，以便积累经验、查找和参考。

7. 过期失效或需处理的文件要经有关人员讨论同意后按有关规定处理。

8. 工艺文件的注销，必须经过相关领导的审批，其手续与工艺设计、更改的审批手续相同。

9. 工艺文件注销后将不再投入使用，必须从使用现场撤回。

</td></tr>
<tr><td>编制人员</td><td></td><td>审核人员</td><td></td><td>审批人员</td><td></td></tr>
<tr><td>编制时间</td><td></td><td>审核时间</td><td></td><td>审批时间</td><td></td></tr>
</table>

7.2.3 工艺装备管理方案

方案名称	工艺装备管理方案	编　号	
		受控状态	

一、目的

为了加强公司的工装管理，确保对工装的设计制造和使用等过程实施有效控制，且工装满足产品图纸、使用及技术要求，提高工装的使用效率，特制定本方案。

二、适用范围

本方案适用于公司产品销售的工装控制管理。

三、相关术语和定义

1. 工装，即工艺装备，是产品销售制造过程中所用的各种工具的总称，主要包括刀具、夹具、模具、量检具、辅具和磨具等。

2. 专用工装是指仅适用于某一特定产品的工装。

3. 通用工装是指可用于标准模块组合的工装。

四、管理职责

1. 设备部是公司工装的归口管理部门，负责所有工装模具的储存、保管和统一管理，并负责专用工装的订货与采购。

2. 采购部负责通用工装的订货与采购。

3. 技术部负责自制工装的设计工作，并参与外购工装供应商的生产制造能力评价工作。

4. 生产部各车间及使用单位负责自制工装的制造、使用、维修和维护保养，对工装的使用状况提出改进意见，并参与外购工装供应商的生产制造能力评价。

5. 质量管理部负责对自制工装及采购工装的质量进行鉴定，并参与外购工装供应商的生产制造能力评价。

五、工装制造与采购管理

1. 工装需求的提出

生产部各车间及公司下属分厂根据产品生产工艺的要求，在工艺规程中提出工装需求。

（1）可以自行设计制造的工装，按自制工装进行设计、制造。

（2）不能自行设计制造的工装，根据工装的专用性、通用性报设备部、采购部，由其安排采购工作。

2. 工装的制造与采购

（1）自制专用工装：生产部及下属分厂自行安排工装的设计、生产、鉴定等工作，工装制造完成后报设备部备案，并建立工装台账。

（2）外购专用工装：对需外购的专用工装，公司设备管理人员应与工装制造企业联系，确定其设

（续）

计及制造能力后报设备部，由设备部与工装制造企业签订“工装定制合同”。工装制造企业须按“工装定制合同”规定的交付进度进行设计、制造。

（3）设备管理人员按进度要求进行跟踪，并将实际完成进度记录于“工装进度跟踪单”中。

（4）通用工装：采购部负责通用工装的采购。

六、工装质量鉴定

1. 质量管理主管负责组织对工装的鉴定。

2. 工装鉴定必须依据其设计图进行尺寸检验，并填写“工装尺寸检验报告单”。对一些难以用常用测量手段检验的尺寸，用检验试生产加工产品销售的相应尺寸来代替，此产品的检验记录由质量管理部保存。

3. 工装必须经产品试制合格后方能正式生产。

4. 工装鉴定合格后应填写“工装合格证”，交质量管理部保存。

5. 鉴定不合格的工装，由质量鉴定人员在“工装尺寸检验报告单”上注明“不合格”字样，并按本方案“工装设计修改、返修、报废与复制管理”的规定执行。

6. 鉴定合格的工装移交使用单位，其设计文件交设备部归档。设备部应建立“工装登记表”，对关键性的工装还需建立“工装履历卡”；对投入使用的工装应标有清晰的标识，即标明工装的名称和编号。

七、工装使用管理

1. 工装使用单位应编制工装保管台账，做到账、物、卡相符；编制“易损工装更换计划书”，确保及时配备足够的安全库存量。

2. 设备部定期组织进行工装盘点，并及时填制“工艺装备盘点汇总报表”。

3. 工装使用单位在使用过程中，应按以下内容进行管理。

（1）除大型工装外，所有工装均应储存于本单位的工装/工具仓库内。

（2）使用工装时，操作者到仓库领用并办理手续，在使用前检查是否有碰伤、划伤、卡死、滞湿、生锈等现象；领用时，应随工装领取“工装合格证”。

（3）归还工装前，操作者应清理工装，填写使用记录，如工装在使用中损坏，应及时向工艺员和质量管理部汇报，并安排修理。

（4）接收归还的工装时，仓库保管员应注意“工装合格证”中的“工段生产使用记录”或“使用记录”栏，确认“累积数”是否已达到“允许作用周期、件数”的规定，必要时，还应对工装进行清洁、保养，然后再存放于专用货架上。

（5）在工装使用管理过程中，质量管理部应对工、夹、量具等进行周期校准和维修后的校准，并将结果记录于“工装合格证”的“定期检验记录”或“检定记录”栏。

4. 对于关键模具，必须在“工装履历卡”的相关项目中对其使用过程进行记录。

5. 设备部应对经常发生毁损的模具进行统计，分析其毁损原因，对于常用的、易磨损的模具进行备货，以满足生产需要。

（续）

<table>
<tr><td colspan="6">

八、工装设计修改、返修、报废与复制管理

1. 产品图纸或生产工艺更改后，工装使用单位应及时与此工装设计制造单位进行沟通，对相关的工装设计文件/资料（即工装图纸）进行修订。

2. 工装制造单位针对产品图纸更改做出工装的修改，进行工装返修作业。

3. 在使用过程中发现产品不合格，且经单位主管确认是由于工装原因造成的，或由于在使用、保存过程中发生工装零部件损伤，而影响工装使用精度的，由使用单位提出，由质量管理部开出“工装返修单”，并注明返修内容，然后由设备部以“工装定制合同”的形式安排工装返修。

4. 工装返修完成后，按工装鉴定要求进行工装鉴定。

5. 工装使用部门填写“工装报废单”，注明报废原因，经质量管理部、设备部核实后，进行报废，相关使用部门应做好报废记录。

6. 工装报废后，使用单位提出补充工装的复制申请，并附上“工装报废单”，经设备部审核、技术部副总审批，以“工装定制合同”的形式安排制造。

7. 因产品量增加、工装预备等原因而需要复制的工装，由使用单位提出申请，报设备部批准后，以“工装定制合同”的形式安排定制。

8. 为提高公司在工装设计、制造、检验和维修方面的能力，公司必须掌握工装设计、制造和尺寸检验等方面的必要技术资源。如上述工件中的任何一项被分包，相关部门必须对其进行跟踪，避免因分包的工装未能按规定时间交付而影响生产。

</td></tr>
<tr><td>编制人员</td><td></td><td>审核人员</td><td></td><td>审批人员</td><td></td></tr>
<tr><td>编制时间</td><td></td><td>审核时间</td><td></td><td>审批时间</td><td></td></tr>
</table>

7.2.4 工艺纪律检查考核方案

<table>
<tr><td rowspan="2">方案名称</td><td rowspan="2">工艺纪律检查考核方案</td><td>编　　号</td><td></td></tr>
<tr><td>受控状态</td><td></td></tr>
<tr><td colspan="4">

一、目的

为了完善公司的工艺管理，保证工艺纪律的严肃性，特制定本方案。

二、适用范围

本方案适用于公司所有与工艺相关部门的管理。

三、管理职责分工

1. 公司技术部负责工艺设计、工艺文件更改、质量控制点设立、工艺人员培训策划等工作。

2. 各分厂负责工艺实施、现场工艺文件管理、临时工艺文件编制，并根据“工艺更改通知单”对现场工艺文件进行更改。

</td></tr>
</table>

（续）

3. 质量管理部负责工艺纪律检查。

四、工艺纪律检查考核程序

1. 质量管理部指定专人对工艺纪律进行检查，每月检查两次（每月上旬和下旬各一次）。

2. 质量管理部负责收集工艺纪律检查结果及相关信息，整理后由责任单位领导签字确认，月底纳入团队绩效考核（每月26日前）。

3. 检查结束后，质量管理部在两个工作日内将检查结果发给责任单位。

4. 责任单位制订整改计划，经检查后，在三个工作日内将整改计划以书面形式报质量管理部。

5. 质量管理部将依日期整改后的工艺纪律进行检查，对不能按期完成整改工作的，按本公司“生产单位工艺纪律检查考核记录表”（详见下表）进行考核。

生产单位工艺纪律检查考核记录表

考核项目	考核内容	应扣分值	责任单位	得分
工艺文件、工艺要求的贯彻	工艺文件要求正确（或受控）、完整、统一，有对应的“工艺文件目录”			
	工艺文件资料接收、登记、整理、回收等应有记录			
	工艺文件的更改是否按程度要求进行；更改内容是否得到落实			
	现时生产作业指导书是否摆放在操作现场；操作工序内容是否符合工艺要求			
	现场操作过程与工艺文件是否相符；是否对不符部分及时分析并进行记录			
	各种工艺及质量控制表格（过程记录卡、质控点自检记录表、特殊工序监控表等）记录要按时填写，并确保清楚规范、齐全整洁			
	操作工熟悉加工对象的工序内容、产品尺寸、各部位的工艺要求和关键工艺参数，并正确应用			
	严格按照工艺要求使用原材料、辅料			
	对工艺文件、工艺表格与实际操作不符的情况是否及时分析并进行反馈处理			
	严格执行“三自”工作，合格品、返修品、废品要隔离摆放，并做有标识			
	试制产品试制结束后，工艺文件审批手续不全			
	操作工培训上岗，关键、特殊工程操作时是否持有有效操作证			
总分值				

（续）

6. 各分厂的工艺室在每月26日前向质量管理部上报本厂的下月工艺工作计划（包括工艺编制、工艺培训、工艺实施、工艺检查等），由质量管理部指定专人对照计划（在工艺纪律检查中）对各分厂进行检查，并依据“工艺室工艺纪律检查考核记录表”（详见下表）进行考核。

工艺室工艺纪律检查考核记录表

考核项目	考核内容	应扣分值	责任单位	得分
工艺室工艺工作质量	工艺室是否按要求制订每月工艺工作计划，并上报质量管理部			
	工艺室每月工艺工作完成情况			
	工艺室是否对工艺纪律检查所发现的问题及时制订合理的整改计划，并上报质量管理部			
	工艺纪律问题整改计划到期完成情况至少应达到90%以上			
	车间每月对操作工进行工艺纪律教育，并做好记录			
	工艺室每旬进行一次工艺纪律检查并做记录，每月26日前上报质量管理部			
	现场工夹具、工位器具及现场工艺秩序管理混乱			
	工艺室每月对质量控制点进行分析，拟定质量控制点分析报告，并于26日前上报技术中心产品开发部和质量管理部			
	工艺室领导协调工艺工作质量及工艺工作任务完成情况			
总分值				

7. 各分厂、试制车间将每月的工艺纪律检查（每旬一次）情况于检查后三个工作日内报质量管理部，对逾期不报的将依据公司“工艺室工艺纪律检查考核记录表”进行考核。

编制人员		审核人员		审批人员	
编制时间		审核时间		审批时间	

第8章
产品试制管理文书与方案

8.1 产品试制管理文书

8.1.1 样品评审邀请书

样品评审邀请书

尊敬的××评审机构：

您好！

我公司现已成功研制××产品，特于××××年××月××日在北京××会堂举办“××产品评审交流会”。鉴于贵机构在××产品领域做了大量研究工作，并积累了丰富的生产经验，特真诚邀请贵机构出席××产品的评审活动。

希望得到贵机构的支持，如蒙应允，不胜欣喜，谢谢！

××有限公司

____年__月__日

8.1.2 样品鉴定计划书

文书名称	样品鉴定计划书	编　号	
		受控状态	

一、鉴定内容

此次样品鉴定计划用于针对样品质量进行鉴定，并对所鉴定样品的质量负责。

二、鉴定原则

1. 鉴定是对新产品从技术上、经济上作全面的评价，以确定产品是否可进入下一阶段试制或正式投产，各鉴定人员要保证鉴定过程公平和公正。

2. 在完成样品试制和小批试制的全部工作后，鉴定人员应按项目管理级别申请对样品进行鉴定。

3. 鉴定分为样品试制后的样品鉴定和小批试制后的小批试制鉴定，不得对样品进行跨阶段鉴定。

（续）

三、鉴定要求

（一）总体要求

属于已投入正式生产的产品销售的系列，经过批准，样品试制和小批试制鉴定可以合并进行，但必须具备两种鉴定所应有的技术文件、资料和条件。

（二）按鉴定大纲备齐成套的图样及设计文件

1. 备齐鉴定应具备的图样及设计文件，供鉴定委员会使用。

2. 备齐生产应具备的图样及设计文件，作为产品定型后、正常投产时制造、验收和管理用的成套资料。

3. 备齐样品设计文件，随样品交给鉴定人员进行鉴定。

（三）鉴定结论

组织对样品进行技术鉴定后，鉴定人员需履行技术鉴定书签字手续，其技术鉴定的结论包括以下内容。

1. 样品鉴定结论内容

（1）明确样品试制结果、设计结构和图样的合理性、工艺性等，确定样品能否投入小批试制。

（2）标明样品应改进的事项，做好试制评价。

2. 小批试制鉴定结论

（1）根据样品的生产工艺、工装与产品测试设备、各种技术资料的完备与可靠程度，以及样品的资源供应、外购外协件定点定型情况等，确定产品能否投入批量生产。

（2）根据产品制造应改进的事项，做好样品生产工程评价。

四、样品成果评审与报批

1. 根据新产品（科研）成果鉴定级别，公司应按照国务院、国家科委有关科技成果与技术进步有关奖励条例和公司“关于技术改进与合理化建议管理办法”办理报审手续。

2. 为节省开支，公司的新产品（科研）成果评审会应尽量与新产品鉴定会合并进行。

3. 成果报审手续必须在评审鉴定后一个月办理完毕。

4. 成果奖励分配方案由产品研发小组共同商定后报产品研发主管签字，经总工程师批准后执行。

五、新产品证书办理

1. 新产品研究成功后，评审小组应组织评审。

2. 新产品的相关证书由总工程师办公室负责办理。

3. 产品研发小组负责提供办理证书的有关技术资料和文件。

4. 在新产品销售鉴定后一个月内，总工程师办公室负责办理新产品证书的报批手续。

编制人员		审核人员		审批人员	
编制时间		审核时间		审批时间	

8.1.3 型式试验报告书

型式试验报告书是用来确定产品能否可以投产的试制报告之一。下面是某电磁炉生产企业的“××电磁炉型式试验报告书”，仅供读者参考。

文书名称	××电磁炉型式试验报告书	编　号	
		受控状态	

一、实验目的

为了总结公司研发的新产品质量鉴定结果，确定新产品的技术是否满足技术规范的全部要求，及是否可以正式投入生产，特编制本报告书。

二、实验简介

试验产品名称：××电磁炉。

产品规格及型号：AB-5。

试验次数：××次。

接样品日期：××××年××月××日。

测试日期：××××年××月××日。

完成日期：××××年××月××日。

接样人员：王××。

试验人员：李××。

三、试验要求

对××电磁炉进行型式试验，企业应严格按照型式试验要求或规范及产品的技术规范书要求进行性能试验。

四、检验依据

对××电磁炉的样机进行型式试验时，企业应根据以下相关的国家标准及国际标准内容要求进行试验与检验测试，并依据标准选择试验方法，并对试验结果进行判定。

1.《家用和类似用途电器安全的通用要求》（GB 4706.1-1992）。

2.《家用和类似用途电器安全的通用要求》（GB 4706.1-2005）。

3.《家用和类似用途电器安全：电磁灶特殊要求》（GB 4706.29-1992）。

4.《电磁炉》（QB/T 1236-1991）。

5.《家电产品设计及结构的安全通则》（EN 60335-1-95）。

6.《电磁灶节能认证要求》（CSC/T 26-2004）。

7.《家用电器包装通则》（GB 1019）。

8.《电工电子产品基本环境试验规程（试验A：低温试验方法）》（GB 2423.1）。

9.《电工电子产品基本环境试验规程（试验B：高温试验方法）》（GB 2423.2）。

（续）

10.《电工电子产品基本环境试验规程（试验Ca：恒定湿热试验方法）》（GB 2423.3）。

11.《电工电子产品基本环境试验规程（试验Ec：倾跌试验方法）》（GB 2423.7）。

12.《逐批检查计数抽样程序及抽样表（适用于连续批的检验）》（GB 2828）。

13.《周期检查计数抽样程序及抽样表（适用于生产过程稳定性的检查）》（GB 2829）。

14.《家用电器噪声功率级的测定》（GB 4212）。

15.《家用和类似用途自动控制器第1部分通用要求》（GB/T 14536.1－1998）。

16.《电磁兼容试验和测量技术（静电放电抗扰度试验）》（GB/T 17626.2－1998）。

17.《电磁兼容试验和测量技术（射频电磁场辐射抗扰度试验）》（GB/T 17626.2－1998）。

18.《电磁兼容试验和测量技术（电快速瞬变脉冲群抗扰度试验）》（GB/T 17626.2－1998）。

19.《电磁兼容试验和测量技术〔浪涌（冲击）抗扰度试验〕》（GB/T 17626.2－1998）。

20.《电磁兼容试验和测量技术（脉冲磁场抗扰度试验）》（GB/T1 7626.2－1998）。

21.《电磁兼容试验和测量技术（电压暂降、短时中断和电压变化抗扰度试验）》（GB/T 17626.2－1998）。

22.《信息技术的无线电限值和测量方法》（GB/T 9254－1998）。

五、试验项目及试验结果

试验项目及试验结果详见下表。

试验项目及试验结果记录表

序号	检测项目	检测技术标准要求	结果描述	备注
1	安全性能	测试分别在动态、静态、高温和冷冻情况下进行，即测试绝缘性、耐压、泄漏及接地电阻等是否正常	符合要求	合格
2	显示检查	（1）接通电源后检查全部设定功能按键所显示的内容必须符合技术检测要求 （2）风机转××分钟后如未选择功能机器将自动进入待机状况，风机继续转××分钟后停止 （3）当选择功能键时，有锅具时进入工作状态，无锅具时，电磁炉显示屏出现“E1”报警 （4）各功能键的功能检查结果正常，无失效或内容不符现象发生	符合要求	合格
3	锅具检测	分别在100V～260V各工作电压下，用标准锅具反复测试电磁炉各个挡位的工作状态，将标准锅具放在电磁炉上，则机器进入工作状态，移出显示器则显示“E1”	符合要求	合格

（续）

（续表）

序号	检测项目	检测技术标准要求	结果描述	备注
4	物质检测	（1）在各电压及各个工作挡位下将厚度大于120mm的铁片放置在炉面上，电磁炉应能正常工作 （2）在各电压及各个部门工作挡位下将厚度小于80mm的铁片放置炉面上，电磁炉不能启动并显示“E1”字样	符合要求	合格
5	最大功率检测	（1）实际测量最大输入功率应小于10%标准额定功率值 （2）实际测量最小输出功率应大于90%标准额定功率值	符合要求	合格
6	定时功能	用火锅最大挡对锅具进行加热，按定时键设定要求的最长时间，实测的预约时间应在设定时间的±20分钟内，且在工作过程中无任何异常现象	符合要求	合格
7	热效率	在标准条件下测量的热效率值应大于等于90%	符合要求	合格
8	自动关机	（1）当无锅具或锅具材料不正确时，应在1分钟内自动关机 （2）如在使用过程中，在不触摸任何控制键的情况下，电磁炉应在1小时内自动关机	符合要求	合格
9	正常温度	在标准条件下电气组件的正常工作温度要求值应为电容器（T－35℃）、IGBT＜90℃；发热盘＜150℃、电感线圈＜70℃、微晶面板底面＜200℃、电源变压器＜70℃、互感器＜70℃	符合要求	合格
10	异常温度	分别在180V、220V、250V的电压下，在火锅键最高挡位下进行各标准配锅的加热工作，直至温度保护显示“E2”，加热后各电气组件工作异常温度要求值应为：电容器（T－50℃）、IGBT（单/双）：120±5℃/110±5℃、发热盘＜180℃、互感器＜90℃、微晶面板底面＜200℃、电源变压器＜90℃、电感线圈＜90℃	符合要求	合格
11	移锅实验	将标准锅内盛入80%的水，接通电源并调整火力温度键至温度最高挡位或最大功率挡，将锅放置高于炉面4cm的地方进行加热，连续工作12小时无任何异常现象	符合要求	合格
12	功率转换	在器具正常工作状态下，以连续每分钟4次的速度进行各种升降方式的调节功率转换键，应无异常现象	符合要求	合格

（续）

（续表）

序号	检测项目	检测技术标准要求	结果描述	备注
13	高温运行	在标准锅内加入其容积 70% 的水，将 IGBT 保护传感器拆除，接通电源，调整在最大输出功率电压下工作，并调节直流稳压电源的输出电压，使散热片上的温度保持在 100℃ ~ 110℃ 之间，总试验时间为 3 小时以上，须保持锅内的水温在 95℃ 以上，当锅内水量少于其容积的 50% 时，应补充沸水至其容积的 70% 以上；试验过程中电磁炉应能正常工作；试验期间，在电源两端加 15uF 的电容性负载冲击，电磁炉能有效识别并进行保护，不能有烧机现象	符合要求	合格
14	连续工作	在标准锅内注入容积为 1L 的植物油，用煎炒功能的最大挡加热至油温达到 200℃ 后，不断调节温度使油温保持在 200℃ ± 20℃，连续工作 3 小时，工作过程中无任何异常现象	符合要求	合格
15	乱码检测	电磁炉在任意正常工作状态下同时按两个或多个按键时，无任何异常现象出现	符合要求	合格
16	电路故障	（1）将线圈盘的一端开路，启动电磁炉应显示“E0”，蜂鸣器报警 （2）将传感器开路或短路，启动电磁炉工作应显示“E5”或“E6”，蜂鸣器报警 （3）将风机开路，启动电磁炉工作 1 分钟后显示器应显示“E2”，蜂鸣器报警	符合要求	合格
17	煲汤功能	分别在各个电压下，以 1 杯绿豆 10 杯水进行试验，在最长煲汤时间内水分散失不大于 30%，煲汤过程中，无汤水明显溢出现象，无任何异常现象，程序结束后效果完好，汤汁鲜美	符合要求	合格
18	煮粥功能	分别在各个电压下以 1 杯米 10 杯水进行试验，通过目测和品尝粥无夹生及严重溢出现象，过程中无任何异常现象，程序结束后效果完好	符合要求	合格
19	煮饭功能	分别在各个电压下，用最大、中等和最小的米量，加入相应刻度水进行测试，结果无夹生、明显烧焦、严重溢出等现象，米饭口感良好	符合要求	合格

（续）

（续表）

序号	检测项目	检测技术标准要求	结果描述	备注
20	煎炸功能	分别在各个电压下，使用炒锅煮油或干烧，烤盘、电磁炉应能正常工作，且过程中无异常现象	符合要求	合格
21	炒菜功能	分别在各个电压下对炒菜功能进行测试，电磁炉在使用过程中无异常现象发生	符合要求	合格
22	噪声检测	在标准条件下，电磁炉的工作噪声标称范围测量值应为：A 计噪声功率级噪声值应≤50dBA	符合要求	合格
23	湿热测试	将电磁炉置于 40±5℃，相对湿度为 90%～95% 的湿热试验箱内，电磁炉在断开电源情况下先在湿热箱内存放 24 小时，然后取出电磁炉在室温下放置 12 小时，测试各项电气安全性能的符合性；测试结束后电磁炉应能正常工作；电磁炉外壳无变形，陶瓷面板无脱胶现象，各按键操作灵活	符合要求	合格
24	防潮测试	将整机可拆部件与主体一起放置在预先配置好的潮湿箱内（相对湿度控制在 93±2%，温度控制在 20±5℃），经过 48 小时后取出重新组装并进行电气强度和泄漏电流测试，测试结果符合电气安全标准要求	符合要求	合格
25	防水测试	将标准锅具放置于电磁炉加热中心，用 1% 的 NaCl 水溶液注满，然后在 1 分钟内将预先量好的约为标准锅容积 15% 或 0.25kg 的水均匀注入锅内，以引起溢出，1 分钟后将水擦干，然后进行电气强度和泄漏电流测试，且拆机检查不应因水进入机内使爬电距离和电气间隙值减小到规定值	符合要求	合格
26	老化测试	在标准条件下，在标准锅加 70% 的水以最大挡位进行老化 2 000 小时，试验结束后无任何异常现象及安全故障	符合要求	合格

六、待改进项目

此次试验共发现××电磁炉存在以下待改进项目，可能会对顾客满意度造成影响，故在解决之前不能投入生产。

1. 煎炸挡油温偏高。

2. 部分锅具升温过高。

（续）

<table>
<tr><td colspan="6">3. 蜂鸣器声音太小。
七、检验结果判定
1. 依据上述型式试验与测试项目的最终检测结果，对此样机本次型式试验的最终结果判定为基本合格。
2. 需改进以上二个待改进项目，并重新进行评估，经确认合格后方可投入生产。</td></tr>
<tr><td>编制人员</td><td></td><td>审核人员</td><td></td><td>审批人员</td><td></td></tr>
<tr><td>编制时间</td><td></td><td>审核时间</td><td></td><td>审批时间</td><td></td></tr>
</table>

8.1.4 产品内部测试报告

产品内部测试报告是企业或开发单位内部对产品进行测试后出具的报告。下面是某市××局登记注册服务系统（在开发完成后）的产品内部测试报告，仅供读者参考。

<table>
<tr><td rowspan="2">文书名称</td><td rowspan="2">产品内部测试报告</td><td>编　　号</td><td></td></tr>
<tr><td>受控状态</td><td></td></tr>
<tr><td colspan="4">一、产品简介
1. 产品名称：××市××局登记注册服务系统。
2. 产品用户：××市行政管理局。
3. 产品测试使用的参考资料主要包括以下内容。
（1）服务系统需求规格说明书。
（2）服务系统设计说明书。
（3）系统测试文档。
二、任务概述
（一）测试标准
根据需求和测试文档，××市××信息技术有限公司对××市行政管理局所使用的技术系统进行了充分测试，包括系统的功能测试、界面测试、可靠性测试、易用性测试、可维护性测试、性能及压力告示测试等内容。具体测试标准为测试系统已实现的模块是否达到设计的要求，是否实现了可靠性。该测试包括以下五项内容。
1. 系统各个功能是否已经达到设计的要求，业务流程是否正确。
2. 系统的各用户界面是否直观、一致、灵活。
3. 系统内各子项目数据是否正确保存。
4. 系统是否安全稳定。</td></tr>
</table>

（续）

5. 系统内漏洞数和缺陷率是否控制在可接受的范围内。

（二）系统功能介绍

××市××局登记注册服务系统使用××作为 Web 服务器，各子系统的主要功能详见下表。

××市××局登记注册服务系统各子系统功能说明表

序号	子系统名称	功能简介
1	网上登记注册前台系统	面向企业用户及代理机构完成各类企业类型的网上登记业务
2	网上登记注册后台系统	面向××局工作人员的后台登记审批管理
3	银行外网系统	面向银行机构的企业入资等
4	银行退资内网系统	面向××局人员的退资服务

三、验收环境和资源

（一）病毒检测

公司对××市××局登记注册服务系统采用 360 杀毒软件进行病毒检查，未发现病毒。

（二）软件环境

××市××局登记注册服务系统软件情况详见下表。

××市××局登记注册服务系统软件情况说明表

序号	终端类别	操作系统	数据库	Web 服务器	交换中间产品
1	服务器端	Linux	Oracle10g	WebLogic 815	AdobeFormServer
2	前置机 1	Linux	Oracle10g		
3	前置机 2	Win7		Weblogic 815	Adobe
4	客户端	WinXp			

（三）硬件环境

××市××局登记注册服务系统硬件要求情况详见下表。

××市××局登记注册服务系统硬件要求说明表

序号	终端类别	机器名	配置说明			
			CPU	主频	内存	数量
1	服务器	Dell 5600	双核	3.0GHz	4G	2
2	前置机 1	IBM X456				
3	前置机 2	Dell 5600	双核	3.0GHz	4G	2
4	普通 PC 机					

（续）

（四）网络环境

××市××局登记注册服务系统的网络环境要求，内网带宽达 100M 以上，外网带宽出口应连接 50M 以上的互联网。

四、验收测试内容

（一）功能和界面测试

功能测试根据测试用例进行了五轮测试，满足了测试覆盖率百分之百的要求，测试结论参照以下类型进行报告。

1. 企业类型测试分类报告。
2. ××局—测试报告—名称登记。
3. ××局—测试报告—设立登记。
4. ××局—测试报告—变更。
5. ××局—测试报告—增补执照。
6. ××局—测试报告—注销。
7. ××局—测试报告—股权质押。

（二）可靠性测试

××市××局登记注册服务系统可靠性测试记录详见下表。

××市××局登记注册服务系统可靠性测试记录表

序号	测试项目	测试说明	测试结论
1	成熟性	系统使用的容量达到规定的极限时，系统不崩溃也不丢失数据	通过
		当系统程序或用户造成输入错误时，系统不崩溃也不丢失数据	通过
		用户输入文档中明确规定非法指令时，系统不崩溃也不丢失数据	通过
2	容错性	系统对用户的错误操作应能够正确提示，不会因用户的错误操作而导致系统运行的中断、死机等现象的发生	通过
		对用户的关键性操作、不可恢复的操作或可能引起的灾难性后果的操作有明确提示，并请求用户确认	通过
3	数据校验	对不符合系统运行要求的输入数据应使用中文给出简洁、准确的提示信息	通过
		系统数据的完整性和一致性不会因删除及反复的更新而被破坏或留下垃圾数据	通过
4	安全性	系统有安全缺陷屏蔽及补救功能	通过
		用户权限管理测试	通过

（续）

（三）易用性测试

××市××局登记注册服务系统的易用性测试记录详见下表。

××市××局登记注册服务系统易用性测试记录表

序号	测试项目	测试说明	测试结论
1	易理解度	程序的问题，用户可根据消息和结果通过适当的术语、图形、背景信息，正确理解系统的各项功能	通过
		出错消息中提供差错产生的原因和纠正详细信息	通过
2	易浏览性	数据媒体具有产品标识，可辨别编号和文本	通过
		具有必要的信息，指导用户使用程序	通过
		输入、输出设计应遵循一定的原则，输出结果应简洁、直观，方便阅读，且易懂和易使用	通过
		界面简洁、美观、实用，风格相对一致，符合办公习惯	通过
		输出用语与业务用语一致	通过
		系统操作简单，易学易用	通过
		提供辅助输入手段，数据检索方便	通过

（四）可维护性测试

××市××局登记注册服务系统的可维护性测试记录详见下表。

××市××局登记注册服务系统可维护性测试记录表

序号	测试项目	测试说明	测试结论
1	易分析性	系统可以正确判断缺陷或运行失效原因	通过
		对于软件运行错误，系统应当提示清晰，为用户和系统管理员自行解决问题提供可能	通过
2	稳定性	系统测试过程中，该系统运行稳定	通过

（五）性能及压力测试

××市××局登记注册服务系统的性能及压力测试结论对照以下文件进行报告。

（续）

(1) ××网登系统压力测试用例。 (2) 网登系统压力测试报告。 **五、测试结论** 经以上测试，××系统符合公司标准和用户标准，能够上线使用。					
编制人员		**审核人员**		**审批人员**	
编制时间		**审核时间**		**审批时间**	

8.1.5　样品使用测试报告

样品使用测试报告是企业或客户进行样品使用测试后，针对样品使用过程的事项及问题出具的测试报告。下面是某企业的手机样品使用测试报告，仅供读者参考。

文书名称	**××手机样品使用测试报告**	**编　　号**	
		受控状态	

一、测试目的

为检测××手机的使用功能，确定其功能符合目标适用人群，特开展此次使用测试。

二、测试时间

____年__月__日至____年__月__日。

三、测试人

测试参与人员包括项目管理人、手机研发人员和××名手机用户，共计××人。

四、测试方法

1. 采用测量、称重、观察等方法测试手机外形是否符合设计要求。

2. 采用实际操作等方式测试手机蓝牙传输等功能。

五、测试工具

此次测试主要使用刻度尺、天平等作为基础测量工具。

六、测试结果

（一）外形测试

××手机的外形测试结论详见下表。

外形测试结论说明表

序号	测试项目	测试说明	测试结论
1	外形及尺寸	测量手机外形尺寸是否达到86mm×35mm×15mm	通过

（续）

（续表）

序号	测试项目	测试说明	测试结论
2	重量	称量手机总重量约为115g	通过
3	外表	手机本身无任何划痕	通过
4	数据接口	数据接口无损坏，可使用	通过

（二）信息功能

××手机的信息功能测试结论详见下表。

信息功能测试结论说明表

序号	测试项目	测试说明	测试结论
1	收发信息	是否可以正常收发信息	是
2	彩信功能	是否可以正常收发彩信	是
3	信息容量	信息容量在200条	是
4	短信群发	是否能够正常群发信息	是
5	小区广播	是否可以接收小区广播	是
6	电子信箱	电子信箱是否可以正常使用	是

（三）上网功能

××手机的上网功能测试结论详见下表。

上网功能测试结论说明表

序号	测试项目	测试说明	测试结论
1	快捷上网	是否可以通过快捷键直接上网	是
2	网络书签	是否可以有效保存并使用	是
3	在线下载	是否可以在线下载	是
4	复制使用	复制粘贴功能是否可以正常使用	是

（四）娱乐功能

××手机的娱乐功能测试结论详见下表。

（续）

娱乐功能测试结论说明表

序号	测试项目	测试说明	测试结论
1	电子书	是否可以直接下载电子书并正常查看	是
2	照相功能	前置摄像头像素达到 500 万，后置摄像头达到 800 万，并能正常拍照、存储及查看	是
3	音乐播放器	可以正常下载、上传、删除音乐，并支持 MP3、WAV 等格式	是
4	视频播放器	可以正常播放 AVI、MP4 等格式并播放流畅	是
5	游戏功能	可以正常下载或支持安卓 2.4 系统以上的游戏	是

（五）其他测试

××手机的其他测试结论详见下表。

其他测试结论说明表

序号	测试项目	测试说明	测试结论
1	LED	手机屏幕色彩清晰、均匀	通过
2	手机音质	来电时，提示音清晰；免提时，话筒清楚	通过
3	振动功能	手机振动均匀	通过
4	SIM 卡槽	连续安装并取出 SIM 卡 15 次，手机能正常开机	通过
5	按键功能	手机各按键反应灵敏，快速连续按时手机均能正常反应	通过
6	充电	开机或关机情况下手机均能正常充电	通过
7	耳机	能够正常监测到耳机，并可通过耳机上的按键接听或挂断通话，通话音质清晰	通过
8	蓝牙功能	手机能够正常在××米范围内使用蓝牙传输文件	通过
9	录音功能	支持通话录音，生成能够播放的语音文件	通过
10	电池使用	在待机情况下手机可使用 250 分钟，通话状态下可使用 120 分钟	通过

七、测试结论与建议

1. 测试结论

××手机是一款设计轻巧、使用方便的智能型手机，具有强大的工具软件，比较适合年轻人使用。

（续）

<table>
<tr><td colspan="6">其缺点是手机内存不够大，软件安装数量有限。
2. 测试建议
建议增加手机内存，并加强蓝牙文件传输功能，若改善以上两项，并将价格定位在 1 000 ~ 1 500 元，相信会受到广大年轻群体的青睐。</td></tr>
<tr><td>编制人员</td><td></td><td>审核人员</td><td></td><td>审批人员</td><td></td></tr>
<tr><td>编制时间</td><td></td><td>审核时间</td><td></td><td>审批时间</td><td></td></tr>
</table>

8.2 产品试制管理方案

8.2.1 样件试制管理方案

<table>
<tr><td rowspan="2">方案名称</td><td rowspan="2">样件试制管理方案</td><td>编　　号</td><td></td></tr>
<tr><td>受控状态</td><td></td></tr>
<tr><td colspan="4">一、目的
为确保样件试制工作按计划进行，提高样件开发效率，降低开发成本，特制定本方案。
二、适用范围
本方案适用于样件开发及产品改进工作中涉及的工作内容。
三、相关职责
1. 各项目设计小组负责提出样件试制采购清单及试制零部件图纸等技术文件。
2. 样件试制部门负责自制、外购物资的领取，试制产品零部件的称重、拍照以及信息的收集、记录等工作。
3. 试制工程负责产品销售的具体试制工作。
4. 质量部负责试制样件的质量检查。
四、工作程序
（一）样件试制开发
1. 产品研发主管下发“样件试制项目任务单”（详见下表）。该任务单要注明产品型号、结构区别号、配置件型号及进度要求等。</td></tr>
</table>

（续）

样件试制项目任务单

项目责任人：

<table>
<tr><td>产品型号</td><td colspan="2"></td><td>发动机型号</td><td></td></tr>
<tr><td>结构区别号</td><td colspan="2"></td><td>变速箱型号</td><td></td></tr>
<tr><td>传动轴型号</td><td colspan="2"></td><td>前桥型号</td><td></td></tr>
<tr><td>制动形式</td><td colspan="2"></td><td>驻车制动</td><td></td></tr>
<tr><td>VIN 码</td><td colspan="4"></td></tr>
<tr><td rowspan="2">进度要求</td><td colspan="2">开始时间</td><td colspan="2"></td></tr>
<tr><td colspan="2">完成时间</td><td colspan="2"></td></tr>
<tr><td rowspan="3">制度说明</td><td colspan="2">1. 为什么要试制该车型：是开发计划还是厂家需求</td><td colspan="2"></td></tr>
<tr><td colspan="2">2. 试制的起始状态</td><td colspan="2"></td></tr>
<tr><td colspan="2">3. 试制完毕后的去向：是做试验还是入库</td><td colspan="2"></td></tr>
<tr><td rowspan="2">变动说明</td><td colspan="2">1. 是在什么车型的基础上做变型、变动设计</td><td colspan="2"></td></tr>
<tr><td colspan="2">2. 变动了哪些分组</td><td colspan="2"></td></tr>
</table>

审批：　　　　　　　会签：　　　　　　编制：　　　　　　　　　　　____年__月__日

2. 项目负责人收集各产品销售分组的“样件试制配置明细表”（详见下表），由部门领导签署批准后，交样件试制部门的材料员。

样件试制配置明细表

产品型号：

序号	产品图号	产品名称	数量	日期	备注

批准：　　　　　　　　　　　　领料人：　　　　　　　　　　　____年__月__日

3. 样件试制部门应按规定时间将试制样件领回，放置在规定的地点，同时做好装配前的准备工作。不能按规定的时间将试制件领回的，应及时通知项目负责人等相关人员。

4. 试制需采购配套件、专用件和外协件等时，必须填写“试制零部件采购通知单”（详见下表），并注明产品型号、结构区别号和数量。该通知单一式两份，一份发采购部，一份发产品试制部门。试制部门按“试制零部件采购通知单”收料及登记台账。

（续）

试制零部件采购通知单

产品型号：　　　　　　　　　　　　　　　　　　　　　结构区别号：

序号	产品图号	产品名称	数量	设计人	配套厂	到货日期	备注

编制：　　　　　　　　　　批准：　　　　　　　　　　____年__月__日

5. 试制过程中需要增补件，或因更换、更改等需要再次领料的，在发放的“样件试制配置明细表”中，对更换、更改等是二次、三次领料的，需要在备注栏内注明。材料员按二次、三次领料登记台账，以切实反映试制成本。

6. 凡属于试验用零件、样件开发用零件、产品整改等需要领用的零件，需在“样件试制配置明细表”备注栏内注明××样件试用，送××样件，××产品整改及零部件的数量等，以便分类登记台账，列入技术开发费用。

7. 试制过程中每天应填写“样件试制日反馈表”（详见下表），并在内部工作网上发布当天的样件试制信息。

样件试制日反馈表

序号	产品型号	结构区别号	试制情况反馈	备注说明

反馈人：

注：试制情况反馈不能用文字表述清楚时可以附电子照片。

（二）试制成本核算

1. 样件试制部门应建立“单台样件试制台账”

单台样件试制台账

产品型号：　　　　　　　　结构区别号：　　　　　　　　试制类型：

序号	产品名称	产品图号	单位	数量			金额（合计）	备注	领用日期
				1	2	3			

审核：　　　　　　　　　　编制：　　　　　　　　　　日期：____年__月__日

（续）

<table>
<tr><td colspan="6">2. 核算员根据单台台账计算单台成本（按本年度产品价格填写样件单价）。
（1）按价格手册填入样件单价。
（2）样件暂时未定价格时，待价格确定后再填入。
（3）第二次领料金额另列。
五、试制总结
1. 试制结束后，产品设计人员应收集样件的各种报告及相关资料，对其结果进行分析，根据需要采取相应的跟踪和改进措施，并填写“设计开发信息联络单”上传给相关部门执行，以确保设计开发的样件满足顾客预期的使用要求。
2. 通过设计开发确认后，样件设计项目负责人将所有的设计开发输出文件进行整理，送交档案管理室归档。</td></tr>
<tr><td>编制人员</td><td></td><td>审核人员</td><td></td><td>审批人员</td><td></td></tr>
<tr><td>编制时间</td><td></td><td>审核时间</td><td></td><td>审批时间</td><td></td></tr>
</table>

8.2.2 样件质量管制方案

<table>
<tr><td rowspan="2">方案名称</td><td rowspan="2">样件质量管制方案</td><td>编　号</td><td></td></tr>
<tr><td>受控状态</td><td></td></tr>
<tr><td colspan="4">一、目的
为加强样件质量管制，有效控制样件在制造加工过程中的质量，特制定本方案。
二、适用范围
公司内样件制造过程中的质量管制，除另有规定外，需依本方案执行。
三、权责单位
（一）企业最高管理者
企业最高管理者负责核准本方案。
（二）质量管理部
质量管理部负责本方案的制定、修改、补充和废止，并监督本方案的执行。
四、管制责任
（一）质量管理部
质量管理部对样件制造质量负有以下管理责任。
1. 样件质量管制人员，依规定的检验频率与时机对每一工作站进行逐一查核、指导、纠正作业运作，即实施制程巡检。</td></tr>
</table>

（续）

2. 记录、分析巡查中发现的不合格品，采取必要的纠正及防范措施。

3. 及时发现明显的或潜在的质量异常，并追踪处理结果。

（二）技术部

技术部对样件制程质量负有以下管理责任。

1. 制定合理的工艺流程、作业标准书。

2. 提供完整的技术资料、文件。

3. 维护、保养设备与工装，确保其正常运行。

4. 不定期对作业标准执行情况与设备使用情况进行核查。

5. 会同质量管理部处理质量异常问题。

（三）生产部

生产部对样件制程质量负有以下管理责任。

1. 生产作业人员应随时自我查对，以检查自身工作是否符合作业规定与质量标准，即开展自检工作。

2. 下一道工序人员有责任对上一道工序人员的作业质量进行查核、监督，即开展互检工作。

3. 本企业装配车间应设立全检站，由专职质检人员按规定的检验规范和标准实施全检，确保样件的重要质量项目符合标准，并做好不良记录。

4. 生产部各级管理人员应随时检查、稽核生产作业的质量状况，及时或协助相关部门排除异常。

五、现场质量管制人员工作程序

样件质量管制人员的工作程序规定如下。

（一）了解次日生产计划

样件质量管理人员应于下班前了解次日所负责的生产计划状况，提交相关资料。

（二）了解样件生产的产品

公司在投入生产样件时，样件质量管制人员应事先对样件进行了解，并查找以下资料。

1. 制造命令。

2. 样件用料明细表。

3. 检验用技术图纸。

4. 检验规范、检验标准。

5. 工艺流程、作业标准。

6. 其他相关资料文件。

（三）生产前协助制造人员

样件在正式生产前，样件质量管制人员应协助制造人员做以下工作。

1. 工艺流程查核。

2. 使用物料、工装夹具查核。

（续）

3. 使用讲师仪器点检。

4. 作业人员质量标准指导。

5. 样件检查。

（四）制造过程中巡检

样件质量管制人员应定时对样件的生产进行巡检。

1. 定时巡检时间规定：8：00，10：00，13：00，15：00，18：00（加班时）。

2. 依据一定的批量（定量）进行检验。

（五）不良原因分析及纠正

样件质量管制人员巡检发现不良时，应及时分析不良原因，并对作业人员的不合理操作予以纠正。

（六）不良原因处理

针对全检站的不良现象，样件质量管制人员应及时协同技术部、设计部及生产人员进行处理，分析原因并拟出对策。

（七）上报重大质量异常

对于重大的质量异常，样件质量管制人员不能处理时，应开具“质量异常通知单”，经其主管审核后通知相关部门。

（八）做好巡检工作

样件质量管理人员应及时将巡检状况记录于“样件生产过程记录表”中，并于每日进行上交。

六、样件制程不良把握

（一）区分不良情况

1. 作业不良

作业不良分作业失误、作业管理不当、设备问题及其他作业原因而导致的不良。

2. 物料不良

物料不良可能是因采购物料中有不良物料混入，或上一道工序的加工中有不良物料混入及其他不明显的不良因素造成。

3. 样件设计不良

因设计不良导致作业中出现的不良现象。

（二）不良计算方式

1. 样件不良率

$$样件不良率=\frac{样件不良数}{样件总数}\times 100\%$$

2. 物料不良率

$$物料不良率=\frac{物料不良数}{物料投入总数}\times 100\%$$

（续）

（三）样件不良处理 1. 样件制程不良时，应填写“样件制程质量异常处理表”，记录质量异常的处理情况并上报。 2. 样件制造异常时，应填写“制造异常反馈表”，并按此表中相关部门的批示意见进行处理。					
编制人员		审核人员		审批人员	
编制时间		审核时间		审批时间	

8.2.3 批量试制管理方案

批量试制管理方案

一、目的

为使产品的试制过程处于受控状态，确保产品试制工作按计划进行，提高产品的开发效率，特制定本方案。

二、适用范围

本方案适用于小批量试制产品，不适用于正式生产的产品。

三、管理职责

1. 设计部负责产品的设计工作。

2. 生产部负责产品的生产准备，以及实施、提供新产品销售试制所需的生产设备。

3. 试制车间负责产品试制和产品试验，并对试制产品的质量问题进行汇总和反馈，同时负责新产品的小批量生产工作。

四、试制要求

1. 试制车间因批量制造过程的特殊性，应做好生产记录并妥善保管。

2. 任何部门和个人不得将试制产品当作产成品直接销售。

五、试制产品的处理

1. 生产部应留取一定数量的样品，定期进行各质量项目的检查，以确定或改进工艺规程。

2. 试制车间对留样剩余的试制产品，应根据品种、数量的具体情况进行回收加工或销毁。

六、注意事项

任何相关工作人员不得将试制产品私自送人，一经发现，公司将根据情节轻重对责任人员予以严肃处理。

8.2.4 产品投产管理方案

方案名称	产品投产管理方案	编　　号	
		受控状态	

一、目的

为规范新产品投产秩序，提高投产效率，建立新产品投产管理制度，保证产品生产质量，使新产品投产的各项准备工作有序进行，特制定本方案。

二、适用范围

本方案适用于公司所有新产品投产前批量试生产、产品包装的设计与制作、技术文件的交接、准备工作，以及产品的正式投产管理工作。

三、管理职责

1. 研发部负责对新产品进行研发并提出产品设计方案。

2. 技术部负责编写产品技术及工艺方案，经公司副总审批通过后开始执行。

3. 采购部负责新产品生产所需物料的采购工作。

4. 生产部负责新产品的生产准备，以及实施、提供新产品生产所需的设备。

5. 品质部负责对产品质量进行监管。

6. 销售部负责根据销售订单提交生产任务。

四、产品投产前准备及各部门工作

（　）投产前准备

1. 新产品在取得生产批文、质量标准后，参照报批处方进行投产前的批量试生产，三个月后验证，再进一步确认处方稳定性，时间定为六个月。

2. 新产品在正式投产前，可使用产品暂行工艺规程，待处方工艺有关参数完全稳定后，再由技术部制定产品的正式工艺规程及岗位操作法。

3. 新产品投产后的材料消耗定额，由生产部根据制定的生产具体情况和产品工艺规程，经公司副总经理审核批准后方可正式使用。

4. 对于已经确认的新产品工艺规程、岗位操作、消耗定额，所有生产人员必须严格执行，任何人不得随意更改，如违反此规定，所造成的一切后果应由当事人负责。

5. 所有材料到厂后，生产部要及时安排新产品的生产，并将工作流程转交生产车间和品质部，以便提前做好准备工作。

（二）各部门工作

1. 在产品投产前，研发部应做好以下工作。

（1）研发部需在产品正式投产前核算原料、辅料及包装材料成本，并上报生产部。

（续）

（2）研发部在新产品包装规格、包装材质及质量、说明书、标签等以及生产工艺确定后，将新产品包装清单、新产品用料单报生产部一份；将包装规格、包装材料、说明书、标签、生产材料质量标准报采购部一份；将成品质量标准、生产材料质量标准、包装材料质量标准及包装材料清单报品质部一份；将暂行工艺规程、半成品质量标准等报相应的生产部一份。

若新产品生产使用涉及强氧化剂等有毒有害材料等，研发部要同时制定书面的运输、储存、使用注意事项，送生产部、采购部等相关部门。

2. 在产品投产前，生产部应做好以下工作。

（1）生产部负责核实原料、辅料及包装材料成本，进行费用预计，市场部根据公司定价策略，在投产前核算毛利率，经公司生产副总经理审核通过后方可安排生产。

（2）生产部根据研发部提供的新产品原料、辅料、包装材料清单及销售部首次提货量，向采购部下达原料、辅料及包装材料的用量计划。

（3）生产部根据工艺规程编写岗位操作法。

3. 在产品投产前，技术部应做好以下工作。

技术部负责编写新产品的工艺规程和岗位操作法，经公司生产副总经理审核批准后方可执行。

4. 在产品投产前，采购部应做好以下工作。

采购部按照生产部下达的材料用量计划及研发部提供的材料质量标准进行询价，并在要求时间内完成采购工作。

五、新产品包装规格的确定

1. 研发部在确定新产品的包装规格之前，必须征求生产部意见。新产品所有使用包装材料的设计应最大程度符合设备生产要求，并最大程度避免手工操作，同时新产品的包装应尽量使用通用材料，避免增加新的包装规格和包装形式。

2. 包装规格、包装设计一经确定并投入使用后，任何部门不得随意更改。

3. 对已经投产的产品，生产部负责收集车间的生产信息，提出包装材料的优化改进建议，以使包装材料更加适合生产使用，从而提高生产效率。

六、新产品生产及技术管理

1. 如无特殊技术方面的要求，新产品前三批生产时，由研发部安排相应研发人员负责配制及包装等关键生产环节的现场技术指导工作，并跟班生产，品质部随同检验。前两批的生产由研发部在生产技术方面负主要责任，车间服从研发部的技术意见，待第三批生产时，生产部负责技术方面的主要责任。

2. 在前三批生产中，生产部应掌握所有的生产技术，品质部需掌握所有涉及产品的检验方法和质量内控要求。

（续）

<table>
<tr><td colspan="6">
3. 新产品生产三次后，产品质量可控、符合标准要求，研发部即向生产车间发放正式的工艺规程，并将初稿收回。
4. 研发部可根据技术要求修订生产工艺，但必须提前通知相关部门。
（1）如生产工艺修订需通知生产部。
（2）如新增物料，需提前向品质部下发质量标准，以便做好检验安排。
（3）如需调整备料单时，应及时通知生产部，待专用原辅料使用完毕后再修订处方，避免专用原辅料的库存损失。
七、其他注意事项
生产车间、相关部室要对新产品技术严格保密，研发部应对关键材料制定保密措施。
八、附件
1. 新产品包装清单（略）。
2. 新产品备料单（略）。
</td></tr>
<tr><td>编制人员</td><td></td><td>审核人员</td><td></td><td>审批人员</td><td></td></tr>
<tr><td>编制时间</td><td></td><td>审核时间</td><td></td><td>审批时间</td><td></td></tr>
</table>

第9章 研发费用管理文书与方案

9.1 研发费用管理文书

9.1.1 研发费用预算报告

下面是某企业编制的20××年度研发费用预算报告，仅供读者参考。

<table>
<tr><td rowspan="2">文书名称</td><td rowspan="2" colspan="3">20××年度研发费用预算报告</td><td>编　　号</td><td></td></tr>
<tr><td>受控状态</td><td></td></tr>
<tr><td colspan="6">

一、数据来源

本次预算报告所用数据来源依据研发部本年度的费用核算，经研发部经理审核，均为有效数据。以下数据为研发部上一年度各项费用的开支情况，总金额为××万元。

1. 研发部门人员工资及福利费××元。
2. 工装模具、仪器、设备费××元。
3. 专用软件费××元。
4. 研发使用物料××元。
5. 设计费用××元。
6. 测试费用××元。
7. 其他费用××元。

二、本年度研发项目预算明细

根据上一年度的各项研发费用支出状况，本年度研发项目的费用预算明细如下。

1. 人员工资及福利费，包括各研发项目人员的工资及福利费，此项费用预计为××元。
2. 模具工具费，为开发该产品而发生的制作、购买模具工具的费用，此项费用预计为××元。
3. 专用软件费，指的是项目研发过程中所用的软件使用费、折旧费预计为××元。
4. 研发使用物料，产品研发过程中所用材料、物料消耗费用预计为××元。
5. 试验测试费，是指公司为产品试验、测试、鉴定而向其他公司支付的费用，公司内的其他部门为本产品提供的试验、测试、鉴定和验收等发生的费用不归入此项，此项费用预计为××元。
6. 设计费，是指产品设计的费用，包括委托外单位设计而发生的费用，此项费用预计为××元。
7. 合作费，是指因与外单位合作开发而向外单位支付的费用，此项费用预计为××元。
8. 其他费用：主要指差旅费、交际应酬费、会议费、房屋折旧水电费、培训费等。此项费用可按每人月平均费用计算。此项费用预计为××元。

以上为研发部本年度研发费用的各项金额开支，总金额为××万元。

三、研发项目费用预算总额

结合以上分析统计的数据，研发项目初期预算费用约为××万元人民币。

</td></tr>
<tr><td>编制人员</td><td></td><td>审核人员</td><td></td><td>审批人员</td><td></td></tr>
<tr><td>编制时间</td><td></td><td>审核时间</td><td></td><td>审批时间</td><td></td></tr>
</table>

9.1.2 研发经费申请书

文书名称	研发经费申请书	编　　号	
		受控状态	

尊敬的××领导：

在××产品研发期间，为确保产品研发工作的正常开展，提高经费使用效率，促进公司研发工作水平的提高，特申请研发费用____元，请批复。

研发费用申请的费用项目如下。

1. 研发仪器设备购置费。
2. 研发设计费。
3. 研发样品测试费。
4. 研发人员工资等有关研发费用。
5. 其他费用。

特此申请，恳请领导批复！

××公司研发部

____年__月__日

研发费用审批表

编号：　　　　填表日期：____年__月__日

研发项目		所需支出	
项目负责人		参与人员	
研发项目情况简介			
研发费用申请说明			
申请部门负责人签字	____年__月__日	主管领导意见	____年__月__日
财务部审核意见	____年__月__日	总经理意见	____年__月__日

编制人员		审核人员		审批人员	
编制时间		审核时间		审批时间	

9.1.3 研发费用下拨通知

研发费用下拨通知

××公司研发部：

为加大对研发部门的项目研发力度，提高公司产品研发的水平和质量，根据做好研发工作的相关意见和要求等，公司决定下拨研发资金××万元，专门作为研发部开展各项研发业务的经费。请贵部门加强对该项资金的管理，切实做到专款专用。

××公司总经办

____年__月__日

9.1.4 研发费用使用总结报告

<table>
<tr><td rowspan="2">文书名称</td><td rowspan="2">研发费用使用总结报告</td><td>编　　号</td><td></td></tr>
<tr><td>受控状态</td><td></td></tr>
<tr><td colspan="4">
一、研发资金概况
（一）研发项目预算
本公司研发项目预算总金额为××万元，具体预算项目及相关费用如下。
1. 研发技术投入资金××万元。
2. 研发人员工资××万元。
（二）研发项目资金来源
研发资金主要来源于以下渠道。
1. 申请国家专项扶持资金××万元。
2. 公司自筹资金××万元。
二、研发费用使用及相关管理
（一）资金到位及收入情况
××研发项目批准预算总投资××万元，收到财政拨付国家专项资金××万元，公司自筹××万元。
</td></tr>
</table>

（续）

（二）资金使用情况

研发部完成总项目××元，具体完成情况如下。

1. 研发项目设计费

研发项目设计费共××元，占预算的××%，比计划数增加支出××元（由于研发项目前期未严格按研发项目实施管理办法开展各项研发工作，属于研发项目实施中因不可预见因素而增加研发资金支出）。

2. 设备、仪器、模具等购置费

设备、仪器、模具的购置费共××元，占预算的××%，比预算金额少××元（由于部分设备未购入，属公司自行设计，节约支出××万元）。

3. 基本研发费

基本研发费支出××元，占预算的××%，超支××元，由设备、仪器、模具等节支弥补。

4. 其他费用支出

其他费用支出××元，占预算的××%。

（1）研发项目可行性研究费、研发勘查费、项目设计与预算编制费等共计××元。

（2）研发项目监理费、管理费、加班费、人员工资、审计费、其他费用等共计支出××元。

（三）结余分配情况

研发项目成果总收入××元，实际总支出××元，收支相抵结余××元。在研发项目实施中，严格执行资金预算，预算未作大的调整，基本按预算方案完成了研发任务。

三、研发项目经验总结和建议

（一）研发项目经验

1. 上级领导重视，机构健全，队伍充实、检查督促及时。研发项目批准后，公司成立了研发项目领导小组，制定了研发项目实施方案，对研发进度、质量监管、资金管理、工作责任做了明确要求，为实施好研发项目奠定了基础。

2. 制度较完善，管理规范。

3. 研发项目资金筹措到位及时，确保研发项目提前完工，投入使用后已发挥效益。

4. 严格把关，确保研发成果质量。合理的规划、良好的质量，得到上级领导的一致好评。

5. 优化支出，节约资金。

6. 确保研发项目资金专款专用。

（二）改进建议

为保证项目顺利实施，提高研发资金使用效率，研发部应对项目资金实行封闭运行管理，确保专款专用，同时公司应建立资金管理制度并严格按照相关规定操作。

1. 应进一步引起领导的高度重视，各部门紧密配合，建立和完善研发项目资金财务管理制度，严格财经纪律。

（续）

<table>
<tr><td colspan="6">2. 建立由审计、财政、研发部门等多方参与的对研发项目资金实行定期或不定期的联合检查机制，确保资金的安全、高效和合理使用。
3. 总经理组织相关领导层人员建立“研发资金财务管理制度”，成立项目领导小组，由办公室负责组织研发项目的质量监督检查和验收，以及资金的筹措、支付、审批结算等管理工作，对项目资金实行专户存储、专账核算、专人管理、资金封闭运行。
4. 财务部门相关人员须在银行开设研发项目资金专户，实行账款分管，逐笔登记，做到账实相符，严格审核、登记、注销制度。
5. 始终坚持专款专用、项目法人一支笔审批的原则，对资金的支付必须由经办人签字、研发部经理审核、财务部门审核把关、法人核准签字后方可付款。
6. 财务人员要加强业务学习，包括研发项目管理和有关财务知识的学习，做到既懂财务，又熟悉项目的管理，同时还应积极主动地参与到研发项目管理的各个环节之中。</td></tr>
<tr><td>编制人员</td><td></td><td>审核人员</td><td></td><td>审批人员</td><td></td></tr>
<tr><td>编制时间</td><td></td><td>审核时间</td><td></td><td>审批时间</td><td></td></tr>
</table>

9.2 研发费用管理方案

9.2.1 研发经费使用控制方案

<table>
<tr><td rowspan="2">方案名称</td><td rowspan="2">研发经费使用控制方案</td><td>编　号</td><td></td></tr>
<tr><td>受控状态</td><td></td></tr>
<tr><td colspan="4">

一、目的

为达到以下目的，根据本公司研发发展与管理现状，特制定本方案。

1. 加强新产品研发经费管理，降低产品成本。

2. 规范研发项目的经费运作，加强对研发经费的控制，提高经费使用效率。

二、职责分工

各部门以及相关人员的管理职责详见下表。

各部门（人员）管理职责表

部门或人员	管理职责
研发部	负责组织做好研发项目经费的预算工作，对研发费用进行划拨，审批有关经费支出并自觉控制经费的各项支出，接受各级管理部门的检查和监督

</td></tr>
</table>

（续）

（续表）

部门或人员	管理职责
财务部	对研发费用进行财务管理和会计核算，指导做好编制项目经费预算，审核项目经费决算，监督和指导相关人员按研发经费管理相关规定以及财务管理制度使用研发经费
技术部	协助研发部制定研发工具的使用规范，做好研发工具的保养工作
研发项目经理	负责编制研发项目经费使用计划书，严格按照“研发项目经费使用计划书”规定的开支范围和标准使用项目经费，对研发费用使用的真实性、有效性承担经济和法律责任

三、研发经费管理基本原则

新产品研发项目的经费管理应遵循以下原则。

1. 集中管理、统一使用原则。

2. 以收定支、开源节流原则。

3. 提高效益、加快周转原则。

4. 公开透明、定向使用原则。

5. 科学管理、加强监督原则。

四、研发经费筹措管理

（一）产品研发项目经费筹措来源

1. 国家拨款

（1）国家和省、市、区各级政府设立的科技三项经费。

（2）国家设立的科技型中小企业技术创新基金。

（3）中小企业发展基金等其他形式的国家拨款。

2. 银行融资和贷款

（1）申请科技研发贷款以及需要固定资产投资支持的技改贷款。

（2）申请国家贴息的小额担保贷款。

（3）申请部分地方政府试行的小企业集合信托债券基金。

3. 自筹经费，主要包括以下五种筹措途径

（1）公司利润留存中的生产发展基金、新产品研发基金、技改基金等。

（2）折旧基金中留成、固定经费的变价处理收入等。

（3）摊入生产成本或者经财政部门批准按照销售收入的一定比例从成本中提取的研发费用。

（4）可作为科研费用的公司对外技术转让费。

（续）

（5）按照国家有关规定向社会集资得来的费用等。

（二）研发经费列支范围

研发经费列支范围如下图所示。

1．新产品设计费
2．工艺规程制定费
3．设备调试费
4．耗材支出
5．技术图书资料费

6．中间试验费
7．研发人员的工资、福利、差旅费、奖金
8．研究设备折旧
9．委托科研试制费用
10．与研发工作相关的费用

研发经费列支范围示意图

五、研发经费使用管理

（一）经费预算

1. 在制定研发经费预算使用前，研发部、技术部等相关部门应对研发技术进行论证。论证通过后，研发项目经理填写“新产品研发费用预算表”，交财务部审查，报总经办批准，具体预算项目详见下表。

新产品研发费用预算表

序号	费用类别	支出计划					
		预算	×月	×月	×月	×月	×月
1	材料费						
2	机械使用费						
3	人工费						
4	误工费						
…	……						

2. 研发部根据确定的研发项目进行项目经费预算，可以采取下图所示的四种预算方法。

（续）

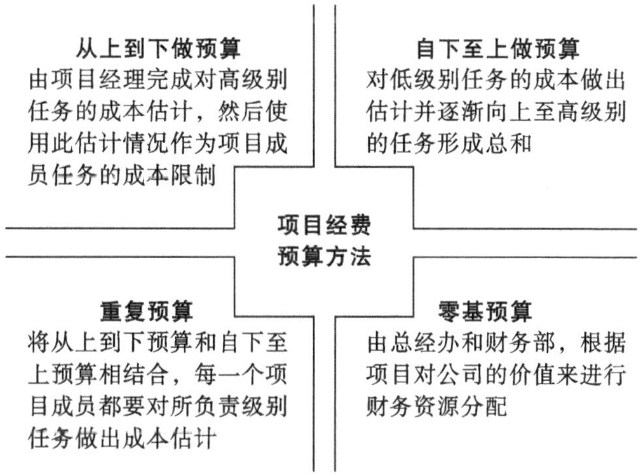

项目经费预算方法示意图

（二）建立经费本

公司研发部要按照研发项目编制研发经费本号、核定经费的分配比例、开具内部拨款支票，由项目经理到财务部建立经费本。

（三）研发设备购置

凡使用研发经费购置的仪器设备等固定资产，除合同另有规定外，均属于公司的固定资产，应按照公司的固定资产管理规定进行审核和管理。报销所购置的外协设备时，须附相关合同书。

（四）经费转拨管理

1. 公司各级管理机构需加强研发费用的转拨管理。所有转拨经费须附相关合同，并经研发部和财务部共同审批，不得借协作之名将研发费用挪作他用或者转入和项目无关联的单位。

2. 研发费用需转拨给合作单位时，合作单位必须是“研发立项申请书”中规定的参与单位，一般情况下需在办理本经费之前与合作单位签订合同书或者协议书。转拨给合作单位的经费，公司按照一定的比例提取管理费。

（五）支付外协费用

因项目研究开发需要支付的加工、测试等外协费，且金额在____元以上的，须与受托方签订相关协议。

（六）管理费提取和劳务费核算

公司按照项目管理办法或者项目合同的规定提取管理费、核定人员劳务费，实行总额控制。对于没有明确规定的项目，应由公司按照项目的类别结合行业内部相关做法设定相应的比例，提取管理费、核定人员劳务费。

（续）

（七）奖励研发人员

1. 为了鼓励和激发产品研发人员的研发热情，项目完成后，公司规定的项目奖励应及时全额发放到项目团队，每个成员的得奖比例应由项目经理根据贡献决定，发放方式按照公司规定执行。

2. 具体研发人员的奖金由研发部经理和项目经理确定之后，报财务部与总经办批准。

3. 研发成果按照销售量提成的奖金和其他奖励应根据产品研发初期公司规定的标准来执行。

（八）清理账目

研发项目完成后，项目经理应会同财务部清理账目，结清应收、应付款。项目经理应根据要求和经费使用情况，如实编制经费决算，由财务部审核、签署意见后报送总经办批准。

（九）结算账目

1. 项目经理应按照项目合同规定的时间及时结账，原则上应在研发项目结束后或者通过验收后6个月内办理结账手续。对无正当理由逾期不办理结账手续的，财务部将根据研发中心提供的清单暂时冻结该项目经费，待办理完结账手续后方能继续使用。

2. 项目经理负责填写“项目经费结算表”，并附上项目完成证明或者结题报告，经研发中心审批后到财务部办理结算手续。

（十）结余经费处理

1. 若在项目完成后有结余经费，结余经费按照30%研发经费基金、20%奖金、20%业务招待费、30%劳务费的比例作二次分配，由研发部掌握使用。

2. 项目中止、撤销后的剩余经费由公司统一收回，并按照有关项目经费管理规定处理。

六、研发经费管理控制措施

（一）研发经费估算控制

研发项目经理要正确地估计研发产品的费用，使产品研发决策建立在准确的费用估计的基础上，不要因过分关注产品性能而忽略产品的经济性。

（二）研发采购费用控制

研发部应协助采购部加强物资采购计划管理，限量采购，避免存货积压、浪费。

（三）研发工具费用的控制

1. 技术部与研发部应共同制定研发工具的使用规范，特别是高价值、高精度的研发工具，必须由达到操作要求的人员使用，避免因操作失误造成研发工具的损坏，增加研发工具的使用成本。

2. 研发部应指派专人对研发的工具进行保养，延长研发工具的使用寿命，提高研发工具的使用效率，降低研发工具的更新、修理费用。

3. 人力资源部应将对研发工具的保养项目纳入对研发人员的绩效考核体系中。

（四）研发人力资源费用控制

1. 研发人员的数目要严格控制，避免项目中出现人浮于事的现象。

（续）

<table>
<tr><td colspan="6">
2. 将研发经费的控制情况、研发进度、研发阶段成果等纳入研发项目组考核指标，促进项目组工作的积极性，提高研发效率，降低研发人力成本。
3. 研发项目小组应尽力减少涉及交付生产前需要被修改的次数，节省研发人力、物力成本。
（五）研发资料费用控制
1. 研发资料费由研发部归口管理，并由其根据需要不定期申请经费成批更新和添置技术图书。
2. 研发人员因工作需要，也可临时购置少量技术资料，交技术资料室归档后限期借阅，但需经研发部经理审核后方可在研发资料费中报销。
3. 研发人员要添置长期留用的工具书，必须提出书面申请，经研发部经理签字同意后，方可购买报销。
七、研发经费使用改进措施
1. 建立研发经费管理专款专用制度
（1）所有研发项目经费均纳入公司财务统一管理。
（2）研发项目经费需按照单个项目的预算拨给单列账户，实行专款专用。
（3）研发经费的使用由财务部负责监督，由研发部负责管理支出，研发经费不得挪作他用。
2. 建立研发经费预算制度
（1）研发经费应编制单独的预算。
（2）研发部一般需要根据已制订的年度研发计划，在财务部的协助下，对下一年度的研发经费进行预算，并编制研发经费预算报表。
（3）所编制的研发经费预算必须经过总经办的审批。
3. 对研发经费管理实行项目负责制
（1）项目经理根据项目的具体进度分配研发经费的使用，并定期接受财务部对于研发经费使用情况的审核。
（2）若研发决策委员会在审核项目进度过程中，发现无任何进展或在研发过程因特殊原因受阻，应及时组织人员重新审视研发项目及重新确定其经济性。若重新审视的结果不符合标准，应立即停止拨款。
（3）在规定时间内完成研发工作且研发经费有剩余的，剩余费用可按照一定的比例奖给研发项目小组。
</td></tr>
<tr><td>编制人员</td><td></td><td>审核人员</td><td></td><td>审批人员</td><td></td></tr>
<tr><td>编制时间</td><td></td><td>审核时间</td><td></td><td>审批时间</td><td></td></tr>
</table>

9.2.2 技术引进费用管理方案

<table>
<tr><td rowspan="2">方案名称</td><td rowspan="2">技术引进费用管理方案</td><td>编　号</td><td></td></tr>
<tr><td>受控状态</td><td></td></tr>
</table>

一、目的

为进一步提高企业的技术水平，在加强国际交流、借鉴和学习国内外先进科技经验的基础上，规范技术引进工作，最大化技术引进的成果，控制技术引进费用，提高公司的效益，特制定本方案。

二、适用范围

本方案适用于企业在引进技术过程中成本费用的控制工作，具体包括但不限于下列费用项目。

1. 专利权、专有技术等的使用费。

2. 技术引进前期的调查、可行性分析与评审所发生的人员费用、差旅费、考察费用。

3. 技术引进合同签订期间所发生的费用，如谈判人员费用、差旅费等。

4. 对于引进技术的培训所发生的费用，包括受训人员参加培训的费用、供应方专家来厂指导所发生的费用等。

三、技术引进定义

技术引进是指通过贸易或经济技术合作途径，从境内外公司团体或个人获得技术。其包括以下四种类型。

1. 专利权或其他工业产权的引进。

2. 以图纸、技术资料、技术规范等形式提出的工艺流程、配方、产品设计、质量控制及管理等方面的专有技术的引进。

3. 技术服务的引进。

4. 为了实现上述技术所匹配的手段，如生产线、成套设备、测试仪器、专用设备等的引进。

四、引进技术的方式

本公司引进技术的方式主要有以下五类。

1. 从国外引进工艺、制造技术，包括产品设计、工艺流程、材料配方、制造图纸、工艺检测方法和维修保养等技术知识和资料，以及聘请专家指导、委托培训人员等技术服务。

2. 引进技术的同时，进口必要的成套设备、关键设备、检测手段等。

3. 通过引进先进的经营管理方法，充分发挥所引进技术的作用，做到引进技术知识和引进经营管理知识并举。

4. 通过广泛的技术交流、合作以及学术交流活动、技术展览等，引进国外新学术思想和科学技术知识。

5. 人才、技术引进的远期目标是从根本上消除本国、本单位与国外、其他企业在技术方面的差距，提高本国、本单位的技术水平；近期的目标则是从生产需要出发，填补技术空白。

（续）

五、影响技术引进成本费用因素

一般情况下，影响技术引进成本费用的因素包括但不限于以下九个方面。

1. 所引进技术的独占性。

2. 所引进技术使用权限的不同。

3. 使用引进技术销售产品范围的不同。

4. 所引进技术费的支付方式不同。

5. 技术引进费的结算货币不同。

6. 使用引进技术时的预期生产量。

7. 违反技术引进合同条款后的索赔与罚款。

8. 是否存在可达到同一种结果的多种技术。

9. 所引进技术的老化程度。

六、技术引进费用控制措施

为了控制技术引进成本费用，公司研发部应采取以下六项措施。

（一）建立技术引进费用控制组织

1. 由公司总经理、研发部副总及与研发相关的部门经理或技术专家组成的技术委员会，主要负责评估引进的技术及其费用。

2. 研发部应积极跟踪国内外的技术发展现状，提供技术引进的相关项目。

（二）加强技术资料收集的控制

1. 技术委员会应指定专人根据公司的技术发展规划和本公司、市场的现状，积极收集拟引进的技术方面的信息资料。

2. 尽量收集、选择与公司的发展能无缝对接的技术，因公司已具备与该技术相配套的设备及人员，可提高技术引进的谈判筹码，间接地减少技术引进过程的服务事项，从而有利于降低技术引进的费用。

3. 所收集的技术应处于中等偏上的水准，因技术的发展日新月异，现阶段的高端技术引进费用高昂且淘汰时间不定，引进风险较高，对公司而言，此时引进高端技术会导致技术引进费用的不合理支出。

4. 所收集的技术信息应是成熟的技术信息，避免公司引进技术后支付额外的费用。

5. 收集能达到同一目的，但不同类的技术信息，方便公司进行比较，并作出合理选择。

6. 搜集的技术信息应尽量保证所需原材料、零配件的通用性与普遍性，防止技术转让方利用所需原料的特殊性与稀缺性使本公司支付额外的费用。

（三）加强技术引进费的评审控制

1. 对于选定的技术，转让方提出报价后，公司的技术委员会应对支付费用通过分析可行性的方式进行审核，结合公司现状与技术本身的信息的，分析技术与本厂的相符程度，进而评价技术引进费的合理性。

（续）

2. 当评审涉及金额较大或对公司有重要意义的技术时，应邀请专业的第三方评估机构对拟引进技术的价值进行公平、公正的评估，得出此项技术的真实价值后，再判断其经济性。

3. 在对技术的评审中，关键要确定使用技术时所需要的原材料、零配件是否属于垄断供应状态，以免增加引进该项技术后的额外支出。

（四）加强合同条款的拟定控制

1. 根据公司的发展前景与自身情况，对技术的独占与否、使用权限及产品销售范围进行决策。

2. 控制技术引进费用的支付方式有以下四种。

（1）若公司进行一次性全额付款，应确定转让方所能提供的优惠额度，同时比较此项付款的资金用于其他投资的投资报酬率。

（2）公司分期付款，若选择在规定年限内分多次支付时，需调查、计算分期支付的银行利息、汇率等，确定分期支付所要支付的费用。

（3）公司分期付款，若选择按技术投产后的产量分批支付，需根据产品市场的前景，对产品的产量与销售量进行保守的预期，并在此基础上提取分期付款的额度。

（4）根据公司的财务现状，对比三种支付方式产生的成本，选择成本较低的支付方案。

3. 在合同中需要注明是否存在技术使用费的支付问题。

4. 谈判时，对于技术转让方提出的技术管理费，我方应坚决予以拒绝。

5. 在技术引进合同中要明确规定转让方的转让范围，包括配套的设备、资料及设备维修、人员培训等。

6. 拟定好的合同条款应交给技术引进方面经验丰富的法律专家进行审核，防止因合同条款的疏漏而增加技术引进费用的不合理支出或引起技术引进诉讼问题。

（五）加强引进技术的使用控制

1. 取得转让的技术后，研发部应及时组织技术专家进行技术攻关，尽快地了解、掌握技术，避免所引进的技术受制于转让方，从而额外支付费用。

2. 本公司的技术专家在掌握引进的技术后，应在此基础上积极进行研发、升级，减少公司在技术引进费用方面的额外支出。

（六）建立技术引进收益评估机制

1. 引进技术一年后，公司应对技术引进后的成果、收益进行评估，并形成评估报告。

2. 在评估报告中，应指出公司在本次技术引进过程中的优缺点，并制定具体的改善措施，减少公司在下次技术引进时的不合理支出。

编制人员		审核人员		审批人员	
编制时间		审核时间		审批时间	

9.2.3 研发费用核算管理方案

方案名称	研发费用核算管理方案	编　号	
		受控状态	

一、目的

为了贯彻实施国家法律法规，符合新会计准则的要求，加强公司研发费用管理，促进公司自主创新，完善公司关于研发投入核算财务管理制度，并结合公司的实际情况，特制定本方案。

二、术语解释

本方案所称研发设计经费，是指用于进行科学技术、新产品、技术改造项目的研究、开发、新技术推广应用的专项费用支出。

三、研发费用的核算原则

1. 对于公司内部的研究开发项目（包括公司取得的已作为无形资产确认的正在进行中的研究开发项目），研究阶段的支出于发生当期归集后计入损益（管理费用）。

2. 开发阶段的支出在符合特定条件时确认为无形资产，即资本化。

四、研发费用核算注意事项

1. 对依法取得知识产权后，在境内外发生的知识产权维护费、诉讼费、代理费及其他相关费用支出，从管理费用据实列支，不纳入研发费用。

2. 公司研发部发生的各项开支纳入研发费用管理，若同时承担生产任务，应合理划分研发与生产费用。

3. 在年度财务会计报告中，应按规定披露研发费用相关财务信息。总经办对研发费用的使用和管理情况负主要责任。

五、研发设计费用的会计核算管理

（一）设立“研发支出”科目

1. 公司单独设立研发部门，并对所有符合研发费用范围的支出在“研发支出”科目中核算。

2. 在“研发支出”科目中设“资本化支出”和“费用化支出”科目。

（二）研究阶段支出的界定及会计核算

1. 研究阶段支出的界定

（1）研究阶段具有计划性和探索性，是为进一步的开发活动进行资料及相关方面的准备，由于已进行的研究活动将来是否会转入开发、开发后是否会形成无形资产等均具有较大的不确定性，因此该阶段的支出计入当期损益。

（2）可以计入研究阶段的活动包括：意在获取知识而进行的活动；研究成果或其他知识的应用研究、评价和最终选择；材料、设备、产品、工序、系统或服务替代品的研究；新的或经改进的材料、

（续）

设备、产品、工序、系统或服务的可能替代品的配制、设计、评价和最终选择等。

2. 研究阶段支出的会计核算

（1）按照公司会计准则的规定，对于同一项无形资产在开发过程中达到资本化条件之前已经计入损益的支出不能进行调整。因此，在对属于这一阶段的支出进行判断时，一定要确定之后再进行会计处理。

（2）在费用发生时，具体会计处理是应借记“研发支出——费用化支出”，贷记“原材料”“折旧费用”“应付职工薪酬”等相关科目。

（3）在会计期末的处理为借记“管理费用”，贷记“研发支出——费用化支出”。

（三）开发阶段支出的界定及会计核算

1. 开发阶段支出的界定

（1）开发阶段相对于研究阶段而言，应当是已完成研究阶段的工作，在很大程度上具备了形成一项新产品或新技术的基本条件，应对其进行资本化。例如，生产前或使用前的原型和模型的设计、建造和测试，不具有商业性生产经济规模的试生产设施的设计、建造和运营等，均属于开发活动。

（2）公司内部研究开发项目开发阶段的支出，同时满足下列条件的，才能予以资本化。

① 完成该无形资产以使其能够使用或出售，且在技术上具有可行性。

② 判断无形资产的开发在技术上是否具有可行性，应当以目前阶段的成果为基础，并能够提供相关证据和材料，证明公司进行开发所需的技术条件等已经具备，不存在技术上的障碍或其他不确定性因素。例如，公司已经完成了全部计划、设计和测试活动，这些活动是使资产能够达到设计规划书中的功能、特征和技术所必需的活动，或经过专家鉴定等。

③ 具有完成该无形资产并使用或出售的意图，公司应该能够说明其开发无形资产的目的。

④ 无形资产产生经济利益的方式包括：能够证明运用该无形资产生产的产品存在市场或无形资产自身存在市场；无形资产将在内部使用的，应当证明其有用性。无形资产是否能够为公司带来经济利益，应当对运用该无形资产生产产品的市场情况进行可靠预计，以证明所生产的产品存在市场并能够带来经济利益，或能够证明市场上存在对该无形资产的需求。

⑤ 有足够的技术、财务资源和其他资源支持，以完成该无形资产的开发，并有能力使用或出售该无形资产。公司应能够证明可以取得无形资产开发所需的技术、财务和其他资源，以及获得这些资源的相关计划。公司自有资金不足以提供支持的，应能够证明存在外部其他方面的资金支持，如银行等金融机构声明愿意为该无形资产的开发提供所需资金等。

⑥ 归属于该无形资产开发阶段的支出能够可靠计量。公司对研究开发的支出应当单独核算。例如，直接发生的研发人员工资、材料费，以及相关设备折旧费等。同时从事多项研究开发活动的，所发生的支出应当按照合理的标准在各项研究开发活动之间进行分配；无法合理分配的，则需计入当期损益。

（续）

2. 开发阶段支出的会计核算

（1）开发阶段支出发生时应当借记“研发支出——资本化支出”，贷记“原材料”“银行存款”“折旧费用”等相关科目。

（2）研究开发项目达到预定用途形成无形资产后应借记“无形资产”，贷记“研发支出——资本化支出”科目。

六、研发费用的财务管理

（一）费用发生审批

1. 公司应严格控制研发设计费用审批程序，费用发生时由相关人员按项目名称填写费用报销单据或付款申请书，由项目负责人、分管技术工作的领导、研发部门负责人审核，并在报销单或付款申请书上签字后方可送财务部。

2. 财务经理负责复核相关手续、单据及数据等，确认无误后送交公司总经理审批。

3. 出纳依据公司总经理审批意见或相关凭证等办理研发费用拨款手续等。

（二）研发费用的使用管理

1. 研发费用开支标准按申报项目预算限额一定范围内开支，财务部应按照研发项目，设立台账归集核算研发费用。

2. 公司研究开发费用按研究开发项目计划下达到具体项目，实行专款专用，严格管理，不得挪作他用。

3. 研究开发有关的内容需要与外单位（公司以外单位）合作或委托他人进行的，必须签订科研项目委外技术合作研究合同，该合同须由公司研发部审查后，经公司总经理批准后才能生效。

4. 研究开发经费在使用中，分管技术工作的领导必须由研发部门负责人按内部控制制度授权范围内的规定执行，并按照不同的项目进行核销。

（三）研发成果的资产管理

1. 对由项目委托外单位协作完成的有关研究开发所取得的研究成果，在委外技术研究合同中必须明确，公司为成果第一享用人。

2. 形成固定资产的，产权归公司所有。

3. 形成知识产权等其他无形资产的，纳入公司知识产权管理办法进行管理。

4. 各项目研究开发需要购置2 000元以上的设备、仪器等列入公司固定资产，并按固定资产相关内控管理。

编制人员		审核人员		审批人员	
编制时间		审核时间		审批时间	

9.2.4 产品研发成本控制方案

<table>
<tr><td rowspan="2">方案名称</td><td rowspan="2">产品研发成本控制方案</td><td>编　号</td><td></td></tr>
<tr><td>受控状态</td><td></td></tr>
<tr><td colspan="4">

一、目的

为了有效地规范自主研发工作过程，控制研发管理费用，从研发设计阶段降低产品成本，提升本公司的竞争力，特制定本方案。

二、适用范围

本方案适用于对产品研发成本进行控制和管理的全过程。

三、研发设计成本控制原则

（一）设定目标成本原则

1. 在产品研发设计工作过程中，公司应以目标成本作为衡量的原则。

2. 通过目标成本的计算，有利于在研发设计中关注同一个目标：将符合目标功能、目标品质和目标价格的产品投放到特定的市场。

3. 在产品及工艺的设计过程中，当设计方案的取舍对产品成本产生巨大的影响时，可采用目标成本作为衡量标准。

（二）全方位考虑成本的下降与控制原则

1. 研发部应组织其他相关部门人员参与研发成本控制工作，使大家集中精力从全局角度考虑控制研发成本。

2. 采用这一原则，可以避免研发设计人员进入过于重视表面成本而忽略隐含成本的误区。正是有了采购人员、工艺人员、生产人员等多方人员的参与，才能基本上杜绝为了降低某项成本而引发的其他相关成本增加现象。

四、研发成本项目分析

（一）研发成本控制前景分析

1. 现阶段，产品成本费用在很大程度上取决于研发设计阶段，后期生产阶段能够控制的幅度很小。一个产品一旦完成研发，其目标材料成本、目标人工成本便已基本定性，制造中心很难改变设计留下的先天不足。因此，公司必须做好研发阶段的成本费用控制工作，缩减产品成本。

2. 一般情况下，研发设计阶段进行成本控制，可以产生接近50%的成本控制比例。因此，技术部、研发部等相关部门，必须做好研发成本费用控制工作。

3. 成本在广义上包含了设计（研发）成本、制造成本、销售成本三大部分，也就是说，很多人在成本控制方面往往只关注制造成本和销售成本。我们应该将目光放得长远一些，以研发过程的成本控制作为整个项目成本控制的起点，这才是产品控制成本的关键。

</td></tr>
</table>

（续）

（二）研发设计过程中的误区分析

在过去的工作中，本公司过分关注产品性能，而忽略了产品的经济性，所以在设计过程中陷入了以下误区。

1. 由于职业习惯，研发设计人员容易将其所负责的产品项目作为一件艺术品或者科技品进行开发，这就容易陷入对产品的性能、外观追求尽善尽美，却忽略了许多部件在生产过程中的成本，没有充分考虑产品在市场上的价格性能比和受欢迎的程度。

2. 研发设计人员过度关注表面成本，忽略隐含（沉没）成本。

3. 公司往往急于新品开发，忽略了原产品替代功能的再设计。一些产品之所以昂贵，往往是由于设计不合理，忽略了产品的多样性和复杂的生产过程成本。

4. 如果后期进行再设计，可以进一步削减成本，但是很多时候，研发部开发完一款新产品后，往往急于开发其他新产品，以求加快新产品的推出速度。

五、研发成本费用控制措施

（一）价值工程分析

价值工程分析从总体上观察成本的构成，包括原材料制造过程、劳动力类型、使用的装备以及外购与自产零部件之间的平衡。价值工程按照以下三种实现方式，来预先设定目标成本。

1. 通过确认改善的产品设计（即使是新产品也应通过不同的方式适应其功能要求），在不影响功能的前提下，削减产品部件和制造成本。

2. 通过关注产品的功能，设计人员会考虑其他产品执行同样功能的零部件，提高零部件的标准化程度，这有助于提高产品质量，同时降低产品成本。

3. 通过削减产品不必要的功能或复杂程度来降低成本。作为以营利性为目标的公司，本公司所期盼的往往是价格性能比最有竞争力，且产品投入市场后很畅销。这就要求产品开发人员必须在目标成本的导向下，开发出价格性能比最优的产品而并非是叫好不叫座的产品。

（二）工程再造

1. 除产品设计之外，还有一个因素对于产品成本和质量有决定性作用，即工序设计。工程再造就是对已经设计完成或已经存在的加工过程进行再设计，从而直接消除无附加值的作业，提高装配过程中有附加值作业的效率，降低制造成本。

2. 对新产品来说，如果能在进入量产阶段对该产品的初次设计进行重新审视，往往会发现，在初次设计过程中，存在一些比较昂贵的复杂部件以及独特或者比较繁杂的生产过程，然而它们很少增加产品的绩效和功能，可以被删除或修改。

3. 重视产品及其替代功能的再设计，不但具有很大的空间，而且通常不会被顾客发现，如果设计成功，公司也不必进行重新定价或替代其他产品。

（三）加强新产品开发成本分析

1. 研发设计人员应加强新产品开发与成本分析，以达到成本与性能的最佳结合点。

（续）

<table>
<tr><td colspan="6">2. 性能成本比也就是目标性能跟目标成本之间的比值，通过该指标的分析可以看出，新开发出来的产品是否符合原先设定的目标成本、目标功能和目标性能等相关目标。
3. 如果实际的成本性能比高于目标的成本性能比，在设计成本与目标成本相一致的前提下，说明新产品设计的性能高于目标性能，但从另一方面来说还可以通过将新产品的性能调整到与目标性能相符，从而达到降低和削减成本的目的。
（四）考虑扩展成本
1. 在开发设计某项新品时，除了应该考虑材料成本外，还应考虑到，该项材料的应用是否会导致其他方面的成本增加。譬如说，所用的材料是否易于采购、便于仓储、装配和装运。
2. 研发人员在设计某项新产品时，如考虑不全面，往往不得不在整改过程中临时增加某些物料或增加装配难度来解决它所存在的某些缺陷，从而造成成本的增加。
（五）减少设计交付生产前需要被修改的次数
1. 设计交付生产（正常量产）前需要被修改的次数（甚至细微修改），是核算新产品开发成本投入的指标之一。
2. 通常新产品的生产往往要花费很长时间才能批量投入市场，其原因是产品不能一次性达到设计要求，需要被重新设计并重新测试多次。
3. 研发设计人员在交付正常量产的过程中，应减少修改的次数，以免失去进入市场的最佳时机。</td></tr>
<tr><td>编制人员</td><td></td><td>审核人员</td><td></td><td>审批人员</td><td></td></tr>
<tr><td>编制时间</td><td></td><td>审核时间</td><td></td><td>审批时间</td><td></td></tr>
</table>

9.2.5 设计制图费用控制方案

<table>
<tr><td rowspan="2">方案名称</td><td rowspan="2">设计制图费用控制方案</td><td>编　　号</td><td></td></tr>
<tr><td>受控状态</td><td></td></tr>
<tr><td colspan="4">一、目的
为了控制研发设计工作中的制图费用，规范设计制图管理工作，特制定本方案。
二、管理职责
研发部是公司设计制图费用的归口管理部门。
三、内部设计制图费的控制
为了实现对内部设计制图费的有效控制，我们可以采取以下三项措施。</td></tr>
</table>

（续）

（一）做好资源共享

1. 公司各部门员工应做好资源共享工作，减少因沟通不充分造成的机会成本。

2. 研发部门的成员之间，可能会因任务项目的不同分别占有或了解不同程度的设计资料和信息。这些资源应及时进行共享，以免造成对公司现有研发资源的浪费。

3. 研发部还可以通过内部的计算机信息平台做好研发资源的共享工作，以便在有效地提高设计人员的设计制图效率和制图质量的同时，降低因沟通不充分导致的信息不均衡、设计时间延长等机会成本，增强设计团队的整体设计能力，从而减少不必要的人工成本，以及控制设计制图费的增加。

（二）完善对必需的专利许可费和软件费的审批流程

1. 研发人员在开展设计制图工作时，一般都会使用公司外部的一些专利许可或高级设计制图软件，而市场上的专利许可或工作软件价值较高，因此研发部应制定严格、规范的审批流程。

2. 通过控制软件购买的申请审批工作，可以实现公司管理层对购买专利许可和软件所产生的使用费监督和控制，以提高资金的利用效率，减少不必要的费用支出。

（三）制订工作计划，控制设计进度

1. 在设计制图项目开始之前，项目组长应制订一份较为周密的工作计划，并设立进度成果目标。

2. 设计制图项目进行过程中，研发人员应随时跟踪项目进展情况和进度成果目标实现情况，以确保设计制图工作进度，及时发现和解决设计制图困难，从而节省人工成本，减少项目占用的时间。

四、委外设计制图费控制

公司为了分散研发及成本风险，或为解决内部的研发与资源不足等问题，会采取设计外包的策略来完成与生产有关的设计。因此，对委外设计制图费的控制，是提高研发经济成果的重要举措之一。

（一）委外设计方的评估与选择

1. 研发部应以简单计分、统一流程、审核公平为基础来评价各个委外设计方，评估内容包括研发能力、进度管理能力、品质管理能力、售后服务能力以及报价水平，具体详见下表。

委外设计方评分表

评分项目	评分标准	得分	备注
研发能力	依专业员工（具备相关专业认证）与全部员工的比例来计分		
进度管理能力	依以往专案进度计划的达成率或达成能力来计分		
品质管理能力	依以往品质计划的达成率或达成条件来计分		
售后服务能力	依以往解决客户问题的工作效率或服务能力来计分		
报价水平	依整体和关键项目的报价以及各个部分在报价中的比例来计分		
设计方总评			

（续）

2. 根据各个设计方的评分结果，选择性价比较高的设计方执行设计制图工作，以保证设计制图的质量，降低设计制图成本。

（二）加强对设计制图费变更的控制

在外部委托单位进行设计的过程中，公司需求发生变化、公司对设计图纸等提出修改意见、设计单位本身的因素等都会导致设计变更，结果可能对设计的成本、进度、质量等产生影响。

为了控制变更的实施和对整个设计活动（尤其是设计制图费用）的影响，公司应通过以下措施来保证设计变更的经济性和合理性。

1. 设立委外设计的管理组织

针对大型委外设计项目，公司应设立专门的项目管理小组，其成员包括研发人员及部门主管、设计的实施和使用人员等，同时对委外设计的供应商进行评估和选择、监督执行进度、审批变更和费用等。

2. 控制项目变更的具体措施

由于项目变更可能对设计制图的进度、成本、质量等各大要素产生较为显著的影响，因此项目管理小组应通过以下三项措施对设计活动进行控制。

（1）编制“委外设计制图进度”，对日程和事项进行合理安排，明确各个阶段要实现的进度目标、质量目标和控制的成本预算。

（2）编写设计任务书，明确委托设计的具体内容，申明要求的进度和质量。

（3）提出变更请求时，需综合多方面信息，对变更后的成本效益进行研究和论证，确实应当执行变更时需提供变更建议书供决策者参考。

编制人员		审核人员		审批人员	
编制时间		审核时间		审批时间	

第10章
知识产权管理文书与方案

10.1 知识产权管理文书

10.1.1 专利申报申请书

<table>
<tr><td rowspan="2">文书名称</td><td rowspan="2">××产品专利申报申请书</td><td>编　　号</td><td></td></tr>
<tr><td>受控状态</td><td></td></tr>
<tr><td colspan="4">

一、所属技术领域

本发明涉及××产品，尤其适用于××生产工作。

二、技术背景

1. 目前，对于××产品，人们更关注的是其××及××等性能特点，而对××方面性能的关注度不够，这就导致此产品在××工作情况下的耐久度不够，当此产品多次在此条件下工作后就会大大缩短其使用寿命。

2. 当前市场上仅有A、B两家海外公司注意到此问题，但仅能通过对××及××等辅助功能的增强以增加此产品在特殊工作条件下的耐用性。

三、发明内容

为了克服这一不足，填补市场缺陷，我公司历时____月，花费大量人力、物力，终于提出了完善的解决方案，并在完成样品试制后进行了成功的试验，确定了产品可以投入使用。

（一）问题详述

在研发试制新产品时，我们主要发现以下三项技术问题。

1. 详细阐述在研发过程中的各个技术难点。在产品研发阶段，我公司现有的技术条件不能满足新产品的研发需要，为此我公司引进××技术，作为研发新产品的主要支撑技术。

2. 在产品研发阶段，对各使用材料的性能或阶段性产品的性能了解不够，没有做好各材料及半成品的保存和保养工作，造成材料及半成品的性能不稳定。

3. 在产品试制阶段，确定的产品试制方法不科学、生产工艺不完善、生产工序衔接不当，造成产品试制进度缓慢，并难以达到产品的试制要求等。

（二）技术方案

（此处略，本部分应写明发明点的技术内容，说明其工作过程和工作原理，并对照现有技术写明发明的有益效果。）

（三）使用材料

1. 本研发产品需使用的材料包括：________________________。

2. 本研发产品所需要的配件包括：________________________。

</td></tr>
</table>

（续）

3. 本研发产品对配件的要求有：________________________。

注：本部分应说明新研发的产品所使用的材料、配件以及对材料、配件的要求等。

四、附图说明

结合附图对本产品进行进一步说明。

（一）工作原理图（略）

（二）产品构造图（略）

（三）操作流程说明图（略）

五、权利要求

（一）独立权利要求

××产品所包含的部件有××、××、××及××等，其特征为：________。

（具体内容详见附件“独立权利说明书”。一项发明应当只有一个独立权利要求。独立权利要求应从整体上反映发明的技术方案，记载解决的技术问题的必要技术特征。独立权利要求应包括前序部分和特征部分。前序部分要求写明保护的发明技术方案的主题名称及与其最接近的现有技术共有的必要技术特征。特征部分使用“其特征为”用语，写明发明区别于最接近的现有技术的技术特征，即发明为解决技术问题所不可缺少的技术特征。）

（二）从属权利要求

1. 根据独立权利要求，××产品的外观特征为：________。

2. 根据独立权利要求，××产品的内部结构特征为：________。

（本部分的具体内容详见附件“从属权利说明书”。从属权利要求应当用附加的技术特征，对所引用的权利要求作进一步的限定。）

六、产品说明书摘要

（略，本研发产品名称为________，采用××技术和××技术作为研发本产品的支撑技术，主要用于__________和__________等。本产品的形状为__________，主要构造特征为__________。根据《中华人民共和国专利法实施细则》第二十四条的规定，说明书摘要应写明发明的名称、技术方案的要点以及主要用途，尤其要写明发明主要的形状、构造特征。摘要全文不超过300字，不得使用商业性的宣传用语，并提交一幅从说明书附图中选出的附图作摘要附图。）

七、附表、附件

（一）专利申请申报表

××产品的专利申请申报内容详见下表。

（续）

专利申请申报表

申请日期：____年__月__日

<table>
<tr><td rowspan="7">拟申请专利
基本情况</td><td>申请单位</td><td>××公司</td></tr>
<tr><td>拟申请专利名称</td><td>××产品</td></tr>
<tr><td>发明人</td><td>赵××</td></tr>
<tr><td>拟申请专利类型</td><td>□ 发明专利 □ 实用新型专利 □ 外观设计专利</td></tr>
<tr><td>拟申请地域</td><td>□ 国内申请 □ 国外申请 □ PCT 申请
（选择国外或 PCT 申请的，请注明拟申请的国家）</td></tr>
<tr><td>技术状态</td><td>是否进行过科技成果鉴定 □ 是 □ 否
是否发表过文章 □ 是 □ 否
是否参与过展会展出 □ 是 □ 否
是否参与或应用于生产或销售 □ 是 □ 否
是否参与过技术交流 □ 是 □ 否
（若选“是”，则应附注详细信息）</td></tr>
<tr><td>技术文件</td><td>□ 技术背景材料（页数：____页）
□ 技术交底材料（页数：____页）
□ 查新检索报告（页数：____页）
□ 图纸或照片 （张数：____张）</td></tr>
<tr><td>所在单位</td><td colspan="2">审核意见：

签字：
日期：____年__月__日</td></tr>
<tr><td>知识产权
办公室</td><td colspan="2">审查意见：

签字：
日期：____年__月__日</td></tr>
</table>

注：有如下三种情况需要申请专利的，应在发生之日起六个月内提交专利申请。

（续）

<table>
<tr><td colspan="6">1. 在中国政府主办或者承认的国际展览会上首次展出的。
2. 在国务院有关主管部门或者全国性学术团体组织召开的学术会议或者技术会议上首次发表的。
3. 他人未经申请人同意而泄露其内容的。
（二）附件
1. 独立权利说明书（略）。
2. 从属权利说明书（略）。</td></tr>
<tr><td>编制人员</td><td></td><td>审核人员</td><td></td><td>审批人员</td><td></td></tr>
<tr><td>编制时间</td><td></td><td>审核时间</td><td></td><td>审批时间</td><td></td></tr>
</table>

10.1.2 知识产权工作计划书

<table>
<tr><td rowspan="2">文书名称</td><td rowspan="2">知识产权工作计划书</td><td>编　　号</td><td></td></tr>
<tr><td>受控状态</td><td></td></tr>
<tr><td colspan="4">一、目的
为了落实董事会发出的《关于做好知识产权工作的通知》的相关要求，进一步加强对本公司知识产权工作的管理，提升公司创新能力和核心竞争力，维护公司的合法权益，特结合公司实际情况，编制本计划书。
二、工作概述
从总体上看，我公司近几年在知识产权创造、运用、保护与管理等方面进行了一些积极探索，取得了诸多成效，但由于对公司知识产权工作缺乏系统管理，公司知识产权工作一直由研发、企管、生产、销售、法律事务等部门各自分散管理，使得知识产权管理在组织建设、制度建设、知识产权战略制定等诸多方面与通知要求仍有不少差距。
三、知识产权工作管理计划
（一）加强组织领导和制度建设
本年度，公司将在知识产权工作中进一步提高认识，加强公司知识产权工作的指导思想和战略目标，以及以商标权、专利权、商业秘密为重点的知识产权的价值管理，完善知识产权制度，优化知识产权环境，着力提升本公司知识产权创造、运用、保护和管理能力。
1. 组织领导建设
由法律总顾问和法律事务机构负责知识产权的综合管理，总法律顾问在知识产权运用、保护和管理中充分发挥组织协调和审核把关作用，建立涉及研发、生产、销售、法律事务等方面的工作机制，统筹与知识产权相关的各项工作，具体工作内容如下图所示。</td></tr>
</table>

（续）

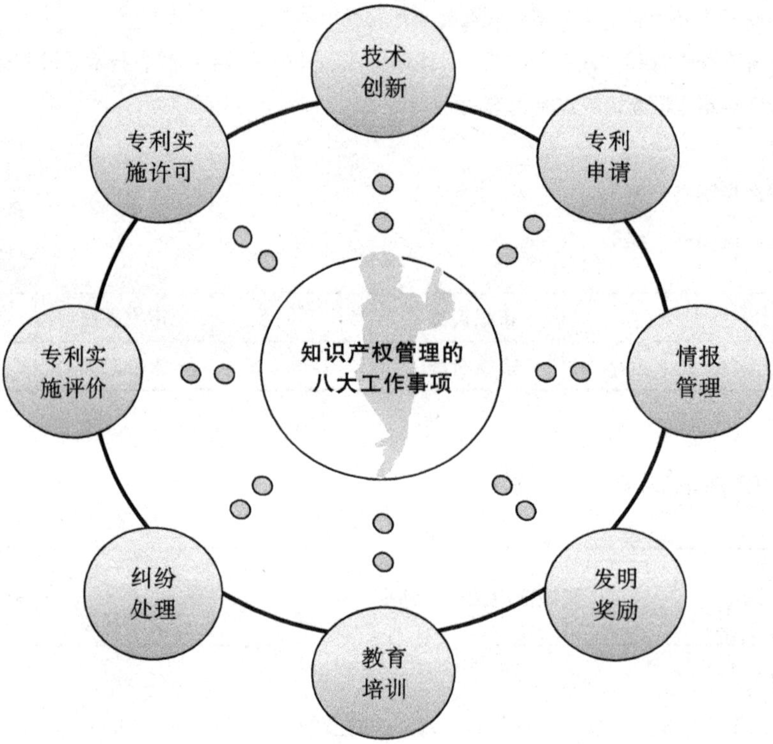

知识产权管理的工作事项

2. 制度建设

在制度建设方面，我公司将逐步健全相关管理制度，建立有关知识产权信息检索、运营管理、侵权预警以及奖惩等制度，进一步提高知识产权管理的信息化水平，健全知识产权工作奖励机制。

3. 人才队伍建设

在知识产权人才队伍建设方面，加大人才引进、培养、使用的力度，努力培养一批能够进行知识产权分析且熟练运用有关国际规则的复合型人才。

（二）研究制定系统的企业知识产权战略

为切实增强企业核心竞争力和抵御各种风险的能力，____年度，公司将逐步改变以往对知识产权缺乏系统统筹管理的工作状况。

1. 制定知识产权战略

组织相关部门研究制定系统的企业知识产权战略，将本企业知识产权战略与经营战略、研发战略、市场竞争战略、人才战略紧密结合起来，贯穿到企业科研、生产、经营和管理的全过程，并建立战略制定、执行、反馈、完善的封闭流程。知识产权战略管理流程如下图所示。

（续）

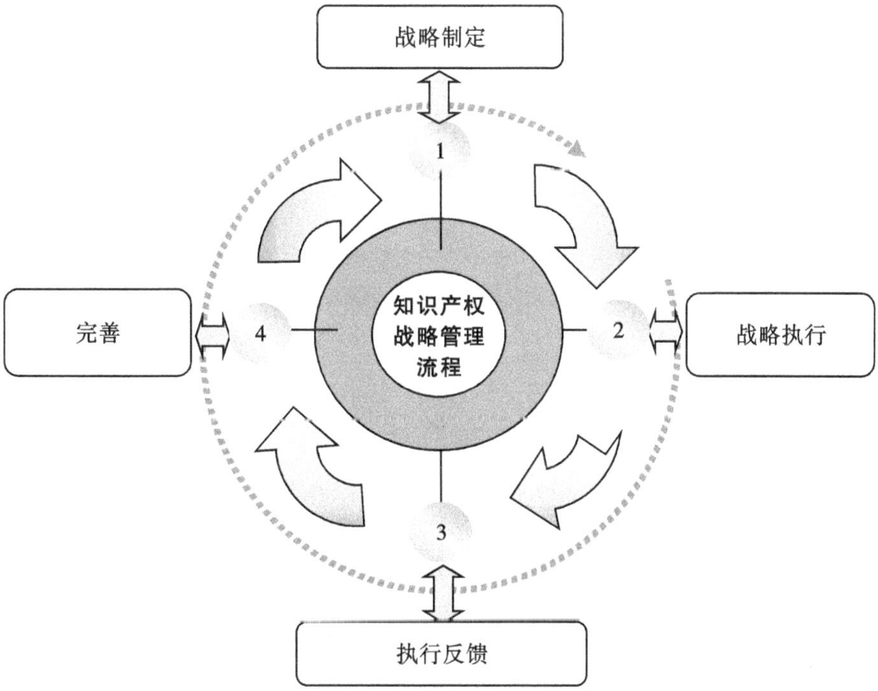

知识产权战略管理流程

2. 做好知识产权权属界定

____年度，公司将进一步深入开展企业及权属企业知识产权状况的调查和梳理，做好权属界定，加强对本企业商标权、专利权及商业秘密的保护、管理和利用。

（三）加强科研开发，努力推进知识产权成果的转化

公司高度重视科技创新工作，内部设有研发中心，不断引进、培养科研技术人员，并充分发挥其科技创新能力。____年度，公司在科技创新及其成果转化工作方面主要做好以下六个方面工作。

1. 利用国家和省对科技创新专项资金、税收、专利奖励等各项优惠政策，加大科研开发力度，力争在关键领域和核心技术上拥有自主的知识产权。

2. 用自主研发、合作开发、购买等方式获取本企业所需专利技术。

3. 对公司现有的仍具有保护价值的专利进行续费保护。

4. 积极做好专利申请，争取将科研成果全部纳入国家法律保护范围内。

5. 推进知识产权成果的资本化运作，通过知识产权使用许可、转让、出资、质押等方式实现其市场价值，并转化为有效生产力。

6. 对公司内部相关工作人员进行专业培训，并申报全国专利代理人资格考试。

（续）

<table>
<tr><td colspan="6">（四）实施以自主知识产权为支撑的品牌战略
截至目前，公司共有注册商标____件，其中企业商标____件，其他产品商标____件。____年度，我公司将继续实施以自主知识产权为支撑的品牌战略，按照公司《商标管理办法》加强公司商标管理，重点做好商标注册、续展、许可、转让及驰名商标的保护工作，进一步将公司产品推向国际市场。
（五）加强知识产权风险控制
知识产权的创造、运用、保护和管理工作涉及研发、生产、销售、法律事务、企管等多个部门，每个环节都是专业性很强的工作，因此做好知识产权风险控制必须统筹安排，由各部门各负其责、合作协调地配合工作。
1. 建立风险预警和控制机制
年度，公司在知识产权风险控制工作中，认真按照《通知》要求，从加强组织和制度建设入手，建立知识产权风险预警和控制机制，把知识产权法律保护纳入企业全面风险管理之中。
2. 明确各部门职责
对涉及企业知识产权技术创新、专利申请、商标注册、知识产权评估、管理、保护和纠纷处理等各个环节，由各部门按照职责分工，各负其责，做好企业知识产权法律风险的事前预防，同时做好事中控制和事后应对工作。</td></tr>
<tr><td>编制人员</td><td></td><td>审核人员</td><td></td><td>审批人员</td><td></td></tr>
<tr><td>编制时间</td><td></td><td>审核时间</td><td></td><td>审批时间</td><td></td></tr>
</table>

10.1.3 专利申请代理委托合同

<table>
<tr><td rowspan="2">文书名称</td><td rowspan="2">专利申请代理委托合同</td><td>编　号</td><td></td></tr>
<tr><td>受控状态</td><td></td></tr>
<tr><td colspan="4">甲方：________________________________
乙方：________________________________
一、引言
甲乙双方依照《合同法》《专利法及其实施细则》和《专利代理条例》的规定，就甲方的发明创造委托乙方代理申请中国专利（□ 发明　□实用新型　□外观）的具体事宜，签订如下条款，合同双方均须遵守此委托合同。
二、代理服务内容
乙方作为被委托方，应做好以下代理工作。
1. 起草撰写专利申请文件，包括请求书、说明书、权利要求书、摘要、外观设计图片和照片、外观设计简要说明。</td></tr>
</table>

（续）

2. 审查意见答复，包括初审补正、初审意见陈述、发明实审答辩。

3. 处理申请审查过程中的相关事务等。

三、双方权责

（一）对申请负责

1. 甲方应当对申请专利发明创造的新颖性、创造性、实用性负责，并清楚完整地向乙方指定的代理人介绍有关背景技术及发明内容，提供技术交底书及相关文件，配合完成乙方申请代理工作。

2. 在审查期间，乙方在征求甲方意见后，根据审查员的意见修改专利申请文件，答复审查员。

（二）违约责任

1. 合同签订后，乙方无故终止或由乙方原因造成申请文件被撤回、被驳回，乙方应退还全部代理费用。

2. 甲方无故解除或由甲方原因造成申请文件被撤回、被驳回等使申请程序不能进行，所收费用乙方不予退还。

（三）保密责任

根据《专利法》第十九条和《专利代理条例》规定，乙方应做出如下承诺。

1. 乙方不得将所了解的甲方信息和文件泄露给任何第三方，否则将依法承担由此给甲方带来的经济损失。

2. 乙方认可其员工或委托代理人的行为代表乙方意志，如果员工或委托的代理人有违反第 1 条的泄密行为的，乙方应承担赔偿责任，相关责任人承担连带赔偿责任。乙方承诺将告知其员工或代理人本协议约定的保密事项。

3. 对于甲方因申请专利需要提交乙方的全部资料的原件，除应上缴专利管理部门的以外，在申请工作完成后，乙方均应及时返还甲方。如因乙方保管不善造成资料遗失，乙方须对甲方承担实际损失赔偿责任。

4. 乙方应妥善保管甲方的专利申请档案，非涉案人员不得查阅、摘抄、复制。

5. 甲方与乙方合作过程中，乙方对甲方所知悉和了解的商业秘密也负有保密义务。经调查，甲乙双方达成协议，乙方的责任造成甲方的商业秘密泄露，乙方依法承担赔偿由此给甲方带来的全部经济损失。

（四）免责条款

若因不可抗力因素导致该协议未履行完毕，双方互不承担责任。

四、工作进度要求

1. 甲方应当按照乙方要求提供完整的技术交底书，并积极配合乙方工作。

2. 乙方在收到符合要求的技术交底书后____个工作日内完成申请文件的初稿。

3. 初稿完成后，乙方应交由甲方审阅认可。

4. 甲方认可后交由乙方递交国家知识产权局，取得专利申请号和《专利受理通知书》（按照正常情况，实用新型从申报到获得专利授权通知书时间为 8 ~ 10 个月，遇有特殊情况，如专利权争议，可延迟授权）。

（续）

五、乙方服务跟进管理

乙方在代理服务期间应做好服务跟进管理。

1. 负责代理甲方发明专利申请事宜，乙方需一直跟进此项工作，直到甲方拿到国家知识产权局签发的专利注册证书为止。具体须根据甲方提供的技术资料编制专利请求书、权利要求书、说明书等技术文件，按照国家知识产权局公告（第75号）专利收费项目和标准办理费用请求减缓手续等书面材料，将书面材料递交国家知识产权局（所有书面材料递交前必须交甲方确认），并负责转交相关官方文件。

2. 乙方在专利申请、受理、初审、授权及领取国家知识产权局签发的专利注册证书等阶段，须向甲方提供相关书面证明材料，证实甲方所申请注册专利已经通过或正在进行以上环节的审查。

3. 免费为公司提供专利申请、专利背景技术查询等咨询服务，根据客户在专利申请或专利保护方面存在的问题，为甲方提供专业、全面的专利申请和保护建议。

4. 免费代办资助。根据××市和所在区域的专利资助规定，在甲方收到专利授权公告后的规定期限内，免费为甲方办理××市和所在区域专利资助的申请。

5. 免费专利管理。自甲方取得专利权之日起，在专利的保护期限内，免费为客户进行专利流程管理、专利年费监控与通知。

6. 免费专利维权。免费为甲方提供24小时法律咨询服务，如发现有公司或经销商侵犯了甲方的专利权，在征得甲方同意后，免费为甲方代发律师函警示侵权方。

六、合同期限

截至专利授权通知之日，如果由于甲方原因造成申请被撤回、被驳回等使申请程序不能进行，本合同终止，甲方应承担相应责任。在此期间，乙方就有关法律文书、通知等以面交、传真、电子邮件或挂号邮寄的方式按甲方提供的电话、联系人及地址通知甲方。其中，以挂号邮寄方式通知甲方的，自发出之日起满15日推定为甲方收到之日。

七、付费方式

甲方应在签订合同5个工作日内以（□ 现金　□ 转账　□ 支票形式）一次性支付所有委托费用。

八、合同生效

本合同经甲乙双方授权代理签字、盖章后即时生效，合同正本一式两份，甲乙双方各执一份，均具有同等法律效力。

甲方：××××公司　　乙方：××××公司
代表：　　代理人：
电话：　　电话：
地址：　　地址：
日期：　　日期：

编制人员		审核人员		审批人员	
编制时间		审核时间		审批时间	

10.1.4 技术人员保密协议

文书名称	技术人员保密协议	编　号	
		受控状态	

甲方：　　　　　　　　　　　　　　　　乙方：

法定代表人：　　　　　　　　　　　　　身份证号：

地址：　　　　　　　　　　　　　　　　住所：

一、引言

鉴于乙方在甲方任职，并获得甲方支付的劳动报酬，且作为甲方的技术人员，乙方在任职期间将会获悉甲方的专利技术、技术秘密和商业机密等，为有效保护甲方的合法权益，根据《中华人民共和国合同法》《中华人民共和国反不正当竞争法》《中华人民共和国劳动合同法》及相关法律法规等规定，双方当事人应本着平等、自愿、公平和诚实信用的原则，就乙方在任职期间及离职以后应当履行的保密义务签订本协议。

二、术语解释

1. 本协议所指的“保密信息”，包括甲方所有的专利技术、技术秘密和商业机密，以及与前述信息、秘密相关的图纸、数据、报表等相关资料。

2. 本协议所指的“专利技术”，系指甲方享有专利权或专利申请权的技术和专利技术（含申请）产品信息及与之相关的图纸、数据、报表等所有资料。

3. 本协议所指的“技术秘密”，系指甲方专有，并且虽未获得专利保护或申请专利，但甲方已经采取保密措施保护的生产工艺或技术手段（含制造方法），包括但不限于以下形式：技术方案、制造方案、工艺流程、数据库、计算机软件、实验及测试结论、技术数据、图纸、样品、样机、模型、模具、说明书等有关信息及资料。

4. 本协议所指的“商业机密”，系指甲方所有的其他不为公众所知悉、能为甲方带来经济利益，具有实用性并经甲方采取保密措施的技术信息和经营信息，以及一切与之相关的数据、资料等。

5. 甲方依照法律规定（如在缔结过程中知悉其他相对人的商业机密）和在有关协议的约定（如技术合同）中对外承担保密义务的事项，也属本保密协议所称的“商业机密”。

6. 乙方对上述专利技术、技术秘密和商业机密承担保密义务。本协议的签订可认为甲方已对上述保密信息采取了合理的保密措施。

三、乙方的保密义务

1. 乙方在甲方任职期间，必须遵守甲方规定的任何成文或不成文的保密规章、制度，履行与其工作岗位相应的保密职责。

对于甲方的保密规章、制度没有规定或规定不明确之处，乙方亦应本着谨慎、诚实的态度，采取任何必要、合理的措施，维护其在任职期间获悉的本协议约定的保密信息。

（续）

2. 乙方应承诺，未经甲方同意，不得故意或过失泄露、告知、公布、发布、出版、传授转让或以其他任何方式使任何第三方（包括按照保密制度的规定不得知悉该项秘密的甲方其他员工、媒体和公众）知悉本协议约定的保密信息，也不得在履行职务之外使用这些保密信息。即使这些信息甚至可能是全部由乙方本人因工作而构思或取得的。

3. 在任何时候，乙方保证自己不实施或帮助（有偿或无偿）第三人实施任何形式的侵犯甲方专利权和专利申请权的行为（包括以任何形式实施或使用甲方专利技术的全部或部分）。

4. 如果乙方发现甲方的保密信息被泄露或者因自己的过失泄露了甲方的保密信息，应当采取有效措施防止泄露进一步扩大，并及时书面报告甲方法定代表人或法务部负责人。

5. 乙方应妥善保管办公室钥匙等公司财产以及所有与工作有关的技术资料、试验设备、试验材料、客户名单等。

6. 在任何时候，乙方均承认甲方因投资、支付劳动报酬而享有所有乙方在任职期间，参与实施、研发或获得、制作的甲方保密信息的所有权，并承诺恪守本协议约定的保密义务。

7. 乙方因职务上的需要所持有或保管记录着甲方秘密信息的文件、资料、图表、笔记、报告、信件、传真、磁带、磁盘、仪器以及其他任何形式的载体，均归甲方所有，而无论这些秘密信息有无商业上的价值。

8. 在劳动合同关系终止后，乙方仍应遵守本协议约定的保密义务，并在离职手续办理期间将其保管的所有有关甲方保密信息的资料交还给甲方，不得复制、保留任何文件或文件副本。

9. 本协议未约定但依据诚实信用原则和有关法律法规的规定乙方应当遵守的其他保密义务。

四、知识产权归属

1. 双方确认，乙方在甲方任职期间，因履行职务或者主要利用甲方的物质技术条件、业务信息等产生的发明创造、作品、计算机软件、技术秘密或其他商业机密信息，有关的知识产权均归甲方享有。甲方可以在其业务范围内充分自由地利用这些发明创造、作品、计算机软件、技术秘密或其他商业机密信息，进行生产、经营或向第三方转让。乙方应当依甲方的要求，提供一切必要的信息和采取一切必要的行动，包括申请、注册、登记等，协助甲方取得和行使有关的知识产权。

2. 上述发明创造、作品、计算机软件、技术秘密及其他商业机密有关的发明权、署名权（依照法律规定应由甲方署名的除外）等精神权利及法定经济权利由作为发明人、创作人或开发者的乙方享有，甲方尊重乙方的精神及经济权利并协助乙方行使这些权利。

五、保密期限和保密费

1. 本协议自乙方入职或本协议签订之日起生效。

2. 乙方离职后无限期承担本协议约定的保密义务，直至甲方宣布解密或保密信息合法进入公有领域。

3. 经乙方认可，甲方在支付乙方工资报酬的同时，每月向乙方支付技术信息保密费用____元，已考虑了乙方在职和离职后需要承担的保密义务，故甲方无须在乙方离职时另行支付技术信息保密费用。

（续）

六、违约责任

1. 乙方违反协议中的保密义务，给甲方造成损失的，须向甲方支付因乙方违约给甲方造成的损失。

2. 以上所述损失赔偿数额按照以下方式计算。

（1）损失赔偿为甲方因乙方的违约或侵权行为所受到的实际经济损失，计算方法是：因乙方的违约及侵权行为导致甲方的产品销售数量下降，其销售数量减少的总数乘以每件产品利润所得之积。

（2）如果甲方的损失按照方法（1）所述的计算方法难以或无法计算的，损失数额为乙方（或其协助的第三人）因违约或侵权行为所获得的全部利润。计算方法是乙方（或其协助的第三人）从每件与违约或侵权行为直接相关的产品获得的利润乘以在市场上销售的总数所得之积；或者以不低于甲方专利技术、技术秘密或商业机密许可使用费的合理数额作为损失赔偿额。

（3）甲方因调查乙方的违约或侵权行为而支付的合理费用，如律师费、公证费、取证费等，应当包含在损失赔偿额之内。

（4）因乙方的违约或侵权行为侵犯了甲方的专利技术或商业机密权利的，甲方可以选择根据本协议要求乙方承担违约责任，或者根据国家有关法律、法规要求乙方承担侵权责任。

3. 若乙方违反本协议约定或实施了其他侵犯甲方专利权（包括专利申请权）等合法权益或其他损害甲方利益的行为，甲方有权撤销包括期股、期权在内的授予乙方的一切奖励。

4. 若乙方违反本协议而导致甲方遭受第三方的侵权指控时，乙方应当承担甲方为应诉而支付的一切费用；甲方因此而承担赔偿责任的，有权向乙方追偿。上述应诉费用和侵权赔偿，甲方可以从乙方的工资报酬中直接支付。

5. 甲方保留一切通过法律手段追求乙方违约或侵权责任的权利，包括追究其刑事责任。

七、争议的解决方式

因执行本协议而发生的纠纷，可以由双方协商解决。如协商不成，双方均可向当地有管辖权的人民法院提起诉讼。

八、双方确认

在签署本协议前，双方已经详细审阅了协议的内容，并完全了解了协议各项条款的法律含义。

九、协议生效

本协议一式两份，双方各执一份，均具有同等法律效力，经双方签字盖章后生效。

甲方：　　　　乙方：

法定代表人：　　　　法定代表人：

____年__月__日　　　　____年__月__日

编制人员		审核人员		审批人员	
编制时间		审核时间		审批时间	

10.2 知识产权管理方案

10.2.1 知识产权日常管理方案

<table>
<tr><td rowspan="2">方案名称</td><td rowspan="2">知识产权日常管理方案</td><td>编　号</td><td></td></tr>
<tr><td>受控状态</td><td></td></tr>
<tr><td colspan="4">

一、目的

为了促进公司知识产权的良性发展，更好地保护自有知识产权，维护公司的经济利益和合法权益，做到规范化经营管理，特制定本方案。

二、适用范围

本方案适用于本公司知识产权管理的所有工作。

三、名词解释

知识产权，是指民事主体对智力劳动成果依法享有的专有权利，包括商业机密权（经营信息、技术信息）、专利权、商标权、著作权等。在日常经营活动中，我公司所涉及的知识产权主要包括商业机密、专利权及商标权三项知识产权。

（一）商业机密

商业机密，是指不为公众所知悉，能为权利人带来经济利益，具有实用性并经权利人采取保密措施的技术信息和经营信息，包括但不仅限于设计、程序、产品配方、制作工艺、制作方法、客户名单、货源情报、产销策略、招投标中的标底及标书内容等信息。

（二）专利权

专利权，是指发明创造人或其权利受让人对特定的发明创造在一定期限内依法享有的独占实施权，包括发明、实用新型、外观设计。

（三）商标权

商标权是法律赋予商标注册申请人对注册商标进行支配的权利，包括使用权和禁用权。

四、职责权限

知识产权管理中心是公司知识产权管理的归口部门，主要负责的工作包括三个方面。

（一）规划管理

1. 根据公司业务运营及发展的实际需要，定期提出知识产权工作实施策略建议，全面推动公司知识产权的管理工作。

2. 协助有关领导制订和实施年度知识产权工作计划，并不断完善各项知识产权管理制度。

（二）组织协调及沟通

1. 联系政府有关行政部门、司法机关以及行业知识产权组织，及时了解政府和行业管理部门的有

</td></tr>
</table>

（续）

关信息，并适时向公司领导反映知识产权管理工作的进展情况。

2. 参与对外技术交流、技术合作、技术贸易等有关合同或协议的起草工作，以及对外知识产权谈判。

3. 协助组织有关单位进行知识产权的评估，督促并办理各项知识产权的申请、注册、登记等事宜。

（三）日常事务管理

1. 以保护公司知识产权为目的，参与对外发布信息、发表论文、参加展览会和研讨会之前的信息审查。

2. 对公司所受到的知识产权方面的侵害或指控进行调查，并及时提出对策建议，处理纠纷，向有关责任人追偿由其侵害行为造成的损失。

3. 对牵涉公司的知识产权纠纷进行了解并提出分析意见和处理建议，进行法律诉讼事宜。

4. 向有关人员提供知识产权的法律咨询和组织培训。

五、知识产权管理内容

知识产权管理中心负责公司专利权、商标权及商业机密的日常管理工作。

（一）专利权管理

1. 结合公司业务的实际需要，参与制定并组织实施有关专利权方面的规章制度。

2. 协助办理有关专利的申请、授予等法律程序。

3. 定期查阅专利公报，及时发现他人提出的可能损害本单位利益的专利申请，并提出具体处理的法律意见。

4. 密切注意国内、国际同行业中是否有擅自使用公司专利技术的情况，如发现应先收集证据，再通过法律手段制止侵权行为。

5. 在进行专利技术的许可使用或转让时，参与合同的起草、签约等过程。

（二）商标权管理

1. 及时为公司有关产品使用的商标进行注册，或根据需要申请服务商标注册。

2. 在申请商标注册时，对相同产品或服务商标使用领域进行检索，根据需要确定商品类别和申请注册商标的国家。

3. 定期上网查阅，检查在相同产品或服务领域是否有他人注册和使用与公司相近似的商标，并通过法律手段制止侵权行为。

4. 在进行注册商标的许可使用或转让时，参与合同的起草、签约等过程。

（三）商业机密管理

1. 协助制定公司商业机密的范围和内容，并采取相应措施加以保护。

2. 对知悉或可能接触商业机密的人员，在签订劳动合同时，加入保守商业机密条款。

（续）

<table>
<tr><td colspan="6">
3. 在对外业务谈判或接待外单位人员、参加对外技术交流和展示活动的过程中制定保密责任制度。
4. 对泄露公司商业机密并造成损失的行为予以查实，并提请有关领导处理。
六、相关人事管理
1. 在建立健全知识产权管理规章的同时，应使全体员工了解和遵守有关制度，明确员工保护知识产权的职责。
2. 对于新聘用人员进行岗前知识产权法律知识教育，或进一步与其签订有关保护知识产权的协议。
3. 对进行技术交流、技术培训的外派人员，事先进行有关知识产权的专门教育，防止丧失应属于公司的知识产权和技术秘密。
4. 对有关的调出、离职、退休人员，应依照有关规定将在本单位从事研究开发工作的全部技术资料、试验设备、正在开发中的产品以及编制的计算机程序和有关文档等交还公司。
</td></tr>
<tr><td>编制人员</td><td></td><td>审核人员</td><td></td><td>审批人员</td><td></td></tr>
<tr><td>编制时间</td><td></td><td>审核时间</td><td></td><td>审批时间</td><td></td></tr>
</table>

10.2.2 知识产权管理应急方案

<table>
<tr><td rowspan="2">方案名称</td><td rowspan="2">知识产权管理应急方案</td><td>编　　号</td><td></td></tr>
<tr><td>受控状态</td><td></td></tr>
<tr><td colspan="4">
一、目的
为了维护公司权益，及时、妥善地处理好各类知识产权侵权事件，特制定本方案。
二、适用范围
本方案适用于专利和商标受到侵权或被控侵权以及公司商业机密受到侵害时的处理。
三、相关职责
知识产权管理中心为此类事项的归口部门，负责本方案的具体实施工作。
四、专利被侵权处理流程
知识产权管理中心应先确认对方行为是否属于侵权行为，然后按以下步骤进行处理。
（一）准备工作
1. 知识产权管理中心组织聘请对化工行业比较熟悉且经验丰富的专利律师。
2. 由专利律师、知识产权中心主管、知识产权管理中心和专利发明人组成应急小组。
</td></tr>
</table>

（续）

（二）确认公司专利权是否有效、专利权是否成立

1. 应急小组认真对比分析对方使用的技术与自己的专利技术，以确定专利侵权是否成立。

2. 专利律师对公司专利进行分析，在应急小组确认公司的专利权有效、专利侵权成立后，着手下一步工作。

（三）收集证据

1. 知识产权管理中心提交公司享有专利权的证据，包括专利证书、专利申请文件等。

2. 知识产权管理中心收集侵权者相关信息，包括侵权者确切的名称、法人代表、公司地址、公司特性、注册资金、人员数、经营范围等。

3. 知识产权管理中心组织市场部等相关部门收集侵权事实的证据，包括有侵权物品的实物、照片、产品目录、销售发票、销售合同等。

4. 律师、知识产权管理中心组织财务部、投资部等收集损害赔偿的证据，赔偿金额的确定由知识产权主管在咨询专业律师后决定，具体的索赔依据如下图所示。

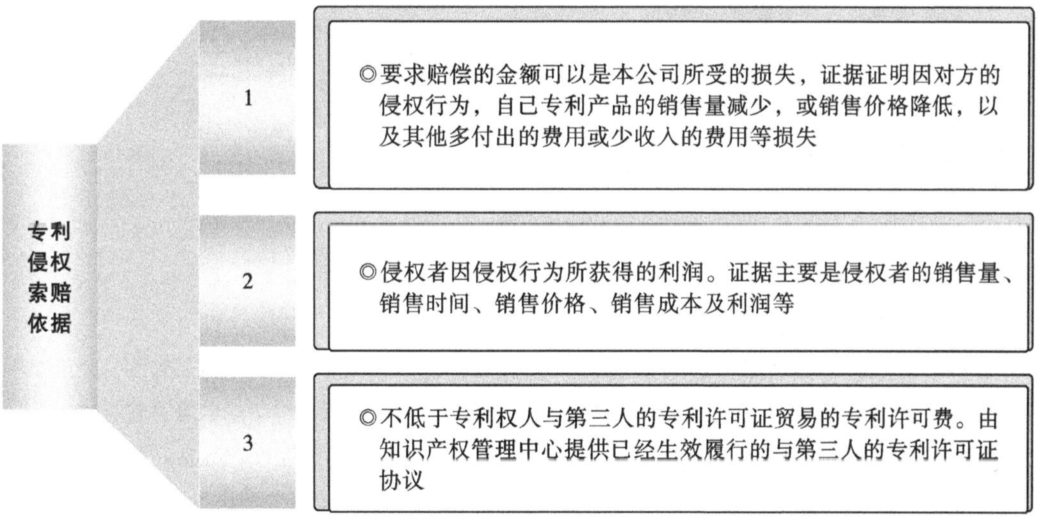

专利侵权索赔额度确认的三种依据

（四）发出警告

确定侵权成立后，在总经理的指导下，知识产权管理中心应向侵权方发出警告函，要求对方停止侵权行为。警告函的寄送方式应以能够获得寄送凭证的目的为准。警告函应包括如下图所示的所有内容。

（续）

警告函中所包括的内容

（五）向法院申请“临时禁止令”

1. 在咨询专业律师的前提下，如有证据证明侵权人正在实施侵犯我公司专利权的行为，并且如不及时制止将会使我公司合法权益受到难以弥补的损害的，公司应在起诉前向法院申请“临时禁止令”，责令侵权方停止相关侵权行为。

2. 申请“临时禁止令”时，知识产权管理中心需准备除了公司享有的专利权和侵权事实的证明材料外，还需要提供一份详细和专业的技术分析报告，或者由技术部门出具的专家意见和财产担保的证明材料。此外，应急小组需要对侵权人正在实施的侵权行为向法院做出说明。

（六）侵权协商

应急小组出面与侵权人进行沟通协商，看能否和解，或者要求侵权人签订专利实施许可合同或专利转让合同，和解不成，采用行政处理或诉讼来解决侵权事件。

（七）选择解决方式

1. 由应急小组会同财务部，权衡比较后是交专利管理机关处理还是通过法院进行民事诉讼解决。

（续）

2. 权衡应诉包括诉讼金额、诉讼成功率、赔偿金额是否能挽回公司损失等。

3. 如果选择民事诉讼，知识产权管理中心要积极配合专利律师的工作。

4. 不管采用哪种方式，应急小组都要积极准备所需的材料。

五、公司商标被侵权处理措施

在发现公司商标被侵权后，相关人员应按如下图所示的措施进行处理。

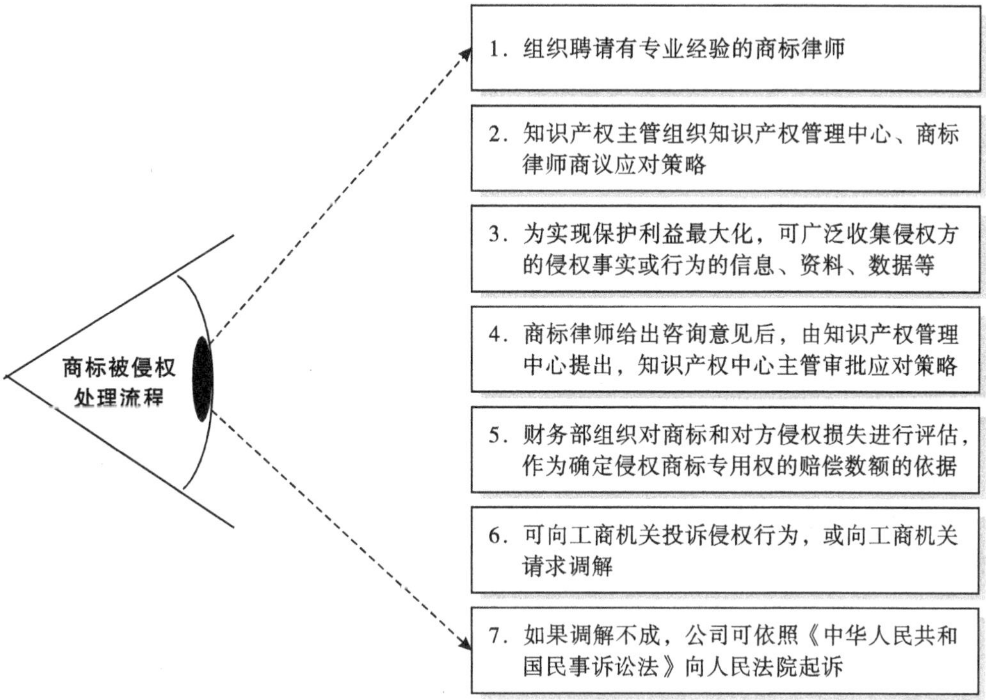

商标被侵权后所应采取的措施

六、商业机密被侵害的处理办法

公司的商业机密被侵犯，则视不同情况，分别向不同部门起诉，寻求司法保护。

（一）员工泄密

与公司签订《劳动合同》的员工，期限未满，擅自跳槽，并带走公司商业机密，侵犯公司利益的，公司可依据《中华人民共和国公司劳动争议处理条例》向当地劳动争议仲裁委员会申请仲裁。对仲裁裁决不服的，可以在 15 日内向人民法院起诉。

（二）损失较小

如果公司预计损失不会太大，对公司商誉不会有影响，公司可以与侵害人进行协商，要求其停止侵权行为并做适当赔偿，以维护自身的正当权益。

（续）

（三）损失较大

如果侵权行为给公司造成的损失较大，公司要组织聘请专业律师，确定赔偿金额，直接向人民法院起诉。

（四）违法行为

公司的商业机密被侵犯时，其可以向县级以上工商行政管理部门投诉，由工商部门收集商业机密及侵权行为的有关证据。

七、公司专利侵权指控处理流程

知识产权管理中心应对警告函或诉讼的内容，确认所谓的侵权行为是否为公司所为。如公司确有侵权行为，则应做好以下工作。

（一）准备工作

1. 知识产权管理中心组织聘请对××行业比较熟悉且经验丰富的专业律师。

2. 由专利律师、知识产权中心主管、知识产权管理中心和专利发明人组成应急小组。

（二）分析该专利侵权是否成立

1. 知识产权中心主管组织知识产权管理中心对侵权指控事实进行调查，确定本公司是否生产了专利产品或使用了专利方法。

2. 技术中心调阅原告的专利文件，确定该专利的保护范围。

3. 技术中心自检本公司的产品或方法，是否具备专利独立权利要求的全部技术特征，或在某些特征不同的情况下，它们之间是否构成等同；如果产品或方法缺少一个或一个以上的独立权利要求中的技术特征，或尽管不缺少，但其中一个或以上特征不构成等同，则侵权不成立。

4. 如果公司的行为是为生产经营目的使用或销售不知道时未经专利权人许可而制造并售出的专利产品或依照专利方法直接获得的产品，能证明其产品合法来源的，不承担赔偿责任，停止侵权行为即可。如确认公司的产品或方法已构成侵权，则还可进一步对该专利的有效性进行分析。

（三）分析该专利是否有效

1. 知识产权管理中心调查涉案的专利权是否仍在保护期内，专利权人是否缴纳了年费。

2. 由专业律师调查专利是否缺乏新颖性、创造性。

3. 如果根据以上检索结果分析，认为有可能宣告该专利无效，则公司应抓紧时间，在答辩期内，向中国专利局复审委员会提出宣告该专利无效请求，同时将宣告专利无效请求书复印件提交给法院，请求法院裁定中止诉讼程序。

（四）积极采取和解措施

如果该专利权无法宣告无效，公司应及时停止侵权，并由应急小组积极争取与专利权人达成和解协议，减少摩擦，降低损失。

（续）

<table>
<tr><td colspan="6">

（五）据理力争，应对诉讼

如果我公司与对方在赔偿数额上无法达成一致时，那么我公司就应作好应诉准备。公司需收集对自己有利的证据和法律依据来支持自己的主张，维护己方权益。

八、公司商标侵权指控处理流程

1. 知识产权管理中心调查对方的商标注册情况，如是否为注册商标、是否为驰名商标、是否是正在申请注册中的商标。

2. 市场部认真核对自己使用商标以及销售商品使用商标的情况，包括商标标识、商品或服务、许可他人使用的情况。

3. 知识产权管理中心及时委托有专业经验的律师或商标代理人处理或向市、区工商部门咨询有关问题，获得专业的意见和建议，并根据专业人士的意见做出具体的处理措施。该处理措施应交知识产权主管审阅，经总经理批准。

4. 如果不构成侵权，应当充分主张自己的权利，正确应对对方可能采取的行动。

5. 如果构成侵权可能性较大的，应先停止使用该涉嫌商标侵权的商标或撤下涉嫌侵权的商品，并做好相关记录，然后通过合理的方式与对方友好地协商解决问题。

6. 如协商不成，立即聘请商标律师或商标代理人准备应对对方的进一步措施。

</td></tr>
<tr><td>编制人员</td><td></td><td>审核人员</td><td></td><td>审批人员</td><td></td></tr>
<tr><td>编制时间</td><td></td><td>审核时间</td><td></td><td>审批时间</td><td></td></tr>
</table>

第11章 研发人员管理文书与方案

11.1 研发人员管理文书

11.1.1 研发人员录用通知书

研发人员录用通知书

尊敬的××先生：

非常荣幸地通知您，经过层层的考核筛选和我们慎重的考虑，××通信有限公司（以下简称公司）现正式邀请您的加盟！

一、以下是公司与您协议的录用条件，将会在您正式接受委任时生效。

1. 您的入职部门：研发部。
2. 您的任职职务：软件研发工程师。
3. 关于试用期及薪资标准由双方协商确定，来公司后详见劳动合同。

二、请您20××年×月×日来公司报到，报到时需提供以下资料。

1. 原单位离职证明，并由原单位盖章（入职当天请提交）。
2. 保险缴纳证明、失业转移单等。
3. 身份证原件及复印件四张。
4. 学历证明、职称证书原件及复印件两张。
5. 身份证照片4张（2寸蓝底）。
6. 近期体检报告。

预祝您在新的工作岗位上愉快、进步！

××有限公司

20××年××月××日

11.1.2 技术研发人员劳动合同

<table>
<tr><td rowspan="2">文书名称</td><td rowspan="2">技术研发人员劳动合同</td><td>编　　号</td><td></td></tr>
<tr><td>受控状态</td><td></td></tr>
<tr><td colspan="4">甲方：＿××技术有限公司＿
乙方：＿＿＿＿＿＿＿＿</td></tr>
</table>

（续）

根据《中华人民共和国劳动法》《中华人民共和国劳动合同法》和××市相关劳动法律、法规规定，甲乙双方在平等自愿、诚实信用的基础上，经友好协商，自愿签订本合同，并遵守本合同所列条款。

一、合同期限

1. 本合同为有固定期限的劳动合同。合同期从____年__月 日起至____年__月__日止。

2. 其中见习期从____年__月__日起至____年__月__日止；试用期从____年__月__日至____年__月__日止。

3. 本合同期满前一个月，经双方协商同意，可以续签；本合同期满后，任何一方认为不再续签本合同的，应在合同期满前____日内，书面通知对方。

二、工作要求

1. 乙方根据甲方工作安排，自愿担任研发工程师岗位工作，乙方应按时、按质、按量完成甲方指派的工作任务。

2. 甲方根据工作需要，有权临时安排乙方从事其他岗位工作（不超过3个月或双方商定的期限），但甲方需在期限届满后或临时工作结束后及时将乙方调回原岗位工作。

3. 乙方承诺同意并服从甲方的临时工作安排，乙方从事甲方临时安排的工作期间的报酬按原岗位/临时岗位（选择适用）____标准执行。

三、工作条件

1. 甲方应为乙方提供良好的工作环境和条件，为乙方的研发工作提供相关文件及数据资料，并负责发放各类研发使用设备及办公用品。

2. 甲乙双方都必须严格执行国家有关工作时间、生产安全、劳动保护、卫生健康等规定。

3. 甲方应为乙方提供符合规定的劳动保护设施、劳动防护用品及其他劳动保护条件。

4. 乙方应严格遵守各项规章制度及安全规程。

四、教育培训

乙方在甲方工作期间，甲方有义务对乙方进行公司规章制度、岗位职责、研发技能及保密工作的培训，以便乙方及时了解公司、掌握岗位工作方法及保密意识，从而提高个人工作能力。

五、工作时间说明

1. 乙方工作时间按国家法律规定，实施每天8小时工作制，每周六、周日休息。

2. 甲方可根据季节变化适当调整上下班时间。

3. 甲方因工作原因需要乙方加班时，应按照国家相关规定，支付乙方一定的加班费用或相应的补休时间；乙方主动加班须按照规章制度规定的程序报批，否则不视为加班。

六、劳动报酬

1. 乙方见习期间的月工资为____元；试用期的工资为____元；试用期满的定级工资为____元。

2. 甲方支付乙方月工资为____元，每月补贴____元。

（续）

3. 工资发放日为每月____日，遇到节假日顺延至最近的工作日，甲方不得无故拖欠。

4. 乙方工资的增减，奖金、津贴、补贴、加班工资的发放，以及特殊情况下的工资支付等，均按相关法律、法规、规章、政策以及甲方依法制定的规章制度执行。

七、福利待遇

（一）社会保险

甲乙双方依法参加社会保险，按期足额缴纳养老保险基金、失业保险基金、工伤保险基金、医疗保险基金、生育保险基金和住房公积金。乙方个人缴纳部分，由甲方在其工资中代为扣缴。

（二）福利待遇

1. 乙方享有国家规定的节假日等带薪假期。

2. 乙方工作满一年后，享有带薪年假____天；工作满3年后，享有带薪年假____天；工作满5年后，享有带薪年假____天。

3. 乙方依法享有的年休假、公休假、探亲假、婚丧假、女工孕期和产期及哺乳期待遇，以及解除和终止劳动合同时乙方生活补助费（经济补偿金）、医疗补助费的发放等，均按有关法律法规、规章、政策以及甲方依法制定的规定执行。

4. 乙方有权利参加甲方每年组织的旅游、参观、体育比赛等文体活动。

5. 甲方在节日负责发放礼品，并根据研发工作进展，及时发放津贴、奖金。

（三）乙方患职业病或因工负伤的待遇

1. 乙方因工或因病死亡的丧葬费、一次性抚恤费、供养直系亲属生活困难补助费等均由甲方按照有关法律法规、规章、政策执行。

2. 乙方患病或负伤的医疗期及其待遇、乙方供养直系亲属的医疗待遇等按法律法规、规章、政策和甲方依法制定的规定执行。

八、劳动纪律

1. 甲乙双方应严格遵守法律法规、规章和政策。

2. 甲方应依法制定各项具体的内部管理制度，乙方应服从甲方的合法管理。

3. 保密协议如下。

（1）乙方应当保守甲方的商业秘密，如具有实用性的研发进程及相关的技术信息。

（2）如乙方泄密给甲方造成损失的，乙方愿承担赔偿责任（包括但不限于诉讼费用以及因研发机密泄露造成业务量减少及经营困难等状况形成的其他损失）。

（3）本合同履行期内，乙方不得利用职务便利为自己或者他人谋取属于公司的商业机会，不得自营或者为他人经营与所任职公司同类的业务，否则甲方有权按照劳动合同法相关条款规定解除本合同并要求乙方赔偿损失。损失赔偿额相当于乙方因上述行为取得的收入或者甲方因上述行为造成的损失（包括预期利润损失）。

（4）关于相关保密措施详见本公司研发部门保密制度。

（续）

九、劳动合同的解除

（一）合同变更

具有下列情形之一的，经甲乙双方协商同意，可以变更本合同的相关内容。

1. 本合同订立时所依据的客观情况发生重大变化，致使本合同无法履行的。

2. 乙方不能从事或者不能胜任原岗位（工种）工作的。

（二）合同解除

1. 乙方具有下列情形之一的，甲方可以解除劳动合同，并不需事先通知乙方。

（1）在试用期间被证明不符合录用条件的。

（2）严重违反劳动纪律或者甲方规章制度的。

（3）严重失职、徇私舞弊，对甲方利益造成重大损害的。

（4）被依法追究刑事责任的。

（5）乙方提供虚假个人信息的。

2. 具有下列情形之一的，甲方可以解除劳动合同，但是应当提前30日以书面形式通知乙方本人。

（1）乙方患病或非因工负伤，医疗期满后，不能从事原工作也不能从事由甲方另行安排的工作的。

（2）乙方不能胜任工作，经过培训或者调整工作岗位，仍不能胜任工作的。

（3）乙方不能从事或者不能胜任原岗位（工种）工作，经甲乙双方协商又不能就变更本合同达成协议的。

（4）本合同订立时所依据的客观情况发生重大变化，致使本合同无法履行，经甲乙双方协商不能就变更本合同达成协议的。

3. 甲方濒临破产进行法定整顿期间或者生产经营状况发生严重困难，达到政府规定的严重困难企业标准，确需裁减人员的，应当提前30日向工会或者全体员工说明情况；听取工会或者员工的意见，并以书面形式向劳动行政部门报告后，可以解除劳动合同。

4. 乙方具有下列情形之一的，甲方不得依据上述第2、3点的规定解除劳动合同：

（1）患职业病或者因工负伤并被劳动鉴定委员会确认丧失或者部分丧失劳动能力的；

（2）患病或者负伤，在规定的医疗期内的；

（3）女员工在孕期、产期、哺乳期内的。

5. 有下列情形之一的，乙方可以随时通知甲方解除本合同。

（1）在试用期内的。

（2）甲方以暴力、威胁或者非法限制人身自由的手段强迫劳动的。

（3）甲方未按照本合同约定支付劳动报酬的。

（4）经国家有关部门确认，甲方劳动安全卫生条件恶劣，严重危害乙方人身安全和身体健康的。

（5）经甲乙双方协商一致，本合同可以解除。

（续）

（三）合同终止

本合同期满或者甲乙双方约定的本合同终止条件出现，应当即行终止。由于工作需要，经双方协商一致，可以续签劳动合同。

十、违约责任

1. 甲方违反本合同约定的条件解除合同，给乙方造成损害的，应承担赔偿责任。

2. 乙方违反本合同约定的条件解除劳动合同，或因乙方原因造成合同无效的，应向甲方承担赔偿责任（包括但不限于招聘费用、培训费用和其他相关费用）。

3. 本合同签订后，乙方未按时到甲方参加工作构成违约，甲方有权解除合同并要求乙方承担____元的违约金；甲方因自身原因未能安排乙方参加工作构成违约，乙方有权解除合同并要求甲方承担____元的违约金。如之后双方建立了劳动关系，则本条约定的解约权和违约金请求权自然丧失。

十一、其他事务

1. 本合同解除或终止时，乙方应履行下列义务。

（1）向甲方指定的人交接工作。

（2）完好归还其占有的甲方的办公用品、文件及研发设备等有形或无形资产。

（3）向甲方完整移交载有研发成果等信息的任何载体。

（4）协助甲方清理双方之间的债权、债务。

（5）完成甲方规定的离职程序，办理有关离职手续。

2. 本合同解除或终止时，甲方应履行下列义务。

（1）为乙方办理解除或终止劳动关系手续。

（2）自劳动关系终止之日起 15 日内为乙方办理档案和社会保险转移手续，非甲方原因未能及时办理的，甲方不承担责任。

（3）如乙方要求，甲方如实出具乙方在职期间的工作履历或绩效证明。

3. 本合同其他未尽事宜，甲乙双方可协商确定。

4. 甲方文件《××安全技术有限公司保密协议》作为本合同附件，与本合同同时具有法律效力。

十二、不可抗力

如发生不可抗力事件，受不可抗力事件影响的一方应取得公证机关的不能履行或不能全部履行协议的证明，并在事件发生后 15 个工作日内，及时通知另一方。双方同意，可据此免除全部或部分责任。

十三、争议解决

1. 本合同履行中发生劳动争议，甲乙双方应当协商解决，协商不成或不愿协商的，可以向本单位劳动争议调解委员会申请调解，调解不成的，可以向劳动争议仲裁委员会申请仲裁。甲乙任何一方也可以直接向劳动争议仲裁委员会申请仲裁。

2. 对仲裁裁决不服的，可以向人民法院起诉。

（续）

<table>
<tr><td colspan="6">

十四、协议生效及终止

本协议需由甲乙双方签字或盖章，以双方最后签字或盖章日期为生效日，双方权利和义务履行完毕，协议终止。

十五、合同留存及效力

本协议一式两份，甲乙双方各持一份，均具有同等法律效力。

甲　　方：　　　　乙　　方：
甲方代表：　　　　身份证号码：
地　　址：　　　　住　　址：
联系电话：　　　　户口所在地：
签订日期：　　　　签 订 日 期：

</td></tr>
<tr><td>编制人员</td><td></td><td>审核人员</td><td></td><td>审批人员</td><td></td></tr>
<tr><td>编制时间</td><td></td><td>审核时间</td><td></td><td>审批时间</td><td></td></tr>
</table>

11.1.3 技术研发人员外派协议书

<table>
<tr><td rowspan="2">文书名称</td><td rowspan="2">技术研发人员外派协议书</td><td>编　　号</td><td></td></tr>
<tr><td>受控状态</td><td></td></tr>
<tr><td colspan="4">

甲　　方：<u>××动力技术公司</u>
乙　　方：____________________
双方关系：<u>乙方为甲方研发部工程师</u>

根据工作需要，甲方将乙方外派到××分公司担任××项目研发技术顾问工作，经双方平等协商，就乙方在××分公司工作期间的有关工作职责、绩效考核、工资与福利待遇、劳动合同，违约责任等问题达成一致，并签订本协议。

一、协议期限

1. 本协议期限自____年__月__日至____年__月__日止，为固定期限。

2. 期间无论何种原因调离此项目，本协议自动终止。

二、外派岗位及要求

1. 甲方根据乙方研发工作能力及××分公司××项目研发岗位需求，委派乙方担任××分公司××项目研发技术顾问一职，其职责主要包括以下五个方面。

（1）对××分公司××项目的研发技术负责，严格执行××分公司的规章制度。

（2）在××项目的研发过程中履行研发技术顾问的职责，及时协调××分公司研发人员解决各类技术难题。

</td></tr>
</table>

（续）

（3）接受总公司《外派人员管理规定》中的相关内容。

（4）接受××分公司的各项工作考核（包括业绩、综合能力、品德、操守等方面）。

（5）履行其他相关职责。

2. 外派期间乙方要遵守甲方及外派单位××分公司的各项规章制度、岗位职责及职业规范的有关规定，做好本职工作。

（1）乙方承诺自觉服从××分公司的用工安排，遵守甲方各项规章制度，保守其商业秘密。

（2）根据工作需要乙方应服从甲方及××分公司所分配的岗位或调动。

（3）严格遵守外派协议规定的各项要求。

（4）××分公司规定的其他要求。

三、薪酬福利

1. 薪资规定如下。

（1）乙方月薪为税后（RMB）____元，该工资标准为自乙方达到××分公司××项目研发技术顾问岗位履行职责之日起实施。

（2）甲方委托××分公司每月5日直接发放工资（包括各类补助）给乙方。

2. 外派人员在外派期间，享受派驻公司规定的福利，具体以原岗位福利项目标准以及外派人员的等级和派驻地点的生活消费水平为标准，并按照“就高不就低”的原则进行核定。

（1）乙方派驻××分公司工作期间，继续享有甲方员工的各项福利待遇，并享受每日（RMB）____元外派补助。

（2）自乙方到达××分公司，住宿及三餐由××分公司负责提供。

（3）乙方的各项社会保险费用，均依照员工入职劳动合同规定，由甲方承担。

（4）假期及其他福利遵守××分公司规定。

四、甲乙双方的权利与义务

1. 甲方有权在乙方派驻用工单位期间对乙方进行管理、教育和违纪处理，并有权根据工作需要将乙方从用工单位撤回。

2. 甲方应为乙方提供符合国家劳动安全和卫生要求的保护措施与工作环境，按时支付乙方工资。

3. 乙方有权按时取得劳动报酬。

4. 乙方根据××分公司的工作需要和岗位安排，按时完成劳动任务，并达到相应的质量标准。

5. 本协议未约定事项，双方按照劳动合同相关条款约定执行。

五、违约责任

1. 合同签订后，甲乙双方均应全面履行本协议。

2. 乙方在派驻用工单位期间，若违反法律法规及劳动合同约定或用工单位所制定的规章制度给用工单位造成损失的，乙方应承担赔偿责任，如因此给甲方造成损失的，甲方有权向乙方追偿。

3. 甲方如违反本协议所确定的支付酬金之义务，乙方有权要求甲方支付未支付的酬金，并有权要求支付（就迟延支付数额的1%）违约金。

（续）

六、协议终止和解除

1. 甲方与乙方应签订劳动合同及本协议，本协议作为劳动合同的附件具有同等的法律效力。

2. 有以下情况之一的，本协议终止。

（1）外派单位工作情况发生重大变化导致乙方不能继续履行工作内容和职责的。

（2）因不可抗力事件发生不能继续履行协议的。

（3）甲乙双方协商一致解除本协议的。

（4）劳动合同终止时，本协议自然终止。

（5）双方权利义务履行完毕后，协议终止。

3. 乙方有下列情况之一的，甲方可解除本协议。

（1）严重失职、徇私舞弊的。

（2）甲方有权对乙方进行技能审核，若乙方考核不合格，甲方可以与乙方协商解除本协议，但必须提前____天书面通知乙方。

4. 乙方解除本协议时，应提前____天书面通知甲方。

七、不可抗力

如发生不可抗力事件，受不可抗力事件影响的一方应取得公证机关不能履行或不能全部履行协议的证明，并在事件发生后15个工作日内，及时通知另一方。若双方同意，可据此免除全部或部分责任。

八、争议解决

1. 本协议在履行过程中发生争议，甲乙双方应协商解决；如协商不成，任何一方均有权向本协议签署地人民法院提起诉讼。

2. 本协议签署地为________________。

九、协议生效

本协议需由甲乙双方签字或盖章，以双方最后签字或盖章日期为生效日。

十、协议变更

本协议未尽事宜，双方协商解决；协议的变更及修改须经双方同意，以书面形式变更。

十一、合同留存及效力

本协议一式两份，甲乙双方各持一份，均具有同等法律效力。

甲　　方：	乙　　方：
甲方代表：	身份证号码：
电　　话：	电　　话：
签订地点：	签 订 地 点：
日　　期：	日　　期：

编制人员		审核人员		审批人员	
编制时间		审核时间		审批时间	

11.1.4 技术研发人员培训协议书

文书名称	技术研发人员培训协议书	编　　号	
		受控状态	

甲方：____××设计公司____

乙方：________________

甲方因工作需要，决定派乙方参加____培训，为确保乙方圆满完成培训任务，并按时返回公司工作，甲乙双方在平等自愿的基础上，经双方平等协商，特签订本协议，以便共同遵守。

一、培训事项

甲方根据人才培养计划和事业发展的需要，接受乙方的申请，同意乙方由甲方派遣，赴美国××实验中心进行××专业培训。

二、协议期限

1. 本次培训时间从____年__月__日至____年__月__日，期限为____个月。

2. 本协议生效期限若超出乙方与甲方已签订的《劳动合同书》期限，则甲乙双方一致同意将该《劳动合同书》延长至与本培训协议相同的有效期限，并对原《劳动合同书》期限进行变更，《劳动合同书》以本协议规定的期限为准。

三、培训内容

1. 主要培训项目：________________________________。

2. 培训的主要内容：______________________________。

四、培训费用

1. 本次培训，乙方需向甲方交纳保证金____万元，保证金在乙方学满并通过考核回到甲方工作后，甲方一次性退还给乙方。

2. 乙方所花培训费用预计为____元人民币整，由甲方全额支付。

3. 甲方在乙方实施培训前，需缴纳培训学习费用。

4. 在乙方培训期间，甲方于每月的1日，将生活费用打入乙方账户。

五、甲方义务

1. 甲方向乙方提供或保障乙方获得如下经费资助。

（1）为乙方办理出国手续及相应的帮助。

（2）为乙方订购出国和按期回国的国际机票。

（3）提供培训期限内的国外生活和学习的费用。

（4）其他有关费用。

2. 加强与乙方培训单位的联系，采取多种适当形式了解并完善乙方的生活及学习状况。

（续）

六、乙方义务

1. 保证完成规定的培训计划，并保证在培训期限内学成回到甲方工作至少5年。在规定的回国工作两年内，不得因私长期（一个月以上）出国；如因公出国，需经甲方同意。

2. 在培训期间，保证不从事有损祖国利益和安全的活动，维护祖国荣誉，遵守所在国的法律，与当地人民友好交往。

3. 在国外期间保持与甲方的定期联系。

4. 培训结束后应做出书面学术成果报告和培训总结，并于回国后10日内向甲方报到，汇报培训情况。

七、违约处理

1. 如乙方违反本协议约定，甲方有权根据其违约事实，按照国家法律的有关规定，要求其承担相应的违约责任。根据具体情节，扣除相应的保证金，并要求乙方赔偿资助出国的全部费用。

2. 在乙方不履行回国服务义务的情况下，甲方有权将本协议书的副本提交乙方培训所在国的有关单位或个人。

3. 本协议在履行过程中发生争议，双方应及时协商，协商不成时，双方均可向甲方所在地的人民法院提起诉讼。

八、其他事项

1. 如果乙方未经甲方同意擅自解除劳动合同或提前离职的，乙方须向甲方支付所有的培训费用。

2. 乙方培训合格后所获得的有关资格证书原件交由甲方统一保管，直至乙方服务期满自愿离职方可归还其本人。

3. 本协议正本一式两份，甲乙双方各执一份。

4. 本协议自双方签字或盖章之日起生效。

甲　　方：	乙　　方：
法定代表人：	身份证号码：
联系电话：	联系电话：
签约日期：	签约日期：

编制人员		审核人员		审批人员	
编制时间		审核时间		审批时间	

11.2 研发人员管理方案

11.2.1 研发人员考核方案

方案名称	研发人员考核方案	编　　号	
		受控状态	

一、目的

为了实现以下目的，特制定本方案。

1. 通过对研发人员工作进行管理和考核，提高员工的工作能力和工作绩效，从而提高组织整体的工作效能，最终实现公司发展战略目标。

2. 评估和提升公司研发人员的工作绩效，确保公司研发项目的顺利实施和规范管理。

二、适用范围

本方案主要适用于对我公司研发部人员的考核工作设计（研发部经理以上级别人员由公司总部自行考核）。有下列情况之一的不在考核范围内。

1. 试用期内尚未转正员工。

2. 连续出勤不满三个月或考核前休假停职三个月以上。

3. 特约研发顾问、专家等。

三、考核原则

1. 考核者在进行考核时要客观、公正，不得徇私舞弊，切忌带入个人主观因素或武断猜想。

2. 只对研发员工在考核时期和工作范围内的表现进行考核，不得对此以外的事实和行为做出评价。

3. 考核要客观地反映员工的实际研发工作情况，避免因光环效应、主观偏见等而产生误差。

4. 考核者与被考核者在绩效考核过程中需要进行充分沟通，以确保考核结果的准确、合理。

5. 考核者应及时将考核结果反馈给被考核者，同时应当就考核结果进行解释说明。

四、考核周期

1. 研发项目考核：主要对员工参与研发的项目的工作行为进行考核，考核时间为研发项目立项到研发成果验收。

2. 年度考核：主要对员工当年的研发工作进行综合考核，考核时间为下年度一月份的____日～____日，遇节假日顺延。

3. 年度考核得分＝研发项目考核得分平均值×60%＋年末考核得分×40%。

五、考核职责

1. 人力资源部

（1）对研发人员考核的相关负责人进行岗位考核培训和辅导。

（续）

（2）定期组织实施、推进研发人员的考核工作。

（3）监控、稽查研发人员考核的过程与结果。

（4）接受、协调处理员工的考核申诉。

（5）负责考核结果的应用管理。

2. 研发部经理

（1）确定本部门员工的考核指标、标准及权重。

（2）帮助被考核者制定个人绩效目标。

（3）考核实施过程中，与被考核者进行持续沟通，并给予必要的帮助和支持。

（4）收集、整理被考核者的绩效信息，对员工进行考核，并做好相应记录。

（5）与被考核者进行绩效沟通，提出绩效改进建议，共同制订绩效改进计划。

六、考核内容

（一）经理考核内容

研发部经理的绩效考核指标体系主要体现在以下五个方面（根据考核期内研发任务，选取不同的指标组合和权重）。

1. 财务指标：研发经费的投入及获取利润情况。

2. 研发指标：部门或岗位考核期内研发项目的完成情况。

3. 安全性能指标：考核期内，研发事故发生次数及误差消除情况。

4. 客户指标：研发成果投入市场或交付客户的相关反馈情况。

5. 学习成长指标：部门或岗位创新能力提升及证书获取情况。

（二）经理级以下员工考核内容

公司经理级以下员工的绩效考核指标体系主要体现在以下三个方面。

1. 研发效率：研发项目的完成情况，主要衡量员工的工作效率、研发目标完成情况、取得效益等方面。

2. 研发能力：员工胜任本工作所具备的各种研发创新能力，主要考核员工的知识结构、专业技能、创新思维等。

3. 工作态度：员工对工作所持有的评价与行为倾向，主要涉及员工工作的认真程度、努力程度、责任心、主动性等方面。

（三）其他考核内容

1. 研发人员获得公司升职、记功、嘉奖、晋级等奖励的，应记入考绩记录。

2. 研发人员被公司处以免职、降级、降薪、记过、警告等惩罚的，记入考绩记录。

（四）考核指标确定

1. 对公司总体发展战略目标进行层层分解，确定企业内各级组织、部门的整体目标。

2. 根据部门整体目标，确定分解到岗位的工作目标，并选取4～6个指标作为考核指标，同时根据重要程度确定各指标的权重。

（续）

3. 确定各项考核指标的衡量标准或评分标准。

七、考核实施

（一）考核实施程序

1. 公司人力资源部安排相关人员在考核期之前，向研发部相关负责人发放“××岗位绩效考核表”。

2. 考核期结束后的第____个工作日，研发部经理提交“××岗位绩效考核表”。

3. 考核期结束后的第____个工作日，人力资源部将“××岗位绩效考核表”发给被考核者进行确认。

4. 被考核者如有异议，由考核者进行再确认，确认工作必须在考核期结束后的第____个工作日完成。

5. 考核期结束后的第____个工作日，人力资源部将考核结果反馈给各被考核者，报总经理处和财务部备份，财务部依据公司相关规定进行薪金发放。

6. 如果需要对绩效考核指标和方案进行修订，应上报总经理批准后在下个考核周期执行。

（二）考核等级说明

1. 考核结果共分为A级、B级、C级、D级、E级五个等级，具体划分标准详见下表。

考核等级划分标准

等级	A等	B等	C等	D等	E等
年度考绩得分	90分以上	80～89分	70～79分	60～69分	59分及以下

2. 年度内曾受奖励或惩戒者，其年度考绩应依下列规定增减分数。

（1）记大功1次加8分，嘉奖1次加2分。

（2）记过1次减8分，警告1次减2分。

3. 有下列情形之一者，其考绩不得列为A等。

（1）曾受过惩罚。

（2）迟到或早退累计超过10次以上者。

（3）请假超过限定日数者。

（4）旷工2天以上者。

4. 有下列情形之一者，其考核不得列入A等至C等。

（1）在年度内曾受记过以上处分者。

（2）迟到或早退累计20次以上者。

（3）旷工3天以上者。

（续）

<table>
<tr><td colspan="6">

八、考核结果运用

1. 员工晋升

年度绩效考核结果是人力资源部决定员工是否晋升的主要依据，对考核成绩为 A 级的员工，人力资源部根据公司当时的用人需求情况，制定员工晋升提案，并上报公司管理层。

2. 工作调动

年终绩效考评为 E 级的员工，如果被考核者认为自己在别的岗位中能做出业绩，可以考虑对其进行部门内部岗位调动。

3. 绩效考核面谈

每次考核结束后，研发部相关管理人员与下属进行绩效考核面谈，并报人力资源部备案。

</td></tr>
<tr><td>编制人员</td><td></td><td>审核人员</td><td></td><td>审批人员</td><td></td></tr>
<tr><td>编制时间</td><td></td><td>审核时间</td><td></td><td>审批时间</td><td></td></tr>
</table>

11.2.2 研发项目考核方案

<table>
<tr><td rowspan="2">方案名称</td><td rowspan="2">研发项目考核方案</td><td>编　号</td><td></td></tr>
<tr><td>受控状态</td><td></td></tr>
<tr><td colspan="4">

一、目的

为了解研发工作实际情况，提高公司研发项目的运作效率，充分调动研发部门的工作积极性，结合公司实际情况，特制定本方案。

二、适用范围

本方案适用于研发项目的考核等相关事宜。

三、相关职能

公司成立项目考核小组，成员主要包括公司主管副总经理、财务部、质量管理部、人力资源部以及研发部经理，由主管副总任小组组长。其主要职责如下。

1. 确定研发项目考核方式。

2. 监督研发进程。

3. 根据各职能部门的考核记录，确定研发项目考核结果。

4. 监督考核结果的应用情况。

四、研发项目考核整体设计

1. 研发项目整体考核内容分为项目周期执行情况、项目预算执行情况、项目质量执行情况共三个方面。

</td></tr>
</table>

（续）

2. 在项目考核中，各项考核的内容和相应权重详见下表。

考核内容及权重表

考核项	权重	考核项细化	
		细化项目	子项权重
研发进度	20%	总进度	80%
		阶段性进度	20%
研发质量	40%	性能与功能质量	50%
		误差消除的及时情况	20%
		返工次数	10%
		重大责任事故发生次数	20%
研发成本	30%	预算执行情况	80%
		财务规范性执行情况	20%
项目客户满意度	10%	—	—

五、研发项目的进度考核

1. 研发进度由研发部进行日常记录，项目结束后，将研发记录报考核小组进行审查与考核。

2. 研发进度考核分为总进度考核和阶段性进度考核，采取项目延期率指标进行考核。

（1）总进度延期率是指考核项目实际完成周期超出计划完成周期的程度。

（2）阶段性进度延期率是指考核项目关键性阶段进度实际完成周期超出计划完成周期的程度（完成周期以最后一次批准的变更计划周期为准）。

3. 项目延期率考核指标的计算方法如下，其中负值表示提前率。

$$延期率 = \frac{项目实际执行天数 - 项目计划执行天数}{项目计划执行天数} \times 100\%$$

4. 研发项目进度考核流程如下。

（1）项目启动后，研发部经理和研发项目组长共同拟定研发工作目标，明确项目总进度和关键性阶段进度，经主管副总审批后，研发部经理签字确认。

（2）项目终验后，视为项目结束，研发项目组长填写“研发项目进度确认单”，提请研发部经理审核，核查无误后并签字确认。

（3）研发项目结束后，研发部计算项目延期率和项目进度考核得分，连同研发进度确认单上报项目考核小组。

（4）项目进度计划如有调整则应按照调整后的进度进行考核。

（续）

六、研发质量考核

1. 研发质量考核主要考核各阶段研发成果的质量情况及事故发生情况，研发成果的质量情况具体分别对性能与功能质量、满足需求程度、规范化执行情况三个方面进行考核。

2. 性能与功能质量的考核及标准如下。

（1）测试通过率（X）$= \frac{\text{测试用例通过数量}}{\text{测试用例总量}} \times 100\%$。

（2）遗留问题率（Y）$= \frac{\text{遗留问题数量 } Y_1}{\text{测试用例数量 } Y_2} \times 100\%$。

（3）性能与功能质量考核如下表所示。

性能与功能质量考核表

考核指标	测试通过率 X　遗留问题率 Y			
	X > 99% Y < 5%	95% < X < 99% Y < 5%	95% < X < 99% 5% < Y < 10%	X < 95% Y > 10%
考核分数	90 ~ 100 分	80 ~ 89 分	60 ~ 79 分	0

3. 重大责任事故考核。

（1）考核小组根据研发事故的记录对重大责任事故进行考核，采取一票否决制。

（2）无重大责任事故发生的为满分，发生重大责任事故的此项得分为 0 分。

七、研发成本考核

1. 研发成本考核的内容主要包括预算执行情况考核和财务规范性考核。

2. 预算执行情况考核是考核项目实际费用超出预算的程度，预算金额以最后一次批准的变更预算为准。

3. 项目预算超支率计算方法如下，其中负数表示预算节余。

项目预算超支率 $= \frac{\text{项目实际发生费用} - \text{项目预算金额}}{\text{项目预算金额}} \times 100\%$

4. 考核指标的评分标准根据实际情况进行制定，研发项目结束后，财务部计算研发预算执行情况考核得分，连同研发预算和研发费用明细呈报项目考核小组。

5. 项目预算如有调整，则按照调整后的预算进行考核，同时必须经总经理核准。

6. 财务规范性考核是指对工程项目遵守公司财务控制制度和财务规范情况的考核，此项考核通过财务部、项目管理部定期或不定期地检查进行。

八、客户满意度考核

1. 客户满意度考核通过客户满意度调查实现，研发成果投入市场后____个工作日内，由研发部发放客户满意度调查表，进行客户满意度调查。

（续）

<table>
<tr><td colspan="6">

2. 客户满意度调查必须经客户签字确认方为有效。

3. 客户满意度考核得分＝客户满意度调查得分×10%（客户满意度的指标权重）。

九、项目考核结果的应用

1. 公司根据研发部成员的绩效考核成绩发放项目奖金，具体发放标准如下：

（1）研发经理应发奖金额＝研发部总奖金×20%×$\frac{\text{研发经理综合评价成绩}}{100}$。

（2）研发项目组长应发奖金额＝研发部总奖金×20%×$\frac{\text{研发项目组长综合评价成绩}}{100}$。

（3）研发项目成员应发奖金额＝研发部总奖金×60%×$\frac{\text{研发项目成员综合评价成绩}}{\sum \text{项目所有成员综合评价成绩}}$。在对研发项目所有成员的综合评价成绩求和时，不用考虑项目的考核得分。

2. 人力资源部门根据员工绩效考核得分情况进行深入分析，找出可以通过针对性培训进行改善和提升的因素，制定相应的培训方案。

3. 研发项目考核结果将作为项目人员职位晋升的依据。

</td></tr>
<tr><td>编制人员</td><td></td><td>审核人员</td><td></td><td>审批人员</td><td></td></tr>
<tr><td>编制时间</td><td></td><td>审核时间</td><td></td><td>审批时间</td><td></td></tr>
</table>

11.2.3 研发人员入职培训方案

<table>
<tr><td rowspan="2">方案名称</td><td rowspan="2">研发人员入职培训方案</td><td>编　　号</td><td></td></tr>
<tr><td>受控状态</td><td></td></tr>
<tr><td colspan="4">

一、目的

为了规范公司新员工培训管理，实现以下目的，特制定本方案。

1. 让新员工在最短的时间内了解公司概况、研发发展方向、研发进程等，帮助新员工确立自己的人生规划并明确自己在研发工作中的发展方向。

2. 让新员工体会到归属感，满足新员工进入新群体的心理需要。

3. 为新员工提供正确的相关研发工作信息及公司对他们的期望。

4. 提高新员工解决研发问题的能力，并向他们提供寻求帮助的方法。

二、适用范围

本方案适用于公司研发人员的入职培训等相关事项。

</td></tr>
</table>

（续）

三、培训管理

（一）新员工培训管理

新员工培训管理一般分为两个阶段，即公司培训和部门培训，具体内容如下。

1. 研发新员工的公司培训主要由公司人力资源部负责管理。

2. 研发新员工的技术培训由研发部门负责管理。

（二）培训时间安排

研发新员工由公司进行集中培训，起始时间为新员工报到后的第二天，为期____天；第二阶段的培训，大致时间为新员工到岗后的第____天，具体时间安排根据各部门的实际工作情况而定。

四、实施培训

（一）培训内容

新员工培训的主要内容详见下表。

新员工培训的内容

培训阶段	培训内容
公司培训	◇了解公司的发展历史、在同行业中的地位、发展趋势、熟悉企业文化 ◇了解公司组织机构及各部门的主要职能、公司高层管理人员的情况 ◇熟悉公司各项规章制度，主要包括薪酬福利制度、财务制度、培训制度、考核制度、奖惩制度、考勤制度等 ◇其他，如商务礼仪、职业生涯规划等
部门培训	◇了解研发部门主要负责业务 ◇了解研发部门的组织结构、主要职能和责任、规章和制度 ◇熟悉新员工所在岗位职责、业务操作流程 ◇岗位所需专业技能的培训与指导培训 ◇了解相关研发管理的规章制度

（二）培训纪律

1. 受训员工在培训期间不得随意请假，如有特殊原因，须经人事或研发部门经理审批，并将相关证明交至人力资源部或研发部，否则以旷工论处。

2. 培训时不得吸烟，手机调成震动状态，并填写“培训人员签到表”（详见下表）。

培训人员签到表

培训时间		培训讲师	
培训内容			
培训地点			

（续）

（续表）

序号	签到	签退

（三）奖惩措施

培训期间无故迟到、早退累计时间在30～60分钟者，以旷工半天论处；超过1小时者，以旷工1天处理；情节严重者，记过1次。

五、培训考核

培训结束两天后，人力资源部组织协同研发部相关人员对新员工培训效果进行考核，考核主要采用笔试和实操演练两种方式进行。其考核结果分为四个等级，具体考核标准评定详见下表。

考核结果评定一览表

等级	标准	措施
A	80分以上	重点培养
B	70～79分	合格，继续培养
C	60～69分	再次进行培训
D	60分以下	

六、培训档案管理

1. 研发部建立员工培训档案，将员工接受培训的具体情况和培训结果详细记录备案。

2. 培训考核结束后，人力资源部收集培训实施记录、员工培训考核成绩等培训资料进行归档，员工培训成绩与考核成绩及绩效挂钩。

3. 培训资料共两份，一份由人力资源部保管，另一份由研发部保管。

编制人员		审核人员		审批人员	
编制时间		审核时间		审批时间	

11.2.4 研发人员外派培训方案

<table>
<tr><td rowspan="2">方案名称</td><td rowspan="2">研发人员外派培训方案</td><td>编　　号</td><td></td></tr>
<tr><td>受控状态</td><td></td></tr>
</table>

一、目的

为了规范外派培训管理，提高研发人员的技术水平和工作效率，特制定本方案。

二、适用范围

本方案适用于研发人员的公派及私请外出培训事宜。

三、权责部门

1. 研发人员有向研发部提出外出培训的权利。
2. 研发部根据工作需求有向人力资源部提出进行研发人员外派培训权利。
3. 人力资源部有对研发人员的外派培训的审核权利。
4. 总经理负责对研发人员外派培训相关事宜进行审批。

四、外派培训需求申请

（一）培训人选确定

1. 研发部、公司领导或人力资源部，根据研发人员技术水平现状和研发需求指派受训人员。
2. 员工个人根据工作的需要，也可以向公司提出参加外派培训的申请。

（二）外派培训申请

参加外派培训学习的研发人员应事先填报“研发人员外派培训申请表”（详见下表）进行外派培训申请，研发部根据实际工作需要对培训需求进行审核，审核通过后，报人力资源部审批，审批通过后组织实施。

研发人员外派培训申请表

<table>
<tr><td>申请人</td><td></td><td>职位</td><td></td></tr>
<tr><td>培训项目</td><td></td><td>培训时间</td><td></td></tr>
<tr><td>申请理由</td><td colspan="3"></td></tr>
<tr><td>培训内容</td><td colspan="3"></td></tr>
<tr><td>预期培训效果</td><td colspan="3"></td></tr>
<tr><td>研发部经理意见</td><td colspan="3"></td></tr>
<tr><td>人力资源部意见</td><td colspan="3"></td></tr>
<tr><td>备注</td><td colspan="3"></td></tr>
</table>

（续）

五、外派培训方式

外派培训可选择院校或科研中心进修交流、参加专题讲座或交流会、赴国外参观或访问考察、到其他公司或工厂参观或访问交流等方式，具体如下图所示。

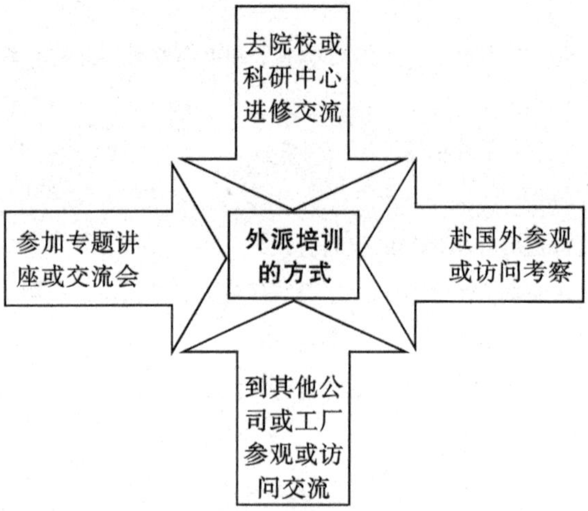

外派培训的方式

六、外派培训费用

1. 外派培训的费用在____元以下的，由公司统一支付相关的培训费用。

2. 占用工作时间____天以上或企业统一支付培训费用____元以上的培训，参训员工应与企业签订“培训协议”，双方签字后作为“劳动合同”的附件执行。

3. 依据培训协议，公司为外派人员提供培训经费，培训人员必须履行公司规定的服务期。其服务年限规定详见下表。

服务年限规定一览表

公司支付的培训费用（×）元	服务年限
×<____元	1年以上
____元≤×<____元	2年以上
×≥____元	3年以上

七、外派培训人员的管理

1. 研发员工参加外派培训期间，工资按照正常上班工资的____%计发，其他福利待遇不变。

2. 受训人员必须自觉遵守外部培训机构的各项规定与要求，凡因违规违纪受到培训机构处分的，公司根据情节严重程度予以相应的处分。

（续）

3. 受训学员需在培训结束的5天内，对学习情况进行书面总结，并交人力资源部及研发部备案。 4. 培训期满，受训学员必须按时回公司报到，如逾期不归，按旷工处理。 5. 参加外派培训的人员应将所学知识整理成册，列为培训教材，并担任相关讲座的讲师，将培训所学的知识、技能传授给相关研发人员。					
编制人员		审核人员		审批人员	
编制时间		审核时间		审批时间	

11.2.5　研发人员绩效激励方案

方案名称	研发人员绩效激励方案	编　　号	
		受控状态	

一、目的

为奖励研发人员创意及研发成果的先进性，充分调动研发人员的工作积极性，提高工作效益及经济效益，特制定本方案。

二、试用范围

本方案适用于企业所有研发部门员工。

三、激励原则

1. 鼓励实施精神与物质相结合的办法。
2. 处理研发事故，首先应明确相关人员责任，针对实际情况实时惩处。
3. 对所有研发人员，在实施绩效奖惩时一律平等。
4. 处理奖惩以事实为依据，以相关制度及方案为准绳。

四、激励措施

为了提高研发人员的工作积极性和工作效率，公司应制定合理、有效的激励措施，具体内容详见下表。

激励措施说明表

激励措施	具体说明
目标激励	◇给公司所有研发人员设定合理的工作目标，给每位员工制定一个标准和完成该标准的工资，在超额完成任务时给予奖励，反之则给予处罚 ◇每位员工既有目标，又有压力，这使其产生强烈的动力，努力完成任务

（续）

（续表）

激励措施	具体说明
示范激励	◇要求各级部门主管以自我行为示范、敬业精神来正面影响员工
荣誉激励	◇通过绩效考核，评选优秀人员，授予“年度优秀员工称号”，并设专栏，对其进行介绍和表彰，使其产生自豪感和光荣感，鼓舞士气，引起更多员工的关注和赞许
物质激励	◇将工作态度、表现和绩效与个人薪资、晋升挂钩，增加优秀研发人员的工资、生活福利、保险，并发放奖金
竞争激励	◇提倡企业内部员工之间、部门之间的有序平等竞争以及培养员工的优胜劣汰意识
处罚	◇对犯有过失、错误，违反企业规章制度，贻误工作，给公司造成经济损失和败坏公司声誉的研发人员，进行不同程度的处罚

五、正激励方式

公司常用的正绩效激励方法有如下五种。

1. 晋升：职务、薪级提升，根据研发人员对研发项目的功劳大小，可分为按规定晋升和越级晋升。

2. 加薪：职务不变，薪级（月薪）数额提升，可根据实际情况增加500～5 000元。

3. 奖金：一次性奖励现金及有价值物品，可根据实际情况，现金数额不限。

4. 记大功：在研发工作中有重大创新、获得专利及为企业增进收入____万元以上，或一年内获5次嘉奖也可记大功一次。记大功可根据实际情况实施晋升、加薪、奖金等奖励。

5. 嘉奖：在研发工作中有突出表现，可获得嘉奖。

六、负激励方式

公司常用的负绩效激励方法包括以下五种。

1. 免职：免职后永不录用，因触犯法律而免职的，应将其送至司法机关进行查办。

2. 降级：降低职务或薪资等级。

3. 降薪：每月工资降低一定数额。

4. 记过：一年内被记过2次以上的，给予降薪处罚。

（续）

<table>
<tr><td colspan="6">5. 警告：一年内被警告2次的，记过一次。
七、激励效果评估
该激励方案实施后，部门主管根据研发人员的工作业绩和效率，对激励效果进行评估，并依据评估结果适当调整激励方案。</td></tr>
<tr><td>编制人员</td><td></td><td>审核人员</td><td></td><td>审批人员</td><td></td></tr>
<tr><td>编制时间</td><td></td><td>审核时间</td><td></td><td>审批时间</td><td></td></tr>
</table>